Musikphilosophie zur Einführung

Richard Klein
Musikphilosophie zur Einführung

JUNIUS

Wissenschaftlicher Beirat
Michael Hagner, Zürich
Ina Kerner, Koblenz
Dieter Thomä, St. Gallen

Junius Verlag GmbH
Stresemannstraße 375
22761 Hamburg
www.junius-verlag.de

© 2014 by Junius Verlag GmbH
Alle Rechte vorbehalten
Umschlaggestaltung: Florian Zietz
Titelbild: Louis Joseph Andriessen,
A flower song III (Februar 1964)
Bildidee: Johanna Dombois
Satz: Junius Verlag GmbH
Printed in the EU 2019
ISBN 978-3-88506-087-1
2., vollständig überarbeitete Aufl. 2019

Die Deutsche Nationalbibliothek – CIP-Einheitsaufnahme

Bibliografische Information der Deutschen Nationalbibliothek
Die Deutsche Nationalbibliothek verzeichnet diese Publikation in der
Deutschen Nationalbibliografie; detaillierte bibliografische Daten
sind im Internet über http://dnb.dnb.de abrufbar.

Zur Einführung ...

... hat diese Taschenbuchreihe seit ihrer Gründung 1977 gedient. Zunächst als sozialistische Initiative gestartet, die philosophisches Wissen allgemein zugänglich machen und so den Marsch durch die Institutionen theoretisch ausrüsten sollte, wurden die Bände in den achtziger Jahren zu einem verlässlichen Leitfaden durch das Labyrinth der neuen Unübersichtlichkeit. Mit der Kombination von Wissensvermittlung und kritischer Analyse haben die Junius-Bände stilbildend gewirkt.

Seit den neunziger Jahren reformierten sich Teile der Geisteswissenschaften als Kulturwissenschaften und brachten neue Fächer und Schwerpunkte wie Medienwissenschaften, Wissenschaftsgeschichte oder Bildwissenschaften hervor. Auch im Verhältnis zu den Naturwissenschaften sahen sich die traditionellen Kernfächer der Geisteswissenschaften neuen Herausforderungen ausgesetzt. Diesen Veränderungen trug eine Neuausrichtung der Junius-Reihe Rechnung, die seit 2003 von der verstorbenen Cornelia Vismann und zwei der Unterzeichnenden (M.H. und D.T.) verantwortet wurde.

Ein Jahrzehnt später erweisen sich die Kulturwissenschaften eher als notwendige Erweiterung denn als Neubegründung der Geisteswissenschaften. In den Fokus sind neue, nicht zuletzt politik- und sozialwissenschaftliche Fragen gerückt, die sich produktiv mit den geistes- und kulturwissenschaftlichen Problemstellungen vermengt haben. So scheint eine erneute Inventur der Reihe sinnvoll, deren Aufgabe unverändert darin besteht, kompetent und anschaulich zu vermitteln, was kritisches Denken und Forschen jenseits naturwissenschaftlicher Zugänge heute zu leisten vermag.

Zur Einführung ist für Leute geschrieben, denen daran gelegen ist, sich über bekannte und manchmal weniger bekannte Autor(inn)en und Themen zu orientieren. Sie wollen klassische Fragen in neuem Licht und neue Forschungsfelder in gültiger Form dargestellt sehen.

Zur Einführung ist von Leuten geschrieben, die nicht nur einen souveränen Überblick geben, sondern ihren eigenen Standpunkt markieren. Vermittlung heißt nicht Verwässerung, Repräsentativität nicht Vollständigkeit. Die Autorinnen und Autoren der Reihe haben eine eigene Perspektive auf ihren Gegenstand, und ihre Handschrift ist in den einzelnen Bänden deutlich erkennbar.

Zur Einführung ist in der Hinsicht traditionell, dass es den Stärken des gedruckten Buchs – die Darstellung baut auf Übersichtlichkeit, Sorgfalt und reflexive Distanz, das Medium auf Handhabbarkeit und Haltbarkeit – auch in Zeiten liquider Netzpublikationen vertraut.

Zur Einführung bleibt seinem ursprünglichen Konzept treu, indem es die Zirkulation von Ideen, Erkenntnissen und Wissen befördert.

Michael Hagner
Ina Kerner
Dieter Thomä

Inhalt

1. Zur Methode 8

2. Das Wahre an Eduard Hanslick 21

3. Adam Smith zwischen Nachahmung
   und Autonomie 37

4. Schopenhauer oder die »Quintessenz
   des Lebens« in der Musik 50

5. Nietzsches Wagner 76

6. Adornos Zukunft 96

7. Die Frage nach der Zeit 117

8. Der Werkbegriff als Problem 142

9. Kunstreligion auf Amerikanisch: Bob Dylan 161

Anhang
Siglen 184
Anmerkungen 186
Literatur 222
Personenregister 235
Über den Autor 240

1. Zur Methode

»War er ein Tier, da ihn Musik so ergriff?«
Franz Kafka, *Die Verwandlung*

I.

Musikphilosophie gibt es nicht. Wie kann man in sie einführen? Indem man sie als Projekt denkt. Dies zu sagen ist weder paradox noch polemisch, sondern spekulativ in einem Sinn, der des Kommentars bedarf. Er setzt eine Diagnose voraus, die ihm scheinbar widerspricht. Sie besagt, dass im Laufe der Geschichte relativ viele Philosophen und andere Kopfarbeiter sich zur Musik geäußert haben, die meisten von ihnen spärlich und am Rande, einige systematisch und in Grenzen sogar maßgebend. Heute scheint ihre Zahl zuzunehmen, vor allem im angelsächsischen Sprachraum. Empirisch wäre der Anfangssatz demnach falsch. Aber so ist er nicht gemeint. Der Punkt ist: Viele philosophische Einzelstimmen zur Musik ergeben noch keine Musikphilosophie, d. h. keinen Begriff, der die Einheit ihrer Aspekte und ihres geschichtlichen Problemzusammenhangs zumindest skizziert. Musikphilosophie ist bis dato kein Fach, das durch Auseinandersetzung mit Traditionen sein Selbstverständnis entfaltete und kontinuierlich seine Begriffe bildete, reflektierte und erneuerte. Sie kennt nicht nur keinen Kanon an Texten, sondern es steht nicht einmal fest, was einen musikphilosophischen Text zu einem solchen macht – wie einschlägige Quellensammlungen belegen.¹ Über Musik philosophieren heißt puzzeln. Das muss nicht notwendig ein Übel sein, aber so ist die Lage.

Sie zwingt zur Vorsicht im Umgang mit weiten Horizonten. Der Abstand zwischen dem, was Platon Musik nennt, und dem, was dieses Wort etwa bei Nietzsche und Adorno heißt, ist nicht ohne weiteres überbrückbar. Nicht bloß wegen der schroff divergierenden Objekte auf beiden Seiten und unserer bedauernswerten Unkenntnis altgriechischer Musikpraxis, sondern mehr noch wegen des Fehlens begrifflicher Möglichkeiten, die Spannweite zwischen den Zeiten überhaupt theoretisch zu artikulieren. Platons Vorstellung, dass die Schönheit der Musik als solcher die Schönheit des Kosmos bezeugt, in manchen Formen aber von Staats wegen zu verbieten ist, mag sich ideengeschichtlich rekonstruieren lassen, aber die Erfahrung, die dem zugrunde liegt, bleibt uns sehr fremd.² Musik hat für Platon eine eminente politische und ethisch-pädagogische Bedeutung, aber auf Werke oder Ereignisse, die wir heute hören könnten, lässt sich sein Denken nicht unmittelbar beziehen. Schon gar nicht als Ursprung einer Entwicklung.

Bücher, die sich den Untertitel *Von der Antike bis zur Gegenwart*³ zumuten und ihr Vorwort mit einem Satz eröffnen wie: »Diese Schrift folgt den geistigen Schicksalen der Musikästhetik von den Urzeiten bis zur Gegenwart«⁴, übernehmen sich nicht nur empirisch oder durch einen wahllosen Mix heterogener Quellen. Sie verwechseln vor allem den dokumentierten Gebrauch des Wortes Musik mit der historischen Entfaltung des Potenzials dieser Kunst. Wenn sich heute von etwas sagen lässt, dass es aus der Zeit gefallen sei, dann von diesem Bildungsfuror mit Ganzheitswahn. Auch die geläufige Redensart, Musikwissenschaft sei die älteste aller geisteswissenschaftlichen Disziplinen, weil doch schon Platon und Pythagoras über Musik spekuliert hätten, war kaum mehr als der Alltagsmythos einer historischen Philologie des 19. Jahrhunderts, die sich eine Vergangenheit gibt, aus der sie stammen möchte.[5]

Für das Verständnis ihres Denkens *als* Philosophie spielte es keine große Rolle, wie sich Philosophen in der Vergangenheit mit Musik abgaben. Musikphilosophische Abhandlungen tendieren zur Schattenexistenz. Wer weiß schon, was Descartes in seinem Leitfaden zu Messen und Rechnen in musicis ausführt?[6] Hegel kann sich sonst wenig über einen Mangel an Aufmerksamkeit beklagen, aber seiner Musikästhetik (vgl. Kap. 7, Teil II) wäre eine Wirkungsgeschichte fast völlig versagt geblieben.[7] Schopenhauer galt unter Künstlern lange als Halbgott, aber in der Universität zirkulierte seine Metaphysik der Musik bestenfalls als mystische Option.[8] Dass Schleiermacher über Musik geschrieben hat, wissen oft nicht einmal die Schleiermacher-Forscher.[9] Kants Wort, Musik sei »mehr Genuß als Kultur« (*KdU:* B 218/A 215, 216), spricht auf seine Weise Bände[10], und Nietzsches Wagnerkritik wird ohnehin mehr als Dokument einer Beziehungskiste denn als genuin philosophischer Konflikt wahrgenommen. Dass einigen dieser Dichter und Denker Musik erklärtermaßen als »das Größte« galt, widerspricht dem nicht. Gerade der raunende Superlativ bezeugt die Ohnmacht der Idee, die er zu benennen meint. Die Zeiten, in denen der Musik die Macht zugeschrieben wurde, den Staat oder die Religion zu gefährden, sind vorbei. Mögen manche die Tonkunst auch gerne wieder anbeten, für den Fernblick der Denkgeschichte sitzt sie seit langem am Katzentisch.

Dies hat auch einen handfesten Grund. Das Ortlose, Abseitige, Halbexistente von Musikphilosophie ist wesentlich die Folge dessen, dass ihr eine institutionell etablierte und anerkannte Form fehlt. Weder ist sie in der Philosophie noch in der Musikwissenschaft zuhause: in der Philosophie nicht, weil die Beschäftigung mit Musik ein technisches und handwerkliches Rüstzeug erfordert, zu dem Philosophie von sich aus kein Verhältnis hat; in der Musikwissenschaft kaum mehr, ist doch die Konstitution dieser Disziplin als historische Philologie erst durch ein Nein zu philosophischer Ästhetik möglich geworden.[11]

Philosophen können von Natur aus lesen, aber Notenlesen ist keine allgemeine Kulturtechnik. Philosophie vermag die realen und kategorialen Bedingungen von Musikwissenschaft, die diese ausblendet, zu reflektieren und Fragen nach Gehalt, Material und sozialer Bedeutung von Musik so zu stellen, dass sie die Ebene empirischer Genese, Wirkung und Funktion hinter sich lassen. Fundamental fern scheint ihr indes, trotz Nietzsche und Adorno, jeder Versuch zu liegen, *individuelle* Werke *philosophisch* zu interpretieren, statt sie als bloße Exempel einer Gattung oder eines Formprinzips zu betrachten (Kap. 6). Manche Philosophen reagieren auf diese Feststellung schroff: Die Domäne philosophischen Denkens, sagen sie, ist das Allgemeine, eine Hermeneutik individueller Musikformen nicht unser Ding, sondern Aufgabe einer rekonstruktiv verfahrenden Einzelwissenschaft. Ein solches Denken in universitären Departements mag einem »Schulbegriff« von Philosophie gemäß sein, der sich um die Grundlegung der Wissenschaften bemüht, aber sie dürfte fehl am Platz sein, wo sich Philosophie von den Wissenschaften, die sie reflektiert, selbst prüfen und kritisieren lassen muss. Eine Musikphilosophie, die über Kunstwerke nicht spezifisch zu sprechen weiß, ist heute zum Scheitern verurteilt. Es reicht nicht, den vornehmen Ton der Theorie zu pflegen und sich ansonsten aus zweiter Hand zu informieren. Musikphilosophie muss sich auch in die Fragen musikwissenschaftlicher Forschung verstricken lassen, wenn sie die Beziehung zum Gegenstand nicht verlieren will. Forschung ist keine Hilfsdisziplin, sondern ein Modus des Philosophierens selbst (Kap. 6).[12] Dass die Zergliederung komplexer Erfahrungsgehalte nach institutionellen Zuständigkeiten eine Lösung mehr torpediert als fördert, gehört mit zum Problem. Musikphilosophie stört den akademischen Frieden. Daran kommt keiner vorbei.

II.

Der vorliegende Band erhebt nicht nur keinen Vollständigkeitsanspruch, er gibt auch keinen »Überblick« und keine »Grundzüge der Geschichte« wie im Staatsexamen. Natürlich lassen sich diachrone Linien zwischen einzelnen Philosophen finden: Schopenhauer und Nietzsche (Kap. 4), Nietzsche und Adorno (Kap. 6), Bergson und Jankélévitch[13], vielleicht auch Adam Smith und Christian Friedrich Michaelis (Kap. 3). Gleichwohl kann von einer kontinuierlichen Denkentwicklung in der Musikphilosophie ebenso wenig die Rede sein wie von einem gewachsenen Kanon an Autoren und Texten. Das unterscheidet unser Nichtfach von souverän etablierten Disziplinen wie der Erkenntnistheorie, antiker und moderner Ethik, politischer Philosophie der Neuzeit u.ä.

Die Notwendigkeit einer historischen Begrenzung des Themas geht mit zwei systematischen Annahmen einher: *erstens* mit der Überzeugung, dass Philosophie nicht primär Wissensvermittlung oder Aufbereitung historischer Inhalte ist, sondern ein Prozess, der in der Gegenwart gründet und in ihr Geltungsansprüche erhebt. Diesseits historischer Reflexion bleibt das schlicht Windbeutelei, weil man nicht weiß, wovon man redet, solange man den Ort des eigenen Denkens von der Geschichte des Gegenstandes nicht zu unterscheiden vermag. Gleichwohl heißt Philosophie: das, was einmal war und galt, von dem zu trennen, was jetzt ist oder sein soll. Insofern geht es eher darum, den Leser in intensive Erfahrungen von Musik zu verwickeln, als ihm auf dem Silbertablett zu präsentieren, was große Köpfe einmal gesagt haben sollen. Philosophie ist Historisierung wie Aktualisierung und der Vollzug der Trennung beider. Historisches gehört zu ihr als das, von dem sie sich in Freiheit distanziert. Ein Philosophiehistoriker philosophiert nicht. *Zweitens* liegt mir an einer »Vermittlung« philosophischer und musikwissenschaftlicher Kategorien, die sich im Dienst einer kritischen Hermeneutik von Kunstwerken weiß. Ein solches Programm lässt sich im Rahmen eines Einführungsbandes nicht adäquat verifizieren. Aber man kann die Idee einer Forschung als Moment des Philosophierens umreißen und zeigen, dass sich der Hiatus zwischen philosophischer Hermeneutik und musikalischer Analyse überlebt hat, weil der Erkenntnisverzicht zu groß ist, den er mit sich führt. Dass dies nicht die allein mögliche Form von Musikphilosophie heute sein kann, versteht sich.[14] Aber es bleibt eine zentrale Aufgabe, das Potenzial einer Musikphilosophie zu ergründen, das sich aus dem Zusammenspiel von spekulativem Denken und wissenschaftlicher Forschung ergibt.[15] Die verschiedenen Denkansätze sind in diesem Band so zusammengestellt, dass sie sich auf jene Idee produktiv beziehen lassen, aus der Nähe wie aus der Distanz.

Die Ordnung der Kapitel wird von der Vermutung angeleitet, dass in der Musikphilosophie, auch wenn sie keine genuine Entwicklung in der Zeit kennt, sich zuweilen Konstellationen ergeben, die kategorial einer konkreten Thematik entspringen. Ihre Aktivität entsteht nicht so sehr aus einer philosophischen Eigenlogik heraus, vielmehr reagieren sie auf externe, aber einschneidende Entwicklungen in Musik und Literatur.

Einigermaßen seriös lassen sich drei solcher Konstellationen unterscheiden: erstens der Diskurs der Instrumentalmusik Ende des 18. Jahrhunderts und darüber hinaus; zweitens der »Fall Wagner«; drittens der Streit um Tonalität und Atonalität in der ersten Hälfte des 20. Jahrhunderts. Ob wir uns heute in einer »vierten« Konstellation befinden, ob die digitale Technik sie definiert, das »Ende des Materialdenkens«, der empirische Gleichstand von »E« und »U« oder die Relativierung europäischer Musik im Zeichen der Globalisierung, bleibt notwendig offen. Um solche Fragen jenseits von Show und Schlaglicht beantworten zu können, müsste man in der Lage sein, die soziokulturellen Tendenzen der Gegenwart, zumal die Voraussetzungen der eigenen, darauf bezogenen Theorie, geschichtsphilosophisch vorab zu verorten und daraus die Zukunft abzuleiten bzw. die Richtung vorzugeben. Ich denke nicht, dass das möglich ist, so schwer die genannten Dinge wiegen.[16]

Ende des 18. Jahrhunderts und darüber hinaus war die Instrumentalmusik das Thema, das den ästhetischen Diskurs dominierte, weil das Problem, das sie darstellte, mit den Mitteln der über 2000 Jahre alten Lehre von der Nachahmung sich nicht mehr verständlich zu machen schien. Bemerkenswert ist, dass sich dieser Gegenstand ebenso bei dem schottischen Pragmatiker Adam Smith und bei Christian Friedrich Michaelis, einer Figur der Kantnachfolge niederschlug wie in der pietistischen bzw. romantischen Dichtung (Wackenroder/Tieck, E. T. A. Hoffmann), der Philosophie des Geistes (Hegel), der existenziellen Metaphysik (Schopenhauer) und auch in der vermeintlich positiven Wissenschaft (Hanslick). Die Motive mögen jeweils unterschiedlich gewesen sein, aber sie hatten alle einen gemeinsamen Fokus.

Es geht hier nicht um Chronologie. Hanslick steht an erster Stelle, weil seine redliche, aber theoretisch ungelenke Art die Schwierigkeiten beispielhaft vorführt, in die man gerät, wenn man fragt, was das genuin Schöne der Instrumentalmusik ist, worin ihre Autonomie besteht und wieso ihr Werkcharakter die Genese des kompositorischen Prozesses hinter sich lässt. Der

Streit über die Rolle der Gefühle ist komplexer, als man denken könnte. Einerseits lässt Hanslicks Verständnis von Wissenschaft es nicht zu, Gefühle als etwas zu denken, das »in« der Musik ist oder von ihr ausgeht. Andererseits beschreibt er immer wieder Phänomene, die eine strukturelle Verwandtschaft beider Bereiche signalisieren. Medienhistorisch relevant ist seine Konfrontation innerlicher Affekte, die bei der Lektüre des geschriebenen Textes entstehen, mit der Ekstase des klanglichen Ereignisses, das die Hörer überwältigt. Hanslick steht für eine Musikwissenschaft, die die Ästhetik systematisch ernst nimmt, statt sie, wie es nach ihm zunehmend geschah, der Musikhistorie quasi als Orchideenfach unterzuordnen.

Adam Smith kommt an zweiter Stelle, nicht weil ich sein Geburtsdatum (1723) vergessen hätte, sondern weil seine große fragmentarische Abhandlung zur Kunst erst in den späten 1980er Jahren als wissenschaftlicher Gegenstand entdeckt worden ist. Der Text ist in mehrerer Hinsicht bemerkenswert.[17] Erstens belegt er, dass ein theoretischer Entwurf zur Instrumentalmusik ohne die Erfahrung der Wiener Klassik möglich war. Zweitens entwickelt Smith anhand der Instrumentalmusik ein Modell ästhetischer Autonomie, ohne der Ästhetik der Nachahmung schlechthin zu entsagen. Er bricht mit ihrem Einheitsanspruch für alle Künste, hält aber den Gedanken der Nachahmung als solchen fest. Drittens tritt bei ihm ein Problem zutage, das den gesamten Diskurs der Instrumentalmusik begleitet. Dass Musik weder ein Zeichen für reale Dinge und Vorkommnisse noch eine Sprache strengen Sinnes ist, verschafft ihr, könnte man sagen, eine fast cartesische Autonomie gegenüber der dinglichen Welt, weil unklar bleibt, wie, wo und ob überhaupt diese Autonomie in der Welt ist. Smith und Michaelis sind an einer »splendid isolation« zwar gar nicht so sehr interessiert und bemühen sich, die Musik wieder in die Welt zurückzubringen:

Smith durch den sozialen Beziehungsstoff der Oper und Michaelis mit seiner partiellen Rückwendung zur Affektenlehre. Beides überzeugt nicht wirklich. Das Problem entsteht, weil der Wirklichkeitsmaßstab ganz vom Sichtbaren, vom Auge, von der Gegenwart der Gegenstände her definiert wird. An ihm gemessen hat das Klangliche keine eigenständige Realität, es wird sofort »imaginär« oder »transzendent«, wenn es nicht auf visuelle Dinge und Vorgänge zurückgeführt werden kann. Seine Autonomie ist eine um den Preis der Welt bzw. eines Weltbezugs, der der Musik und allein ihr zu eigen ist.[18]

Schopenhauer gilt seit langem als »toter Hund«. Teilweise zu Recht. Seine Metaphysik des Willens war als Ganzes nie rezipierbar, das generell Unhistorische seines Denkens wirkt heute wenig attraktiv, und manchmal ist der Weg von ihm zu Hermann Hesse kürzer, als man meint. Dennoch lassen sich sehr relevante Einsichten gewinnen, wenn es gelingt, sein Musikphilosophie den Esoterikern zu entreißen und für »rationalere« Aufgaben zu verwenden. In diesem Sinne riskiert Kapitel 4 einen Mittelweg zwischen immanentem Verstehen und Steinbruchtechnik. Es stellt manche Thesen Schopenhauers eingehend dar, aber doch so, dass sie für andere theoretische Kontexte offen bleiben. Das gilt für die Relation von ästhetischer Autonomie und Metaphysik, die Schopenhauers ungeheure Autorität bei Künstlern erst erklärt, für sein Schwanken zwischen kognitiver und ekstatischer Erfahrung und auch für die Überlegungen zu Musik, Gefühl und Sprache. Dass Schopenhauer seinen negativistischen Ansatz in der Musikphilosophie »vergisst«, ist ebenso auffällig wie die Tatsache, dass sich mitten in den energetischen Spekulationen zur Musik ein elementares Zeitproblem geltend macht.

Die zweite Konstellation steht im Zeichen Richard Wagners. Wagner lässt die Kriterien von Oper, Symphonie und »guter Musik« so weit hinter sich, dass er das Denken über Kunst,

Avantgarde, Politik und Mythos insgesamt verändert. Auch Philosophen fühlen sich motiviert, ihn entweder als Zerstörer der klassischen Musikkultur zu bekämpfen oder zum Propheten eines neuen Zeitalters auszurufen. Wichtiger als dieser ästhetische Rummel um letzte Fragen der Menschheit ist von heute aus gesehen die Bindung des kulturkritischen Interesses an die innere Struktur des Musikdramas. Thema der Philosophie ist nicht mehr die Kunst allgemein, ihre Idee oder ihr Wesen, sondern ein konkretes Artefakt mit all seinen »kleinen« Elementen, in denen Nietzsche und später Theodor Lessing das philosophische Ereignis ihrer Zeit erkennen.[19] Hier wird auch jenseits der großen Inhalte über Kunst in einem Ton gesprochen, den es zuvor nicht gab und der die romantische Metaphysik der Kunst wie eine akademische Übung für den Ernstfall erscheinen lässt. Noch bei Schopenhauer und Hegel ist lediglich von der Musik als solcher, nicht von bestimmten Kompositionen die Rede. Mit Nietzsches Schriften zu Wagner, d.h. mit seiner Kritik an Massenkunst, Gefühlstheatralik und musikalischer Zeitauflösung, insbesondere mit der Diagnose einer Revolutionierung von Klang und Schrift, kommt etwas ins Spiel, das das ästhetische Denken verändert. Die Frage ist: Wenn die Philosophie es zulässt, dass die Macht eines Kunstwerks ihr ästhetische und zeitdiagnostische Kriterien vorgibt, was geschieht dann mit dem Allgemeinheitsanspruch ihrer selbst? Hier tritt zum ersten Mal ein bestimmtes Kunstwerk in Erscheinung, das der philosophischen Theorie Paroli bietet, sich ihr als ein Kraftzentrum eigener Art entgegensetzt.[20]

Dass Arnold Schönberg im 20. Jahrhundert die harmonische Tonalität auflöst und später mit den technischen Mitteln der Dodekaphonie komponiert, umreißt die dritte Konstellation. Sie zieht zeitweilig eine parareligiöse Dynamik des Streits nach sich, als ginge es um den Verlust von Gott, Sittengesetz und Natur gleichermaßen. Bemerkenswert bleibt, wie stark dieser Kulturkampf in die Ästhetik hineinwirkte. Jahrzehntelang wurde nicht nur in abstracto die »Natur der Musik« gegen die »Freiheit der Geschichte« und umgekehrt ausgespielt, sondern der Disput griff auch auf den Gegensatz von Schönberg und Strawinsky theoretisch über.[21] Ohne diesen Hintergrund wäre eine Figur wie Adorno undenkbar gewesen.

Bewusst knüpft Kapitel 6 nicht an diese »heroischen Jahre« an, sondern liest Adorno strikt aktualisierend und auf eine zukünftige Musikphilosophie bezogen. Im Unterschied zu den anderen Kapiteln hat dieser Teil neben seiner Darstellung des Gegenstandes eine spezielle systematische Funktion. In der Kritik an Adorno entfalte ich meine eigenen theoretischen Überlegungen, weil ich nun einmal davon ausgehe, dass sich mit Adorno besser ohne Adorno denken lässt als ohne Adorno. Die induktive oder phänomenorientikerte Verschiebung seiner Theorie zu den Werken hin findet sich bei ihm angedacht, aber nicht ausgeführt. In meiner Kritik wird sie zum eigentlichen Kern. Darum tritt auch die geschichtsphilosophische Grundfigur, die Lehre vom musikalischen Material, zurück, ohne zu verschwinden. Eine Kritik philosophischer Theoreme im Namen wissenschaftlicher Forschung wäre Adorno sicher nicht geheuer gewesen, aber im Unterschied zu seinen empirischen Arbeiten in der Soziologie hat er musiktheoretischen Kategorien stets eine Autonomie gegenüber philosophischen und gesellschaftstheoretischen Redeformen zugestanden. Diesen Punkt gilt es heute ebenso stark zu machen wie den der sozialen Hermeneutik.

Kapitel 7 gilt dem Thema der Zeit. Was lässt sich zu ihm auf die Schnelle sagen? Vielleicht dies: Zwei Probleme sollte man immer im Auge behalten.[22] Das eine ist das Spannungsverhältnis zwischen Werk und Aufführung; das andere betrifft den Bezug der objektivierten Zeit musikalischer Form zur zeitlichen Struktur der Rezeption. Zum ersten Punkt: Man kann Musik nicht allein vom performativen Akt her denken und dessen zeitliche Vergängnis zur Totale stilisieren, während man das Geschriebene schlecht lebensphilosophisch auf eine dürre Abstraktion herunterfährt. Man kann aber ebenso wenig das Problem der Zeit mit dem der Zeitaufhebung im Werk gleichsetzen. Werk bedeutet zwar Darstellung der Zeit durch Distanz zu oder sogar Freiheit von ihr. Und doch ist eine *konkrete* Erfahrung des Werks *nur* in einer bestimmten Zeitspanne möglich, die sich einmal und idealiter wie zum ersten Mal ereignet und danach niemals wieder. Ähnlich verhalten sich musikalische Zeitform und rezeptive Zeiterfahrung zueinander. Die Konzentration auf die Erste ist zwingend im Namen einer kritisch differenzierten Analyse des Werks. Die Zweite bezeugt, dass es eine existenzielle Resonanz der Subjekte gibt, die sich nicht unmittelbar auf Vorgänge des Werks zurückführen lässt, aber vielleicht zu dem Glück, das wir erfahren, wenn wir Musik hören, etwas zu sagen weiß.[23] Eine reine Werkästhetik ist dazu nicht in der Lage.

In Kapitel 8 zum Werkbegriff spielen zwei Probleme hinein, die dort nur am Rande erläutert werden: die ubiquitäre, aber dunkle Rede vom »Ende« des Werks und das Zusammenspiel eines ontologischen mit einem im weitesten Sinn diskurstheoretischen Werkbegriff. Das erste Moment ist mehr ein allgemeiner kultureller Charakter als eine fachspezifische Denkfigur. Um ihm gerecht zu werden, bedürfte die diffuse Anti-Werk-Ideologie einer gründlichen empirischen Analyse, die hier nicht gegeben werden kann. Der zweite Punkt wird an den Protagonisten Carl Dahlhaus und Roman Ingarden transparent. Für Dahlhaus ist der Werkbegriff primär ein Diskurs im Rahmen einer Vermittlung historischer und systematischer Kategorien; Ingarden dagegen denkt das Werk als eine ahistorische ontologische Struktur, die sich aus divergierenden Elementen zusammensetzt. Beide Autoren brechen ihren Ansatz indes am Ende ab und gehen mit einem anderen Modell »fremd«: Ingarden, indem er an seine phänomenologische Ontologie abrupt eine Perspektive kultureller Verständigung anhängt, und Dahlhaus, insoweit er einen Primat des Werks vor den Kriterien und Verfahren seiner wissenschaftlichen Interpretation unterstellt, ohne diese ontologische Annahme eigens zu reflektieren und Konsequenzen aus ihr zu ziehen. Der Widerspruch zwischen beiden Ansätzen bleibt im Text unaufgelöst stehen.

Kapitel 9 über Bob Dylan ist kein Plädoyer für die Gleichheit von »E« und »U«, es nimmt die Diskussion über dieses Thema gar nicht erst auf. Aber es wirft einen langen Blick auf die Popularkultur Amerikas, der gegenüber Europa in gewisser Weise arm ist, arm nicht an überragenden Werken und Komponisten, aber arm vielleicht an vitalen Vermittlungen zwischen musikalischem Fastfood, vor dem heute keiner mehr sicher ist, und jenem Pantheon bürgerlicher Hochkultur, das früher das Musikleben fest am Haken hatte. Dylan ist weder Pop noch große Kunst und doch, bis zu einem gewissen Grad, beides in eins. Vielleicht fällt es darum auch leichter als sonst, das Thema Religion, das Ästhetiker hierzulande scheuen wie der Teufel das Weihwasser, aufs Tapet zu bringen, als gehörte es zum Alltag künstlerischen Tuns einfach dazu. Erstaunlicherweise kommt bei Dylan noch die europäische Differenz von Kunstreligion und religiöser Kunst ins Spiel. Ein exotisches Szenario.

2. Das Wahre an Eduard Hanslick

»Wie ist in der Musik beseelte Form von leerer Form
wissenschaftlich zu unterscheiden?
Ich hatte die erstere im Auge,
meine Gegner warfen mir die letztere vor.«
Eduard Hanslick

I.

Eduard Hanslick philosophisch auf die Matte zu kriegen ist ein Kinderspiel. Warum ist er dann so wichtig und im musikästhetischen Diskurs – immer noch oder schon wieder – so präsent? Verantwortlich dafür sind zwei Gründe, die letztlich einen Grund bilden.

Erstens rührt die Schrift *Vom Musikalisch-Schönen* an einen neuralgischen Punkt, von dem bis heute nicht loskommt, wer über Musik im Ernst nachdenkt. Hanslick mag inkonsequent sein, lax, polemisch, ungerecht. Wie es sich aber für den Autor einer Streitschrift durchaus geziemt, die ein für allemal klarmachen möchte, dass es in der Kunstmusik nicht um die Darstellung von Gefühlen geht, sondern um den »Geist« eines Werks in der Form seiner Töne und Tonbeziehungen – und um nichts sonst. Vielleicht verficht der Mann seine strenge Vision etwas zu obsessiv, um rundweg überzeugen zu können.[24] Aber dass die Gegner mit seinem ureigenen Modell »musikalisch vs. außermusikalisch«[25] operieren, noch wo sie sich über den »Formalismus« des großen Kritikers, seine bürgerliche Politikphobie oder die doktrinäre Klassizität seiner Voten ereifern, sollte zu denken geben. Ist das wirklich nur Nachplappern einer antiquierten Terminologie? Bezeugt Polemik nicht notwendig die Gegenwart dessen, den sie angreift?[26] Und kommt nicht zwangsläufig jeder, dem es ernsthaft um die philosophische Kritik eines Werks zu tun ist, in eine »Hanslicksituation«, wo ihm der »Inhalt« musikalischer Formen wie Wasser unter den Fingern zu zerrinnen droht? Der Name dieses Autors gemahnt jedenfalls an ästhetische Kernfragen, die die Musikwissenschaft bislang nicht genügend reflektiert hat – unbeschadet der quantitativ respektablen Rezeption von Hanslicks Schrift.

Zweitens haben wir es hier genau darum mit dem Ahn einer Musikwissenschaft zu tun, die sich historisch nicht durchsetzen konnte, weil sie ästhetisch und vergleichsweise praxisnah fundiert war statt historisierend in dem Sinn, den der Hanslick-Schüler Guido Adler so exemplarisch wie folgenschwer etabliert hat.[27] Liest man heute *Vom Musikalisch-Schönen* oder auch nur einige der literarischen Konzertkritiken[28], sieht man sich einer abgrundtiefen sprachlichen und theoretischen Differenz zur Musikwissenschaft, wie wir sie kennen, gegenüber: hier ästhetische Werturteile, dezidiertes Gegenwartsinteresse, eine Idee zeitlos-formeller Schönheit und ein Werkbegriff, der zu historischer Entwicklung quersteht; dort methodisch angeleitete Forschung, Neutralität der Quelle, historisch-genetisches Werkverständnis und die Kontinuität einer vergangenheitsorientierten Geschichtsschreibung. Dass die Philologen seinerzeit am längeren Hebel saßen, hatte gute Gründe. Hanslicks Ansatz war mit den im späten 19. Jahrhundert etablierten Vorstellungen von Geschichtswissenschaft nicht kommensurabel zu machen. Spätestens seit den 1890er Jahren galt seine Art zu schreiben als

»unhistorisch« und »journalistisch«, d.h. als »vorwissenschaftlich«. Hanslick mochte sich selbst noch so szientistisch verstehen, er fiel zunehmend aus dem akademischen Usus heraus. So schlug man seine Sprache der Belletristik und das Konzeptuelle einer Philosophie zu, der das eigene Fach ohnehin Hausverbot erteilt hatte. Umso wichtiger, sich wenigstens heute darüber klar zu werden, was der Musikwissenschaft verloren ging, als sie die Ästhetik zur historischen Spezialität verkümmern ließ.[29]

Es stimmt schon: Hanslick war ein Positivist, der seine romantischen Wurzeln gekappt hat. Deshalb haben ihm ja auch manche vorgehalten, er bringe mit scholastischer Säuernis zu Ende, was bei Wackenroder, Tieck und E.T.A. Hoffmann noch eine große poetische Idee gewesen war.[30] Allein, Positivismus sollte man nicht mit dem Zerrbild verwechseln, das insbesondere Adorno von ihm entworfen hat: jenes exemplarisch unfreie, verdinglichte Denken, welches um die methodische Objektivierbarkeit sekundärer Tatsachen und Details so sehr besorgt ist, dass es die relevanten sozialen und historischen Zusammenhänge gar nicht erst in den Blick bekommt und am Ende mit »streng wissenschaftlichen Mitteln« bloß die Verhältnisse, wie sie »positiv« herrschen, zu bestätigen weiß. Aber diese Definition ist weitgehend unhistorisch. In seinen Ursprüngen war der Positivismus eine politisch geächtete Freiheitsbewegung, die im Namen des Gegebenen gegen Spekulation und Gefühl als Norm rationaler Denkart kämpfte. Für Geister wie Bernard Bolzano oder Auguste Comte ist eine ganz eigene Emphase in der Reduktion charakteristisch, eine Begeisterung gerade beim nüchternen Blick auf die Dinge dieser Welt. Sie sprechen, als könne man die endlosen Dispute der großen Philosophie um 1800 beenden, sofern man nur kundgibt, was wirklich der Fall ist.[31] Heute fällt es schwer, eine solche Position nachzuvollziehen. Sofort halten wir dagegen, *alle* Objekte unseres Wissens seien historisch geworden, medial situiert, ideologisch gebrochen und selbstredend plural auslegbar. Historisch läuft ein solcher Einwand aber erst einmal ins Leere. Denn der Positivismus der ersten Hälfte des 19. Jahrhunderts lebte von der Wucht des Zum ersten Mal. Nach Hegel und der Romantik verkörperte er eine grundstürzend neue Erfahrung, die ganz darauf setzte, spekulative Systematik und persönliches Gemüt als Konditionen wissenschaftlichen Denkens zu verabschieden und sich allein an das zu halten, was unmittelbar zu sehen und zu hören ist – und zwar in seiner vollen weltlichen Vielfalt und Besonderheit. Von diesem mentalen Schwung hat Eduard Hanslick eine Menge mitbekommen, nicht zuletzt wohl über Bolzano.[32] Wer allein das Trockene, die spröde Reduktion in seinem Denken wahrnimmt, aber den emphatischen Freiheitsimpuls übersieht, versteht den späteren Starkritiker miss und mutiert selbst zum Beckmesser.[33] Gewiss legitimiert der genetische Gehalt dieser Ästhetik noch nicht ihre Wahrheit heute. Aber der Hinweis auf ihn ist notwendig, weil sich erst vor diesem historischen Hintergrund die Gegenwart Hanslicks für uns bestimmen lässt.

II.

Hanslicks Wendung gegen die allgemeine Ästhetik verknüpft ein prononciertes Wissenschaftsethos mit einer Offensive für das Besondere, die ihrerseits einer prinzipiellen Kritik an monistischen Theorien *der* Kunst entspringt: »Die knechtische Abhängigkeit der Special-Ästhetiken von dem obersten metaphysischen Princip einer allgemeinen Ästhetik weicht immer mehr der Ueberzeugung, daß jede Kunst in ihren eigenen technischen Bestimmungen gekannt, aus sich selbst […] heraus begriffen sein will. Das ›System‹ macht allmählich […] der ›Forschung‹ Platz und diese hält fest an dem Grundsatz, daß die Schönheitsgesetze jeder Kunst untrennbar sind von den Eigenthümlichkeiten ihres Materials, ihrer Technik [...].« (*VMS*: 22 f.) Entschieden wendet sich Hanslick gegen das Wort seines Lieblings Robert Schumann: »Die Aesthetik der einen Kunst ist die der anderen, nur das Material ist verschieden.«[34] (*VMS*: 23) Ob sein Protest dem Schöpfer von Florestan und Eusebius gerecht wird, sei dahingestellt. Wichtig ist, dass Hanslick sich hier gegen eine romantische Ästhetik positioniert, die sich ein philosophisches System der Künste zugetraut und deren wechselseitige Erhellung behauptet hatte – im Geiste von Materialerprobung und sehr formbewusst, aber doch im Dienste der einen, absoluten Kunst.[35] Im Gegensatz zu Schopenhauer beflügelt ihn dabei weniger der Glaube an ein metaphysisches Anderssein der Musik als die Überzeugung, dass individuelle Gegenstandsbereiche fachlich spezialisierte Wissenschaftsformen erzwingen. Emphatisch geht es Hanslick um das Besondere der Musik – jedoch vor dem Hintergrund der Tatsache, dass für besondere Künste auch nur besondere Wissenschaften ein Existenzrecht genießen. Allein die »Tonkunst« hat, wie er mit großer Schärfe festhält, »diesen wissenschaftlichen Standpunkt noch nicht zu erringen gewusst, und ist in ihrer Aesthetik hinter den übrigen Künsten entschieden zurückgeblieben« (*VMS*: 24).[36] In der zeitgenössischen Kunstwissenschaft sei man längst so weit, aus materialen Gegebenheiten eines Bildes geistige Gehalte eruieren zu können; Gleiches gelte für Poesie und Literatur. Lediglich bei der Musik würden »trockene[..] technische[..] Bestimmungen« und »poetische[..] Fictionen« (*VMS*: 77), die sich vor Gefühlswärme nicht einkriegen könnten (*VMS*: 24 f.), weitgehend starr einander entgegengesetzt. So wenig jedoch die Schönheit von Musik mit dem emotionalen Gebaren ihrer Hörer identisch ist, so sehr unterscheidet sich die Form eines Werks von dessen Wirkung. Für eine »Revision der Ästhetik der Tonkunst« bleibt entscheidend, dass beide Seiten sachgemäß ineinandergreifen. In diesem Sinne gilt es, wie Hanslick einmal sehr schön pointiert, »in das Innere der Werke zu dringen und die specifische Kraft ihres Eindrucks aus den Gesetzen ihres eigenen Organismus zu erklären« (*VMS*: 31).

Nun scheint an manchen Stellen prima vista zwischen »Eindruck« und »Organismus« keine rechte Spannung mehr zu bestehen. So heißt es etwa: »Die Musik besteht aus Tonreihen, Tonformen, diese haben keinen anderen Inhalt als sich selbst.« (*VMS*: 162) Oder: »Das Schöne [...] ist bloße *Form*, welche nach dem *Inhalt*, mit dem sie erfüllt wird, zu den verschiedensten Zwecken verwandt werden kann, aber selbst keinen andern hat, als sich selbst.« (*VMS*: 26) Man ist versucht zu sagen: Weil die Musik weder reale Dinge abbilden noch sprachliche Sätze artikulieren kann, ist sie »nicht von dieser Welt« (*VMS*: 77). Ihre Identität ist die eines abstrakten Jenseits, dem die romantische Transzendenz weggebrochen ist. Hanslick verfügt über keinen ideellen Gehalt mehr, den er der Musik vorab zuschreiben könnte. Darum wird es für ihn zu einer Herausforderung, Form als etwas Beseeltes, Gehaltvolles, als »sich von innen heraus gestaltender Geist« (*VMS*: 78; vgl. 79 f., 42) zu denken statt als leere Schönheit oder Tapetenmuster. Dass man später Hanslick gerne als Lobredner solcher Muster verstehen wollte[37], ist die Folge einer allzu flüchtigen Lektüre und bleibt grundfalsch.[38] Der Mann laboriert an einer Aporie und verkündet kein positives Programm. Der Satz von den »tönend bewegte[n] Formen«, die »einzig und allein Inhalt und Gegenstand der Musik« seien (*VMS*: 75), ist keine blasse Tautologie, sondern Zeichen einer Komplikation, die Hanslick nicht aufzulösen weiß, aber erkennt oder zumindest erahnt.

Auch schwankt er in seinen Aussagen darum so häufig, weil er an zwei Fronten kämpft: Auf der einen Seite kritisiert er eine Kunstmetaphysik, die der Musik von außen her semantische Zuschreibungen angedeihen lässt, denen jede Grundlage im kompositorischen Material fehlt – dagegen votiert er dann für die Einheit von materialer Gestalt und Bedeutung: Die symbolische Funktion beruht auf den gegenständlichen Eigenschaften der Musik selbst, sie ist kein externer Referent (*VMS*: 16).[39] Auf der anderen Seite muss Hanslick der Gefahr inhaltsloser Spielerei, dem Reiz rein mathematischer Proportionen, letztendlich dem Musikgewerbe Einhalt gebieten – was aber nur möglich ist, wenn der Geist, der die Form beseelt und über sie hinausgeht, wieder ins Spiel kommt. Beide Argumentationsmuster fallen sich erwartbar ins Wort, was den Text zuweilen unklar und widersprüchlich macht.[40] Punktuell erscheinen Form und Inhalt z. B. als unmittelbar identisch, kurz darauf stehen sie nur mehr »wesentlich in Zusammenhang«.

In letzter Zeit wird oft über eine Nähe Hanslicks zu Kant spekuliert.[41] Sofern damit ein »Einfluss« durch Lektüre gemeint ist, liegt man allerdings daneben: Von einem Studium der *Kritik der Urteilskraft* kann bei Hanslick nicht die Rede sein. In der Ästhetik taucht der Name Kant nur einmal ganz am Rande auf (*VMS*: 160), im Lebensbericht kommt er gleich gar nicht vor.[42] Anders sieht die Sache aus, wenn man nach ähnlichen Grunderfahrungen fragt, die ja nicht auf Bildungsfrüchte des Späteren zurückgehen müssen. Hanslicks Definition ästhetischer Autonomie als Zweckfreiheit z. B. hat selbstredend einen kantischen Einschlag (*VMS*: 26). Auch denkt man zwangsläufig an das »interesselose Wohlgefallen«, wo immer der Autor subjektive Gefühlsbegehrnisse zugunsten des Eigenrechts von Musik aus dem ästhetischen Diskurs ausschließen möchte. Am stärksten dürfte die Nähe zu Kant in der Konsequenz ausgeprägt sein, mit der Hanslick den Gehalt musikalischer Form als Freiheit wenn nicht von, so doch gegenüber semantischen, historischen und politischen, im weitesten Sinne zeitdiagnostischen Inhalten herausstellt. Allerdings ist dabei zu berücksichtigen, was an seinem Denken dem kantischen schroff entgegensteht: die selbstverständliche Annahme positiver Gegenstandsrealität und das Fehlen eines Verständnisses subjektiver Konstitution.[43] Umgekehrt ist es fraglich, ob Kants Konzept der ästhetischen Idee, das einem Begriff des Kunstwerks immerhin nahekommt, auf Musik angewendet werden kann.

Der Gedanke von Form als Freiheit bleibt bedeutsam, zumal Hanslick um 1848 selbst im Sinne linkshegelianischer Inhaltsästhetik agierte und politische Kategorien wie selbstverständlich in Bezug auf Musik gebrauchte.[44] Vielleicht ist das der bedeutsamste Aspekt seiner Schrift: Indem sie die Freiheit der Form gegen die hybride, große Geschichtsphilosophie des 19. Jahrhunderts reagierend, selbstkritisch in Stellung bringt, schafft sie die Voraussetzungen für *den* Werkbegriff, mit dem sie Geschichte schreiben sollte und der heute dazu nötigt, sich über das widersprüchliche Geschichtsverständnis ihres Autors klar zu werden.

Auf einer ersten Ebene etabliert Hanslick die Differenz des ästhetischen vom »*kunstgeschichtlichen* Standpunkt« (*VMS*: 93), den er – etwas umstandslos – Hegel zuschreibt.[45] Er leugnet nicht, dass Musik im Kontext der kulturellen, sozialen und wissenschaftlichen Produktionen ihrer Zeit steht und die Untersuchung solcher Zusammenhänge erkenntnisbildend ist. Beide Wissenschaften hätten aber, heißt es, streng auf ihrer Autonomie zu bestehen und sich jeder Vermischung untereinander zu enthalten: »Die ästhetische Untersuchung weiß nichts und mag nichts wissen von den persönlichen Verhältnissen und der geschichtlichen Umgebung des Componisten; nur was das Kunstwerk selbst ausspricht, wird sie glauben.« (*VMS*: 93; vgl. *VMS*: 94)

Es ist eine zeitlose Schönheit, die diese Freiheit ermöglicht. Sie hat keinen bestimmten Inhalt, ist jedoch in ihrer strengen

Formalität der höchste Wert; eine Idee der Idee, wie das Gute bei Platon – nur eben ohne logisches und spekulatives Fundament (*VMS*: 21). Das Schöne erschöpft sich nicht in der ästhetischen Distanz der Form gegenüber den Inhalten, es emanzipiert das Kunstwerk auch von seiner Genese und der »Intention« (*VMS*: 88) des Künstlers. Wie weit Hanslick hier seiner Zeit voraus ist, kann man daran erkennen, dass die Kategorie der Komponistenintention noch heute in musikwissenschaftlichen Werkanalysen oft spürbar unbefangener gepflegt wird, als sich theoretisch verantworten lässt. So unstrittig das Werk historisch entsprungen ist, so wenig lassen sich ihm historische oder subjektive Prädikate von außen zuschreiben. Wie die Forschung des Besonderen an die Stelle der allgemeinen Ästhetik tritt, so das autonome Werk an den Platz der großen, narrativen Historie. Dabei meint Autonomie nicht Unabhängigkeit von Geschichte, sondern Freiheit zum eigenen Historischsein. Allerdings hat dieser Gedanke einen szientistischen Pferdefuß: Hanslick begründet ihn damit, dass es der wissenschaftliche »Causalnexus« (*VMS*: 93) sei, der gegen die historische Objektivation von Freiheit stehe. Kant wäre mit diesem Argument nicht einverstanden gewesen.

Hanslick hat die »geschichtliche Bedingtheit« von Musik keineswegs geleugnet. Im Gegenteil, zur historischen Dynamik des Komponierens finden sich von ihm zuweilen so prägnante Beschreibungen, dass der Klassizist temporär zum melancholischen Modernen, ja zum »Zukunftsmusiker« zu mutieren scheint.[46] Und auch wenn er medienhistorisch noch unter dem Diktat der Schrift steht und allein in der Partitur »das *fertige* Kunstwerk« sehen will, weiß er doch mehr als jeder andere von der Macht der geschichtlichen »Spaltung der Musik in Composition und Reproduction, eine der folgenreichsten Specialitäten unserer Kunst, überall zu beachten, wo sie zur Erklärung eines Phänomens beiträgt« (*VMS*: 109). Gemessen daran lässt sich verkraften, dass die theoretische Integration solcher Widersprüche, die »Vermittlung«, sein Ding nicht war.

III.

Über Hanslicks Attacken gegen die »verrottete Gefühlsästhetik« (*VMS*: 9) reden die Leute viel. Der Fall gilt als bekannt, aber worauf der Autor hinauswill, ist nicht leicht zu sagen. Immerzu mischen sich im Text plausible mit dogmatischen Statements, treffende Einzelbeobachtungen mit dem Fehlen einer Sicht auf das Ganze, ein Ausfall an historischer Reflexion mit der ethischen Verteidigung des Werks gegenüber seinem Publikum. Was Gefühle *in* der Musik sein können, erfährt man nicht, es wird stillschweigend vorausgesetzt. Dennoch bringt Hanslick eine Reihe relevanter Aspekte ins Spiel, auch solche der, wie wir heute sagen würden, performativen Kultur. Die einzelnen Momente finden sich nicht zu einer Konstruktion zusammen, aber der Autor verfährt doch so redlich, dass die kniffligen Aspekte am Ende alle auf dem Tisch liegen.

Diese Momente seien im Folgenden auf drei konzentriert: (a) Ethik des Schönen, (b) Ausnahmestellung der Musik, (c) reale und musikalische Gefühle.[47]

(a) Demonstrativ betont Hanslick, er wende sich nicht gegen Gefühle in der Musik als solche, sondern nur »gegen die falsche Einmischung der Gefühle in die *Wissenschaft*« (*VMS*: 9 f.). Wissenschaft heißt »Vorrang des Objekts« (Adorno) vor aller rezeptiven Anmutung. Gefühle beherrschen unser Leben und Erleben, aber das macht sie noch nicht ästhetisch relevant. Erst wenn ich sie als Effekt des Schönen, als Reaktion auf ein Werk erkenne, werde ich ihrem – sekundären – ästhetischen Stellenwert gerecht. Gefühle kommen *durch* das Schöne zustande, sie gewinnen an Präsenz, weil es da ist. Sie bringen das Schöne weder hervor, noch machen sie es selbst schön. Bestenfalls leisten sie Hilfestellung bei seiner Entdeckung. Aber nicht einmal das steht definitiv fest. Der mit Abstand unpositivistischste Satz aus Hanslicks Traktat lautet: »Wenn aus der Betrachtung des Schönen angenehme Gefühle für den Betrachter entstehen, so gehen diese das Schöne nichts an.« (*VMS*: 26)[48]

(b) Sind Gefühle in der Musik aber nicht doch direkter wirksam, z.B. weil unsere Wahrnehmung der Macht des Akustischen physischer und gewissermaßen schutzloser ausgesetzt ist als z.B. das Sehen der überschaubaren Gegenwart optischer Dinge? Auf diesen Einwand hat Hanslick zwei völlig konträre Antworten parat. Die erste ist gewunden defensiv: Sie bestreitet jede Gefühlsbesonderheit von Musik und konzediert bestenfalls ein »Mehr oder Weniger« (*VMS*: 30) an entsprechender Wirkung in den verschiedenen Künsten. Gefühle, so lesen wir, würden auch durch Malerei und Dichtung erzeugt, »aber großer Lärm darüber ist blos bei der Musik« (*VMS*: 98).

Die zweite Antwort macht dagegen selbst ordentlich Lärm. Völlig unerwartet kommen im Kapitel IV, das sich mit den Eigenarten des Konzerts auseinandersetzt, Kategorien zum Tragen, die in den Abschnitten zuvor ausgeklammert waren: Körper, Nerven, Erregung, Geheimnis, das »entfesselte Sichselbstgeben« (*VMS*: 111) des Interpreten wie des Hörers. Der eben noch, in auffälligem Widerspruch zu seiner Kritik allgemeiner Ästhetik, die Unterschiede des emotionalen Erlebens in den Künsten auf einen variablen Durchschnittswert herunterzufahren schien, spricht plötzlich von einem affektiven »Machtüberschuß« (*VMS*: 113) der Musik vor den anderen Künsten: »Keine Kunst kann da so tief und scharf in unsere Seele schneiden. [...] – nicht mehr das Tonstück fühlen wir, sondern die Töne selbst, die Musik als gestaltlos dämonische Gewalt, wie sie mit Zauberaugen glühend an die Nerven unseres ganzen Leibes rückt.« (*VMS*: 112) Modisch ausgedrückt: Die Wirkung des Mediums verhindert das Verständnis der Form.

Diese Analyse der Erlebnisqualität des Performativen versteht Hanslick aber keineswegs als Widerruf seiner puristischen Option zuvor, sondern als physiologischen und psychologischen Kommentar von außen. Was an affektiven Extremen ins Spiel dringt, ist für ihn weniger ein schönes Kunstereignis als der Einbruch des Elementarischen in die geordnete Welt klassischer Ästhetik. Das aufgeschriebene »Tonwerk« gehört in diese Ordnung, das Klangereignis, das uns überwältigt (*VMS*: 110), drängt aus ihr heraus. Die einen Gefühle kommen rational gebändigt in der Komposition zum Ausdruck, die anderen erregt die Musik als akustische Gestalt bei ihren Hörern. Für das Erste sind Ästhetik und Musiktheorie zuständig, für das andere die Wissenschaften des Körpers und der Seele.[49] Eine solche Argumentation erscheint uns heute recht gewaltsam, aber für Hanslick war sie offenbar die einzige Möglichkeit, Erfahrungen, die mit seinen klassizistischen Wertmaßstäben nicht zu bewältigen waren, zugleich normativ auszugrenzen *und* zur Sprache zu verhelfen: »Je stärker [...] eine Kunstwirkung körperlich überwältigend [...] auftritt, desto geringer ist ihr ästhetischer Anteil.« (*VMS*: 126)[50] Und *das* schreibt der bedeutendste Musikkritiker des späten 19. Jahrhunderts![51]

(c) Leitmotivartig wird erklärt, der »Inhalt« von Musik sei nichts, was es jenseits ihrer eigenen Gestalt schon gäbe und außerdem in dieser dargestellt würde. Er sei nicht ablösbar von der Form der Musik, sondern selbst musikalisch. Frage: Müsste es dann nicht musikalische Gefühle geben[52], d. h. Gefühle, die einer spezifischen Musik erst entspringen, an ihrer unverwechselbaren Gestalt haften? Das zu fragen ist deshalb nicht trivial, weil Hanslick »Gefühle« sonst vorzugsweise mit Sinnbestimmungen verbindet, die so sehr »im Leben« lokalisiert scheinen, dass kein musikalisches Material sich den expressiven Weg zu ihnen bahnen kann: »Die Darstellung eines Gefühles oder Affectes liegt gar nicht in dem eigenen Vermögen der Tonkunst« (*VMS*: 43), heißt es apodiktisch. Nur auf der Basis eines sozialen und verständigen Gedankenapparats könne sich die Dynamik der Seele zu plastisch bestimmten Gefühlen verdichten (*VMS*: 44). Diese aber, der Autor zählt u. a. die Liebe zu ihnen, seien zu intentional und zu realitätshaltig, zu sehr lebenspraktisch differenziert, um mit rein musikalischen Mitteln angeeignet oder nachgeahmt werden zu können. Wenn damit gemeint ist, dass menschliche Gefühle je schon in sozialen Zusammenhängen auftreten, hat Hanslick völlig recht. Aber wer oder was soll in musicis mit diesem Argument widerlegt werden? Dass es Aufgabe der »Tonkunst« sei, die Dynamik sozialer Kommunikation abzubilden, hat nicht einmal Richard Wagner behauptet.[53] Und schon Charles Batteux, der strenge französische Nachahmungstheoretiker des 18. Jahrhunderts, wusste genau, dass Empfindungen, welche in der Musik zum Ausdruck kommen, von anderer Art sind als jene, die unsere lebenspraktischen Handlungen begleiten.[54]

Nun will Hanslick keine offenen Türen eintreten. Er weiß, dass die Lösung nicht darin bestehen kann, wie ein guter Musiker einfach nur von der Chromatik *statt* von der Sehnsucht zu reden, von Vorhaltsseufzern *statt* vom Schmerz, von Streichertremoli *statt* vom in sich erzitternden Ich. Deshalb gibt er zu bedenken, es könnten »unbestimmte« Gefühle sein, die in der begriffslosen Musik zum Ausdruck kämen. Erst weist er diese Annahme zurück, weil er sich nicht vorstellen kann, wie Unbestimmtes bestimmt komponiert, wie gestaltarme Seelendynamik zum Objekt einer individuellen künstlerischen Gestalt sich wandeln können soll (*VMS*: 61 f.). Aber dann räumt er doch ein, es gebe wohl einen Bereich des Seelenlebens, der weniger einzelne Gefühle mit »Inhalten« als vielmehr eine affektive Disposition in sich birgt, die konkreten, gerichteten Gefühlen als eine vergleichsweise unbestimmte Form des Lebendigseins unterlegt ist.[55] Hanslick nennt diese Schicht abwechselnd »das Dynamische« (*VMS*: 46), das keinen Inhalt hat, die »chronische Form der *Stimmung*« im Gegensatz zur »akuten des *Affectes*« (*VMS*: 29) und auch, ähnlich wie Hegel, die »Bewegung« (*VMS*: 47) der Seele, von der es heißt: »Sie bildet *das Element, welches die Tonkunst mit den Gefühlszuständen gemeinschaftlich hat,* und das sie schöpferisch in tausend Abstufungen und Gegensätzen zu gestalten vermag.« (*VMS*: 47; Herv. v. R.K.) Offenbar gibt es einen Bereich des Gefühls, der uns »chronisch« begleitet, auch wenn wir uns dessen nicht bewusst sind. Und es scheint diese Sphäre zu sein, die die Musik so reichhaltig zum Ausdruck bringt wie keine Kunst sonst.

Am Ende bleiben zwei Fragen. Die eine ist, wie sich die verschiedenen Begriffe von Affektivität in ein sinnvolles Verhältnis zueinander setzen lassen, und vor allem: wie eine Beziehung zwischen Gefühl als expressivem Impuls und als Form im Ganzen herzustellen wäre. Hanslick hat sich um Letzteres bemüht.[56] Er sah es als unbefriedigend an, Gefühle ausschließlich an Details festzumachen und nicht auch als Formkategorie zu denken. Trotzdem lag da eine historische Grenze für ihn, sicher auch eine subjektive. Hanslick war kein Hermeneutiker, eigentlich wollte er gar nicht interpretieren. An diesem Punkt hat er von den Romantikern wenig gelernt. Er schwört auf sinnliche Fakten und pragmatische Kontexte, auch wenn er wie der Statthalter einer musikphilosophischen Idee in ihrer äußersten Abstraktion auftritt. Gelegentlich ist man versucht zu sagen: Wie kannst du Gefühle permanent zur Privatsache erklären, aber pathetisch vom Schönen als solchem reden, wo du es doch begrifflich gar nicht entfalten willst und kannst? Und dann noch unvermittelt einräumen, dass es eine stimmungshafte Basis unserer Urteile und Affekte gibt, über die wir nichts vermögen? Auch solcher Widersprüche wegen sind die wenigen weiterführenden Sätze zum »Gefühl in der Musik« zwischen den Zeilen und in Fußnoten versteckt, abseits der monomanischen Überzeugungsrede für die große reine Tonkunst. Man übersieht sie leicht.

Die andere Frage lautet: Wie konnte der basale Gegensatz musikalisch vs. außermusikalisch, der ja erst durch Hanslick in den wissenschaftlichen Diskurs gekommen ist, historisch so dominant werden, wo doch die Ästhetik innerhalb der Musikwissenschaft von Anfang an ins Hintertreffen geraten war? Ist der puristische Aspekt dieser Theorie mit dem philologischen Selbstverständnis der historischen Musikwissenschaft womöglich bestens vereinbar, solange nur das philosophische Konfliktpotenzial ausgeblendet bleibt? Beruht dieses Fach insgeheim auf einem musikästhetischen Axiom, dessen es sich allenfalls bei Carl Dahlhaus theoretisch versichert, das es ansonsten aber bloß als indifferente, niemanden und nichts bedrohende Eigengesetzlichkeit kultiviert?[57] Manche Vertreter dieses Fachs scheinen regelrecht stolz darauf zu sein, dass ihre Kunst »keine Bedeutung hat«. Offenbar entgeht ihnen, dass sie damit das Problem als die Lösung ausgeben. Sicher, Hanslick vermochte selbst nicht zu sagen, was er unter der »beseelten Form«, um die es ihm erklärtermaßen ging, verstanden wissen wollte. Umso nachdrücklicher muss man heute darauf bestehen, dass seine Rede von den Formen, die allein der Inhalt von Musik seien, keine schale Tautologie, sondern ein provokatives Rätsel darstellt, das sich eher aus Verlegenheit den Schleier leerer Identität überstreift, während es insgeheim anderes im Sinn hat. Es bringt eine Problematik ins Spiel, um die Hanslick wusste[58], vor der er aber haltgemacht hat, weil er – zu Recht – annahm, dass sie sich mit den Mitteln »seiner« Wissenschaft nicht lösen, vielleicht nicht einmal formulieren ließ: die Frage nämlich, wie sich über »geistige Gehalte« oder »Weltbezüge« einer Sache verantwortbar sprechen lässt, der keine einsinnig denotierbare Bedeutung zukommt und die auf kein anschaulich Reales sich beziehen kann. Welche Sprache entspricht der Phänomenalität der Musik, die sich der Sprache entzieht?

3. Adam Smith zwischen Nachahmung und Autonomie

Zu den Eigenarten der philosophischen Rede über Instrumentalmusik gehört, dass ihre zentralen Motive um 1800 weitgehend ausgebildet waren, aber dann, aus welchen Gründen auch immer, theoretisch nicht weitergeführt wurden. Nicht nur Wackenroder und Schopenhauer haben hier unterm Strich den Kürzeren gezogen. Philosophen wie der Kantianer Christian Friedrich Michaelis[59] und Adam Smith, der schottische Moraltheoretiker[60], fanden in den Diskurs der philosophischen Ästhetik, um von der Musikwissenschaft zu schweigen, nie auch nur ansatzweise hinein. Wenn das Interesse an Smith neuerdings zunimmt[61], ist das zu begrüßen, kann man doch von diesem Kopf lernen, dass systematische Fragen zur Musik über sogenannte historische Probleme hinausreichen. So wenig Hanslick ein bloßer Antipode der »Programmmusik« ist, so wenig gilt, was Adam Smith zur Musik festhält, lediglich für Kompositionen des 18. Jahrhunderts. Ein philosophischer Diskurs ist keine historische Untersuchung.

Unbeschadet dessen muss er historisch zureichend informiert sein. Dazu gehört z.B. die Einsicht, dass es einen »Essay von Adam Smith über die Musik« streng genommen nicht gibt. Smiths Interesse gilt einer Kritik der Ästhetik der Nachahmung.[62] Vor diesem Hintergrund analysiert er im großen II. Teil seines Textfragments philosophische Grundprobleme der Musik, wobei der Malerei eine nicht unbedeutende Rolle zufällt. Diese Analyse führt zu einer Teilkorrektur des nachahmungsästhetischen Ansatzes, nicht aber zur »Revision« dieses Denkens überhaupt. Smith ist viel zu sehr ein Mann des alten Jahrhunderts, als dass es seine Absicht sein könnte, der damals dominierenden Denkart in Sachen Natur und Kunst ein neues Paradigma entgegenzusetzen. Was er infrage stellt, ist die *Einheitlichkeit* des Prinzips Nachahmung. Er will den Unterschieden der Einzelkünste gerechter werden, als es bei den französischen Theoretikern (z.B. Jean-Baptiste Dubos, Charles Batteux) damals üblich war.[63] Instrumentalmusik als minderwertige Kunstform abzutun geht Smith gegen den Strich. Ihm leuchtet nicht ein, dass der symbolische Inhalt instrumentaler Musik diese selbst sein soll. Spricht er von den »what are called The Imitative Arts«, dann weniger, um sich vom Nachahmungstopos seiner Zeit global zu distanzieren, als vielmehr mit der Absicht, auf einer relativ erfahrungsnahen, wenn man will »unterminologischen« Ebene gewisse Monismen und Ungenauigkeiten dieser Tradition aufzulösen. Es ist leicht, sich heute darüber zu mokieren, wie etwas, das als ein Wirkliches schon vorhanden, bekannt und begrifflich artikuliert ist, durch »Imitation« zudem noch zu schöner Kunst werden soll. Vergessen wir aber nicht, dass es Aristoteles war, der Nachahmung gegen Platon (*Politeia*, 10. Buch, 595–608b) als ein produktives, poietisches Verhalten begriff, das den Darstellungsmitteln einer wahrheitsorientierten Wissenschaft überlegen sein *kann* (*Poetik*, 1451b, 9).[64] Mag sein, dass die Nachahmungslehrer des 18. Jahrhunderts da weniger flexibel waren als der griechische Urvater. Aber auch in ihrem rationalistisch eingezäunten Feld blieb die Einsicht wirksam: Kunst hat ihren Platz in der Welt. Sie erschöpft sich nicht in selbstgenügsamem Formenspiel, sondern sie vergegenwärtigt Erfahrungsgehalte des Lebens. Ihre materielle Flüchtigkeit hat ein reales Fundament.

Smith denkt im Rahmen von Vor- und Nachbild, aber der Wert eines Kunstwerks besteht für ihn nicht darin, dem Vorbild so nahe wie möglich zu kommen, sondern im Gegenteil die »disparity« zwischen beiden zu bewältigen. Sein Ausgangspunkt ist kein unerreichbares Ideal, hinter dem alles menschliche Tun zurückbleiben muss wie Händels Trompeten hinter den Posaunen von Jericho, sondern eine komplexe mediale Ungleichheit, die erst durch künstlerische Arbeit in die Lage versetzt wird, sich dem realen Gegenstand ähnlich zu machen: »[...] the disparity between the imitating and the imitated object is the foundation of the beauty of imitation. It is because the one object does not naturally resemble the other, that we are so much pleased with it, when by art it is made to do so.« (*Smith III*: 183; vgl. 207) Hat die Differenz künstlerischer Materialien aber ein solches Gewicht, sind auch die Darstellungsmöglichkeiten eines Kunstwerks entsprechend unterschiedlich und vielfältig, je nachdem welches Medium die Darstellung durchführen soll. In der Malerei, so Smith, gefällt Nachahmung auch dann, wenn sie sich auf an sich gleichgültige und widrige Realien bezieht, weil die Materialität dieser Kunst zur Natur der Dinge adäquat auf Abstand bleibt. Dieselbe inhaltliche Perspektive bei der Bildhauerei führt jedoch zu einem gegenteiligen Effekt. Auch wenn es vordergründig paradox klingt: Gerade ihre Nähe zur menschlichen Gestalt ist unvereinbar mit angemalten Farbornamenten, die diese Nähe maßlos zu steigern suchen und die Form des Steins für eine Pseudokopie des lebendigen Leibs missbrauchen, welche dann erst recht einem Leichnam ähnelt (*Smith III*: 180 f.). Wer Intimität gewinnen will, muss Distanz einhalten können.

Von besonderem Interesse sind Smiths Überlegungen zur niederländischen Malerei, weil sie die Einführung der Kategorie des *Ausdrucks* (»expression«) am Ende des II. Teils verständlicher machen, als diese es an Ort und Stelle sein kann. Für sich wirkt dieser Schlussabschnitt leicht wie eine Zugabe und »expression« wie ein aus dem Hut gezauberter intrinsischer Nachfolgekandidat für »imitation«.[65] Gleichwohl lässt der Vergleich von Malerei und Musik die Linie des Arguments erkennen. Smith hebt den Unterschied zwischen den Ausdrucksformen beider Künste hervor: In der Malerei ist Ausdruck auf die gegenständliche Realität der Inhalte bezogen und dadurch von Zeichnung und Kolorit eindeutig unterschieden; in der Musik fällt solche Distinktion fort, da sie Smith zufolge den imitativen Bezug auf eine Wirklichkeit jenseits ihrer selbst nicht kennt. Alles Expressive, das sie hervorbringt, wird unmittelbar durch ihre sinnliche Gestalt, durch »melody and harmony«, aber mehr durch jene als durch diese bewirkt. Ausdruck entsteht nicht als Resultat eines, und sei's noch so diffusen semantischen Verweises auf wirkliche Objekte, sondern als Effekt des Artefakts selbst.

Man könnte jetzt fragen: Hat die klassische Nachahmungsästhetik in der Instrumentalmusik ihren Meister gefunden? Will Smith, wie so viele andere nach ihm, diese Musik aus der Welt definieren? Und bloß verkünden, dass es in ihr kein Bezeichnetes gibt, sondern allein Zeichen, die sich selbst bezeichnen, d. h. die bedeutungsfrei *und zugleich* ihre eigene Bedeutung, zur Mimesis konstitutionell nicht fähig sind? Nur dass er, Smith, dies als Auszeichnung und nicht als Verdikt, als Zurückbleiben hinter dem ontologischen Vorbild Natur versteht? Zuweilen klingt es danach: »The melody and harmony of instrumental Music [...] do not distinctly und clearly suggest any thing that is different from that melody and harmony. Whatever effect it produces is the immediate effect of that melody and harmony, and not of something else which is signified and suggested by them; they in fact signify and suggest nothing.« (*Smith III*: 205 f.) Oder: »Its meaning, therefore, may be said to be complete in itself, and to require no interpreters to explain it.« (*Smith III*:

205) Indes, Smith denkt situativ, nicht prinzipiell, lebensweltlich statt grundsatzorientiert. »Complete in itself« stellt bei ihm eine pragmatische Redensart (»may be said«) dar, keine kantische oder spekulative Definition der Autonomie des Menschen. In der Sache ist Autonomie bei ihm der Eigenname instrumentaler Musik gegenüber dem mimetischen Potenzial der anderen Künste und *kein* alle Künste übergreifendes Prinzip.⁶⁶

Gleichwohl kommt der kühle Schotte im Passus zu den Niederländern an einen ähnlichen Punkt wie Hegel in seiner Ästhetik (*Smith III*: 179 ff.). Er registriert, dass die Wirkung von Licht und Schatten in diesen Bildern wichtiger ist als Personen und Dinge ihrem Inhalt nach. Zwar zögert sein klassischer Geist, eine Gemüseauslage oder eine Fleischerbank ohne Weiteres als würdigen Kunstgegenstand zu akzeptieren, aber von der Sorgfalt und vom atmosphärischen Reiz dieser Werke zeigt er sich tief beeindruckt. Aufmerksamkeit verdient seine spezielle Zwischenposition. Die Verselbständigung der materialen Bildelemente, also das, was Hegel später die »Magie des Kolorits« (*HS 15*: 133) nannte, nimmt Smith präzise wahr. Aber er fasst das Resultat nicht etwa als »abstrakte Kunst« auf, er sagt nicht, Nachahmung werde hier belanglos, sondern er fragt, wie es denn sein kann, dass minderwertige Gegenstände ein solches Sehvergnügen bereiten. Er erkennt, dass der Wert des Bildes und unsere Freude an ihm mit einem *Ausdruck* zu tun haben, der weniger auf ein objektiv Wirkliches verweist, als dieses vielmehr, wie Hegel sagt, »verschweben« (*HS 15*: 133) lässt. Dennoch beharrt Smith auf dem realen Inhalt als Norm, weil das Dasein der Dingwelt als solches für ihn zum Rätsel wird. Es ist, als ob die Lust des Sehens selbst sinnlos würde, wenn die Dinge ihre Kontur verlieren.

Was stellt die Beziehung dieses verschwebenden Ausdrucks zur Musik her? Bei Hegel sind es die Niederländer direkt: durch das Scheinen der Dinge und das Zurücktreten existierender Materialität zugunsten eines musikähnlichen, gleichwohl aber sichtbaren Raums aus Licht, Schatten und Farbe. Bei Smith kommt der Begriff der *Landschaft* interessanterweise nicht im Passus zu den »dutch masters«, sondern angesichts der Instrumentalmusik ins Spiel. Und dies nicht, wie es im 18. Jahrhundert üblich war, als vorgegebenes Maß der Nachahmung, sondern als Bild von Eigengesetzlichkeit.

»When we follow the winding alleys of some happily situated and well laid out garden, we are presented with a succession of landscapes, which are sometimes gay, sometimes gloomy, and sometimes calm and serene [...]. It would be improper, however, to say that those scenes imitated the gay, the calm, or the melancholy mood of the mind; they may produce in their turn each of those moods, but they cannot imitate any of them. Instrumental Music, in the same manner, though it can excite all those different dispositions, cannot imitate any of them. There are no two things in nature more perfectly disparate than sound and sentiment; and it is impossible by any human power to fashion the one into any thing that bears any real resemblance to the other.« (*Smith III*: 198)[67]

Im Bild der Landschaft verschiebt sich die Präsenz der Dinge hin zu einem Medium, *in* dem diese erscheinen, und im Dienste eines Ausdrucks, der sich als atmosphärisches Integral von den Einzelobjekten löst. Dieser Rückzug motiviert Smith aber nicht, Gefühl in der Instrumentalmusik zu verorten. Instrumentalmusik hat mit der Landschaft gemein, heißt es, dass sie keinen identifizierbaren oder situierbaren Gefühlsinhalt zu erkennen gibt. Hätte man Smith gefragt: Ist der Morgen heiter oder sind wir es, hätte er, ohne zu zögern, »wir sind es, weil wir es machen« zur Antwort gegeben. Die berühmte Zeile aus Hölderlins *Germanien* »[...] Denn voll Erwartung liegt / Das Land [...]« wäre ihm – philosophisch – als schlichter Mystizismus erschienen. Entsprechend erregt in seinem Sinne Instrumentalmusik eine Fülle von Affekten in uns, ohne diese objektiv in ihrer Struktur mit sich zu führen. *Gefühle sind für Smith innen, Dinge außen. Vor allem: Gefühle können wir sehen und sichtbar machen, aber nicht hören.* Entsprechend vermag Instrumentalmusik allein Dispositionen, »moods« beizustellen, auf die der Hörer mit so oder so gerichteten Gefühlen reagiert, aber nicht selbst Gefühle nachzuahmen. Denn dies würde einen, und sei's noch so schwachen Realitätsbezug unterstellen, der in der Tonkunst (angeblich) ausgeschlossen ist.

Smith hat das Problem, dass ein Landschaftsbild für ihn einen Zwitter aus Gefühl und tönend bewegter Form verkörpert, während er davon überzeugt ist, auf der Unvereinbarkeit von »sound and sentiment« insistieren zu müssen. Die Art und Weise, wie er den Widerspruch löst, macht deutlich, dass bei ihm, ähnlich wie bei Michaelis[68], mehr im Spiel ist als eine Theorie der »absoluten« Musik, nämlich ebenso eine der klanglichen Erweckung oder Erregung unseres Inneren, d. h. eine Reproduktion der alten Affektenlehre unter veränderten Bedingungen. Wie ist solche Subjektivierung des Gefühls möglich, wenn so viele Menschen auf individuelle Werke so ähnlich reagieren? Was macht die Rede vom Ausdruck, der mit der Gestalt der Komposition liiert ist, für einen Sinn, wenn dieser nicht fähig ist, selbst Stimmungen und Gefühle mitzuteilen? Warum vollzieht sich die Bildung des Gefühls erst und allein im Hörer, wenn die Macht der Instrumentalmusik über das menschliche Gemüt so offenkundig ist (*Smith III*: 198)?

Die Position von Smith wird verständlicher, wenn man seine Abgrenzung von Rousseau (*Smith III*: 198 ff.) mit einbezieht. Interessanterweise nimmt Smith nicht den großen Gegner der Instrumentalmusik aufs Korn[69], sondern dessen seltsam quer dazu stehende Idealisierung des Klangs und des menschlichen Hörens. Aus dem *Dictionnaire de musique* zitiert er Sätze, die von der Fähigkeit der Musik schwärmen, Elemente der Natur zum Klingen zu bringen: das Meer, das Feuer, die Einöde, die Stille des Himmels. Die Pointe dieser Fähigkeit ist, dass sie sich nur gebrochen, nur über einen Umweg realisiert. Die Elemente, schreibt Rousseau, kann der Komponist »nicht direkt darstellen, sondern in den Gemütern die gleichen Gefühle erregen, die man empfände, wenn man sie wirklich sähe«[70].

Für Rousseau spricht die Musik zu allen Sinnen, insbesondere trägt sie quasi das Ohr in das Auge. Sie imitiert nicht allein Bewegung und Zeitfolge, sondern ebenso den »Schlaf der Natur«, will sagen die Nacht, die Stille, was so viel heißt wie: Musik macht hörbar, was wir sonst bestenfalls sehen oder vielleicht überhaupt nicht mehr wahrnehmen. Sie schließt unsere Ohren, d. h. uns selbst, für die Welt auf. Rousseau »rettet« die Lehre von der Musik als imitierender Kunst, indem er diese als ein synästhetisches Organ definiert, das die anderen Sinne in sich zusammenfasst und so Natur über den Umweg der Charakteristik seelischer Bewegungen abbildet.

So ernst Smith den Konkurrenten nimmt, so scharf fällt seine Kritik aus. Ohne Opernmagie oder Theaterspiel, Dichtung oder Malerei könne auch Rousseau der Musik kein einziges Sinnelement und keine Weltbedeutung zuordnen. Das meint: Der Mann aus Genf tut so, als ließe sich die Imitation des Sichtbaren aus den Klängen deduzieren, in Wahrheit braucht er dafür von vornherein Worte, Bilder oder auch eine Bühnenmaschinerie. Für Smith kann Musik in exzellenter Weise die Nachahmung *anderer* Künste unterstützen, deren Intentionen verdeutlichen, ihre Wirkungen intensivieren und nicht zuletzt den Hörer auf all das einstimmen (*Smith III*: 192, 195, 197, 199–203). Aber sie vermag diese Inhalte nicht selbst nachzuahmen oder abzubilden. Diesseits eines Bezuges auf Sprache und Dinge bleibt sie zum mimetischen Nullwert verurteilt. Immerhin hat das den Vorteil, dass der Fall des Komponisten, der »sich« in seiner Musik ausdrückt, die Grundfigur des musikalischen Sturm und Drang, bei Smith erst gar nicht vorkommt. Auch über die Lehre vom Genie breitet der Schotte wie selbstverständlich den Mantel des Schweigens aus.

Die Pragmatik, mit der er sich gegen die Überhöhung des Akustischen bei Rousseau wendet, ist bemerkenswert. Wenn wir uns im Alltag über Probleme austauschen, sagt Smith, tun wir das weder singend noch rein sprachexpressiv; beides würde schließlich den sozialen Handlungsraum auflösen, um dessentwillen wir ja kommunizieren (*Smith III*: 202). Auch nehmen wir die Gefühle der anderen nicht als klangliche Eindrücke wahr, sondern vermittelt über den Sinn ihres Sprechens und das Mienenspiel des Gesichts. Emotionale Interaktion spielt sich über Kategorien des Auges, nicht des Ohres ab.[71]

Wie kommen wir von diesem sozialen Visualprimat aber zur Musik zurück? Die Antwort erstaunt zunächst: über die Oper. Tatsächlich ist die Oper für Smith jenes Genre, das die sympathetischen, die sozialen Gefühle zur Darstellung bringt wie keine andere Kunstform, durchdringen sich doch im Zusammenspiel ihrer Medien mimetische und nicht-mimetische Vermögen gegenseitig. Musik, Dichtung und Bühnenaktion stehen selbstredend im Fokus des Interesses. Auch in den speziellen Formen der Oper (Arie, Rezitativ, Terzett, Chor usw.) ist die Musik keine Kunst, die *selbst* zur Nachahmung fähig wäre. Aber sehr wohl eine, welche die *anderen*, die imitatorischen Künste produktiv macht und am Ende ein Ganzes herzustellen hilft, das den Abgrund zwischen der Sympathetik sozialer Praxis und dem nicht nur sängerischen, sondern auch theatralen Ausdruckswillen ihrer selbst überbrückt wie sonst originäre Imitation die Kluft zwischen Vor- und Nachbild: »[...] it should be remembered, that to make a thing of one kind resemble another thing of a very different kind, is the very circumstance which, in all the Imitative Arts, constitutes the merits of imitation; and that to shape, and as it were to bend, the measure and the melody of Music, so as to imitate the tone and the language of counsel and conversation, the accent and the style of emotion and passion, is to make a thing of one kind resemble another thing of a very different kind.« (*Smith III*: 191)[72]

Auch wenn dunkel bleibt, wie die beanspruchte Integrationsfähigkeit der Musik in der Oper mit dem gegenüber Rousseau so vehement propagierten Dualismus von »Schall und Gefühl«[73] einhergehen soll, so unterliegt es doch keinem Zweifel, dass Smith weit davon entfernt ist, Instrumentalmusik als eigentliche Musik zu inthronisieren. Würde er Nachahmung und Autonomie so krass einander entgegensetzen, wie es ihm zuweilen unterstellt wird[74], stünde sein Enthusiasmus über die sozialen Potenzen musiktheatraler Expression völlig ortlos da. Aber das Gegenteil ist der Fall, denn just dieser Passus berührt das Thema der Philosophie von Smith in seinem Kern: die Erschließung der sozialen Welt über die Gefühle.[75] Die Frage wäre allenfalls die nach der Differenz von gesellschaftlichem Theater und Oper. Im Übrigen agieren instrumentale und wortgebundene Musik bei diesem Autor auf Augenhöhe. Das versteht sich nicht von selbst, ist jene für ihn doch eine durchaus gewöhnungsbedürftige Kunstart, die so manches Rätsel aufgibt und für die er keineswegs blind Partei ergreift. Auch zeigen einzelne Passagen, dass Smith den traditionellen Primat der Vokalmusik nicht einfach aufgegeben hat.[76] Worum er sich bemüht, ist die gerechte, d.h. hierarchiefreie Balance zwischen der einen und der anderen Form.

Smiths Analysen zur Instrumentalmusik sind umso beeindruckender, je mehr man im Blick hat, wie gering seine Literaturkenntnis vermutlich gewesen ist. Außer Kompositionen von Händel, Corelli, Lully und Pergolesi, wohl auch von Johann Christian Bach (und einigen französischen Opern), wird er nicht sehr viel gekannt haben. Ausgerechnet die Musik, die die Ästhetik des 19. Jahrhunderts und alle spätere definiert hat, die Wiener Klassik, liegt noch vollständig außerhalb seines Erfahrungshorizontes. Eben darum ist die Konsequenz bewundernswert, mit der Smith instrumentale Werke nicht nur als ein phänomenales Jenseits konventioneller Nachahmungsästhetik, sondern auch als »Discours de la méthode« in Tönen beschreibt. Der Schnitt gegenüber Affektenlehre und mimetischer Denotation ist nur der eine Aspekt. Nicht weniger wichtig der andere: die Entdeckung der Musik als Diskurs, als rational konstruierte Totale. Durch sie kommt eine neue Perspektive ins Spiel, die auf der Ebene eines *dualistischen* Nachahmungskonzepts, und sei dieses – wie in den Passagen zur Malerei und zur Oper – auch noch so differenziert gehandhabt, nicht formuliert werden kann. Wer im üblichen Sinn Nachahmung sagt, ob nun von Gefühlen, Naturvorgängen oder rhetorischen Figuren, sieht sich allein auf einzelne musikalische Gesten, Momente, Situationen, kurz auf »Erscheinungen« verwiesen. Er argumentiert so, als ob ein Werk aus diversen Elementen bestünde, die sich lexikalisch aufschlüsseln ließen. Nachahmungsästhetik in musicis ist immer sozusagen eine »Stellentheorie«, will sagen: Sie kennt keinen Begriff von Form. Was ein Werk im Ganzen ist und sein kann, kommt bei ihr nicht einmal als Frage vor.

An diesem Punkt ist Smith wirklich innovativ: Er sieht, dass die Autonomie der instrumentalen Musik sich nicht in einem Nein zu direkten semantischen Weltbezügen erschöpft, sondern kraft Rhythmus und Metrum eine eigene konstruktive Ordnung ausbildet, auf deren Basis sich dann ein individueller Prozess mit komplexen melodischen und harmonischen Beziehungen gestalten wie nachvollziehen lässt: »Time and measure are to instrumental Music what order and method are to discourse; they break it into proper parts und divisions, by which we are enabled both to remember better what is gone before, and frequently foresee somewhat of what is to come after: we frequently foresee the return of a period which we know must correspond to another which we remember to have gone before; and, according to the saying of an ancient philosopher and musician, the enjoyment of Music arises partly from memory and partly from foresight.« (*Smith III*: 204)[77]

Das Interesse von Smith ist am Objekt orientiert. Er geht von der Erfahrung des musikalischen Hörens aus, aber nur, um zu zeigen, dass Strukturen der Musik wie Rhythmus, Takt und, cum grano salis, Zeit eigenen Gesetzen unterliegen und sich gerade nicht von den Gefühlen des Publikums her begreifen lassen. Gegenstand sind nicht singuläre Gebärden oder Aktionen, sondern Musik als ein Ganzes in abstracto, d.h. als ein Werk. In einem Werk Nachahmung zu praktizieren, so meint Smith, hieße, dessen formale Ordnung zu (zer)stören und ihre zeitliche Folgelogik von außen her aufzulösen (*Smith III*: 203). Entweder gibt es aber den inneren Sinn der Instrumentalmusik, der eine Übersetzung in Worte nicht nötig hat, oder es gibt wortgebundene Werke, deren Bedeutung sprachlich erschlossen werden kann. Ein Kompromiss aus beidem wäre ein ästhetisches Unding.

Wirklich? Smiths Essay ist ein Fragment. Der Autor hat den Text überarbeitet, aber nicht abgeschlossen. Ob das geschah, weil er sich seines Konzepts nicht mehr sicher war, muss offenbleiben. Gegen Ende schleicht sich eine gewisse Neigung zum Mäandern in den Text, bevor dieser dann schlagartig abbricht. Insgesamt präsentiert er uns eine Theorie der autonomen Instrumentalmusik und setzt diese dann idealtypisch der traditionell vorrangigen Vokalmusik entgegen. Der einen oder anderen argumentativen Härte zum Trotz geht es Smith nicht um Grundsatzkämpfe, sondern um spezifische Korrekturen an der Ästhetik seiner Zeit. Fraglos hat er die Autonomie musikalischer Form entdeckt, aber doch nicht im Ernst geglaubt, sie sei »blind für die außermusikalische Wirklichkeit, in der wir leben«[78], habe Weltlosigkeit zur Bedingung oder zur Konsequenz. Was Smith zeigt, ist, dass die Bedeutsamkeit rein instrumentaler Musik mit konventionellen nachahmungsästhetischen Mitteln nicht angemessen bestimmt werden kann. Auch er aber kommt über diese Mittel nur deskriptiv und nicht systematisch hinaus: »Autonomie« und »Mimesis«, »expression« und »imitation« bleiben bei ihm Oppositionsbegriffe, die einer Vermittlung in der Sache widerstehen – Tribut eines »unterminologischen« Ansatzes, der zwischen den Zeilen von latent gebliebenen kategorialen Ansprüchen ereilt wird. Autonomie oder Selbstausdruck als *verinnerlichte Nachahmung* zu denken lag im Zeitalter des Sturm und Drang noch jenseits des Horizonts.[79] Wie könnte im Übrigen die Erschließung von Zeit in der Musik je blind für die zeitliche Wirklichkeit sein, in der wir leben? Selbst wenn etwas verborgen ist und sich begrifflichem Denken entzieht, ist es ja doch auch irgendwie da. Auf einem anderen Blatt steht, dass sich an dieser Stelle Probleme anmelden, die am Ende des 18. Jahrhunderts noch nicht formulierbar waren.

4. Schopenhauer oder die »Quintessenz des Lebens« in der Musik

I.

Schopenhauers Musikphilosophie darf man nicht mystischen Zirkeln überlassen, man muss das Mystische an ihr ernst nehmen. Man muss es so rekonstruieren, dass es die Erfahrung freigibt, die ihm zugrunde liegt. Allerdings ist dies leichter gesagt als getan. Die Geschichte des schopenhauerschen Denkens ist eine Geschichte von Missverhältnissen. Das liegt, versteht sich, auch an diesem Denken selbst, nicht weniger indes an seiner speziellen, kontrastreichen Wirkungshistorie.

Erstens ist da die immense Verzögerung der Rezeption als solcher, die den Zeitgenossen von Carl Maria von Weber wie selbstverständlich in einen Denker des späten 19. Jahrhunderts verwandelt.[80] Noch heute muss man der Versuchung widerstehen, Schopenhauer zu sagen, ohne *sofort* auch Wagner und Nietzsche zu meinen. Und doch bleibt dieser Philosoph in seiner Lebensepoche selbst schon ein Anachronist, ein Fremdkörper.

Zweitens herrscht im 20. Jahrhundert die längste Zeit eine deutliche Diskrepanz zwischen dem Desinteresse an Schopenhauers Philosophie seitens der akademischen Zunft und der Verehrung, die sie bei Künstlern wie Kunstliebhabern genießt. Nach 1900 geht die universitäre Resonanz dieses Werks stetig zurück[81], bis spätestens mit dem Zweiten Weltkrieg der Name

Schopenhauer zum Kulturgut geschrumpft ist. Dagegen nimmt er in den Künsten seit Richard Wagner den Thron des Idols, der unantastbaren Identifikationsfigur ein, zumal für solche Artisten, die sich als Repräsentanten einer genuinen Moderne sehen wie Arnold Schönberg, Marcel Proust, Max Beckmann, Samuel Beckett, Thomas Bernhard und andere.[82]

Drittens steht dieser Lesart der Künstler die Indifferenz des Philosophen angesichts künstlerischer Technik und Formbildung entgegen. Exemplarisch heißt es in der Berliner Vorlesung von 1820: »Was ich hier vortragen werde, ist nicht *Aesthetik*; sondern Metaphysik des Schönen, daher bitte ich nicht etwa die Regeln der Technik der einzelnen Künste zu erwarten.« (*HN III*: 37)[83] Im Gegensatz zu Hegel und E. T. A. Hoffmann ist Schopenhauer davon überzeugt, dass die interne Struktur von Kunstwerken, mag sie auch phasenweise eine Rolle spielen, das philosophische Denken letztlich nichts angeht.[84] Auch wenn es keineswegs seine Absicht war, hat er damit, im deutschsprachigen Raum jedenfalls, einen Diskurs über Musik begünstigt, bei dem es nie unter Drang, Weltekel und Erlösung abging, aber kein Wort über Form, Komponieren und Geschichte fallen durfte. Historisch verbietet es sich, ihm daraus einen Strick zu drehen.[85] Das Gleiche gilt für sein Trommeln zugunsten der »reinen Tonkunst«. Dass die religiöse Obsession, mit der der Streit um »absolute Musik« vs. »Programmmusik« im 19. Jahrhundert ausgetragen wurde, uns heute antiquiert vorkommt, ist das eine; dass in Schopenhauers Parteinahme eine historische Tat liegt, die mit dem jahrhundertealten Primat eines sprach- und logoszentrierten Musikbegriffs zu Recht wenn auch usurpatorisch aufräumte, das andere.[86]

Viertens ist Schopenhauers Denken durch eine philosophiegeschichtliche Ambivalenz geprägt. Einerseits geht mit ihm eine Ära zu Ende, in der Ästhetik als integraler Bestandteil eines spekulativen Systems auftrat und Fragen nach dem Schönen und der Kunst notwendig mit dem Problem der Erkenntnis und der Stellung des Menschen in der Welt verknüpft waren. Andererseits vollzieht Schopenhauer in der Ästhetik und mehr noch in der Ethik eine mystische Wendung, die »die Welt« oder »den Willen zum Leben« »verneint«. Kierkegaard nicht unähnlich, entdeckt er Grenzerfahrungen des menschlichen Daseins als einen exemplarisch neuen Gegenstand der Philosophie. Die uralte Frage der Metaphysik: Was ist das Wesen des Seienden? verwandelt sich bei ihm in die Frage des bürgerlichen Individuums: Was ist der Sinn *meines* Lebens?, wobei die Antwort in der Zumutung besteht, den Ungeist preiszugeben, den dieses Possessivpronomen in sich birgt. Genau so ist auch zu lesen, wenn Schopenhauer sagt: »Nicht bloß die Philosophie, sondern auch die schönen Künste arbeiten [...] darauf hin, das Problem des Daseyns zu lösen.« (*W II*: 471) Jedes Kunstwerk ist eine materialspezifisch erteilte Antwort auf die Frage, was das Leben in Wahrheit ist oder vielmehr sein sollte: nämlich ein Verzicht auf das Unrecht, Ich zu sagen: »[F]ür die *Anschauung* beantwortet jedes Kunstwerk jene Frage, jedes Gemälde, jede Statue, jedes Gedicht, jede Scene auf der Bühne: auch die Musik beantwortet sie; und zwar tiefer als alle andern« (*W II*: 472). Tiefer als die Antwort der anderen ist die Antwort der Musik, weil sie, wie Schopenhauer glaubt, die Rastlosigkeit unseres Begehrens ebenso *unmittelbar* zum Vorschein bringt wie von ihr befreit. Was im Leben zu Leiden führt, macht sie von einem Standpunkt jenseits dieses Leidens gegenwärtig. Darum traut sich der Philosoph auch zu sagen, sie sei »überall am Ziel« (*W I*: 252), selbst dort, wo sie – wie in manchen Werken Beethovens – gleichsam einer unerreichbaren Zukunft hinterherzujagen scheint. Der springende Punkt ist dabei: Musik gibt ein paradoxes »Bild des Glücks« (*W II*: 531)[87], indem sie die negative Kraft des Willens verinnerlicht und verwandelt, in gewisser Weise wegschafft. Das Positive entsteht aus der Intimität mit dem Negativen und dessen Überwindung. Was das konkret heißt, kann Schopenhauer allerdings nicht sagen, woraus, wie wir noch sehen werden, ein gravierendes Problem resultiert.

II.

Für Schopenhauer ist die Welt etwas radikal Negatives, an dem menschliche Wünsche und Ansprüche letztlich scheitern *müssen*. Nicht jedes Mal und überall, aber doch in einem basalen Sinn, ohne den es kein Leben gibt. Was wir für gewöhnlich Glück nennen, ist in Wirklichkeit negativ verfasst, kein ursprüngliches Ereignis, sondern punktuelle Abwesenheit von Schmerz und Not (*W I*: 415 f.). Um diese Grundstruktur von Leben kreisen Schopenhauers Überlegungen. Der Philosoph will das Negative der Welt in seinen natürlichen und künstlerischen Gestalten zur Sprache bringen, auch und gerade da, wo sprachliche Mittel erst einmal versagen. Seine Frage ist, warum Not, Schmerz, Unglück, Unlust, Langeweile und andere Formen des Mangels unser Dasein so tief prägen, dass es oft genug scheint, es gäbe nichts außer ihnen. Zugleich bemüht er sich intensiv darum, mögliche Wege einer Heilung dieser belastenden Grundsituation namhaft zu machen. Heilendes, was immer es sei, liegt nicht vor wie ein Ding oder eine Tatsache. Es erschließt sich allein über die Erfahrung seines Fehlens, seiner Abwesenheit. In diesem Denken genießt das Negative einen Vorrang vor dem Positiven, real wie methodisch.

Allerdings hat Schopenhauer mit dem Problem zu kämpfen, dass die philosophische Tradition gewissermaßen dazu verführt, Negativerfahrungen zu leicht zu nehmen und in ein System aus rationalen oder spekulativen Begriffen einzuordnen, ohne sich auf das einzulassen, was dem entgegensteht. Als »System«, so weiß Schopenhauer selbst, neigt Philosophie dazu, zum Verstummen zu bringen, was sie eigentlich beredt machen möchte – oder müsste. Die Frage liegt nahe, ob in einer Lehre, die in mystische Weltablehnung mündet, eine Metaphysik des Schönen nicht fehl am Platz ist. Wie kann eine so schwarze Sicht auf »Gott und die Welt« sich überhaupt auf Kunst beziehen und ihr sogar sub specie aeternitatis eine erlösende Wirkung zuschreiben? Zeigt sich daran nicht, dass es dem Negativismus an innerer Konsequenz mangelt, dass er seine Aufgabe zu leicht nimmt? Wird Kunst so nicht bloß unter dem Deckmantel ewiger Ideen zur Trostspenderin in einer schlechten Welt gemacht, die sie nicht ändern kann?

Ohne Frage repräsentiert die Betrachtung des Schönen einen notwendigen und bewusst positionierten Teil von Schopenhauers Philosophie. Architektonisch gesehen bildet sie das Scharnier zwischen der Metaphysik der Natur und der Ethik. Gleichwohl lässt sich nicht übersehen, dass das Bewusstsein des Negativen in manchen Partien auffallend gedrosselt ist. Just der § 52 des dritten Buches (*W I*: 338–353), der Abschnitt zur Musik[88], mutet phasenweise wie Sound von der Insel der Seligen an, erlöst von dem sonst so übermächtigen blinden Willen, dessen »unmittelbares Abbild« die Musik doch sein soll.

Das hat verschiedene Gründe. Ein Grund ist, dass der Musikliebhaber den Philosophen rhetorisch überflügelt. Schopenhauers Liebe zu Mozart, Beethoven und Rossini spielt sich weit affirmativer in den Vordergrund, als sein kritischer Geist es ihm erlauben dürfte. Der metaphysische Negativist verschwindet in der zweiten Reihe, wenn der musikalische Klassizist seine Stimme erhebt.

Ein anderer Grund ist der systematisch mehrdeutige Status der Ästhetik selbst. Die Interpreten machen uns hier mindestens zwei Angebote. Das eine geht von einem Primat der Ethik aus, die auf Erlösung des Menschen vom Leiden zielt, das der ziellose Wille uns auferlegt.[89] Diese Absicht kann aber *nur* von einem Heiligen erreicht werden, dem die »Verneinung des Willens zum Leben« *auf Dauer* gelingt. Daran gemessen bleibt die kontemplative Betrachtung des Schönen in Natur und Kunst situativ, temporär, ein einzelner Augenblick. Im ichfremden Anschauen und Hervorbringen des Schönen weiß sich der Mensch zwar des quälenden Daseinsdrucks ledig, aber die Veränderung, die solcher Ekstase philosophisch zugestanden wird, ist im Vergleich zum finalen Fühlen und Mitleiden mit *aller* Kreatur auf Erden kaum mehr als der sprichwörtliche Tropfen auf den heißen Stein. Musik bleibt eine Vorstufe des Eigentlichen, ihre Ästhetik die Generalprobe moralischer Weltentsagung, Kunst ist das Besondere, das vergeht, Ethik das Allgemeine, das bleibt.

Dieser gediegenen Philosophenkonvention, für die es bei Schopenhauer so manchen Beleg gibt (z. B. *W I*: 353; *W II*: 472), ist entschieden widersprochen worden.[90] Besonders Ulrich Pothast hat jene Elemente herausgestellt, die die ausgezeichnete Position verständlich machen, welche Schopenhauers Philosophie bei so vielen Künstlern des 19. wie des 20. Jahrhunderts einnimmt: den Vorrang der Kunst vor der Philosophie und die Negation von »Zeit, Raum, Kausalität« als Grundvoraussetzung eines modernen künstlerischen Selbstverständnisses. Sodann ist Pothast davon überzeugt, dass mystisches Erleben und materiale ästhetische Kategorien sich nicht widersprechen, solange Mystisches nicht als imaginäre Windbeutelei, sondern als spezifisch physische Erfahrung verstanden wird, als eine Erfahrung, die kein Fundament hat, sondern grundlos ist, die existenzielle Sicherheiten erschüttert, statt bürgerliches Behagen zu stiften. Der Satz, Schopenhauer traue *allein* ästhetischen Grenzerfahrungen, welche die Nichtigkeit des Individuums bezeugen,

»die Erkenntnis der wahren [...] Realität«[91] zu und erkläre Kunst damit zur »eigentlich metaphysischen Tätigkeit« des Menschen, gibt zwar eher die Position von Beckett oder des frühen Nietzsche wieder als die von Schopenhauer selbst. Gleichwohl kommt so zum Vorschein, dass bei Schopenhauer das *Potenzial* einer Erkenntnis vorliegt, die den Gegensatz zwischen der künstlerischen Anschauung des Besonderen und der philosophischen Reflexion des Allgemeinen *mit künstlerischen Mitteln* abzubauen sucht. Kunst auf das Besondere, Ephemere, Einzigartige so festzulegen, dass ihr jeder Allgemeinheitsanspruch verloren geht, ist in der großen Philosophie naturgemäß beliebt. Die autonomen Werke werden zur Krone des Einzigartigen verklärt, damit sie die Ansprüche der Theorie erst gar nicht erheben, geschweige denn unterminieren können – worin vielleicht aber ihre Aufgabe liegt. Gegen den Primat der Ethik im einen Modell steht derjenige der Kunst im anderen. Er besagt, dass die Erkenntnis, die im Zeichen anschaulicher künstlerischer Formen erfolgt, letzten Endes reicher und sogar verbindlicher, weil differenzierter ist als die Erkenntnis der philosophischen Theorie und erst recht die der Wissenschaft. Ob diese Auffassung zutrifft, kann hier nicht entschieden werden. Kunst bleibt durch die Produktion von Werken mit der Weltorientierung des Willens verbunden, wie sie in der ästhetischen Kontemplation auch auf die Weltabkehr der Ethik vorgreift.[92]

III.

Zur Musik: »Sie steht ganz abgesondert von allen andern« (*W I*: 339). Und hat doch Gemeinsamkeiten mit ihnen: »Daß sie zur Welt [...] sich wie Darstellung zum Dargestellten, wie Nachbild zum Vorbild verhalten muß, können wir aus der Analogie mit den übrigen Künsten schließen, denen allen dieser Charakter zu eigen ist« (*W I*: 339). Ihr Verhältnis zu sich selbst ist das »einer Vorstellung, zu Dem, was wesentlich nie Vorstellung seyn kann« (*W I*: 340).

Eines gilt es sogleich zu beachten: Musikphilosophisch führt Schopenhauer zwei Aspekte zusammen, die in der ästhetischen Diskussion heute zu Recht oder zu Unrecht als unvereinbar angesehen werden: die Autonomie der Musik *und* ihr metaphysischer Weltbezug. Dass Musik das »Wesen aller Dinge« (*W I*: 347) zum Ausdruck bringt und doch streng eigenen Gesetzen folgt, ist für Schopenhauer kein Widerspruch. Transzendenz und radikale ästhetische Freiheit sind zwei Seiten derselben komplexen Sache. Anders als es sein klassizistischer Musikgeschmack nahelegt, lässt sich ein avantgardistischer Kunstanspruch mit Schopenhauer rechtfertigen *und zugleich* ein Konnex zwischen Musik und Religion. Es ist diese Spannweite, die die Faszination speziell von Schopenhauers Musikphilosophie für Künstler erklärt.

Für die akademische Rezeption dieses Entwurfs ist bezeichnend, dass der *Konflikt*, der sich hier auftut, in der Regel nur unzulänglich ausgetragen wird. Meist dominiert das eine *oder* das andere Moment den Diskurs. Man liest Schopenhauer entweder *nachahmungsästhetisch* derart, dass die Musik einen metaphysischen Gefühlshorizont zum Ausdruck bringt, der jenseits ihrer selbst liegt, oder aber der Anspruch der Instrumentalmusik wird *autonomieästhetisch* so zugespitzt, dass das »Wesen der Welt« (*W I*: 339), das in der Musik Gestalt annehmen soll, zum bloßen Überbau selbstreferenzieller Klangdynamik schrumpft, der es nicht mehr gestattet, Schopenhauer von Hanslick zu unterscheiden. Will man dieser Musikphilosophie gerecht werden, muss man aber ihre innere Spannung ernst nehmen und ihre Pole zusammenspannen unabhängig davon, ob der Entwurf als solcher trägt oder nicht.

Ein zentraler Passus lautet: »Die Musik ist nämlich eine so *unmittelbare* Objektivation und Abbild des ganzen *Willens*, wie die Welt selbst es ist, ja wie die Ideen es sind, deren vervielfältigte Erscheinung die Welt der einzelnen Dinge ausmacht. Die Musik ist also keineswegs, gleich den anderen Künsten, das Abbild der Ideen; sondern *Abbild des Willens selbst*, dessen Objektität auch die Ideen sind: deshalb eben ist die Wirkung der Musik so sehr viel mächtiger und eindringlicher, als die der anderen Künste: denn diese reden nur vom Schatten, sie aber vom Wesen.« (*W I*: 341; vgl. 347)

Sagen wir es so: Die Musik *ist* eine Welt sui generis. Dichtung, Malerei und Architektur *bedeuten* eine Welt, auf die sie *verweisen*. Musik vollführt eine Wirklichkeitskonstruktion eigenen Rechts, die anderen Künste bleiben dagegen, noch wo sie ihre eigenen Formen entfalten, in *sich* auf eine Wirklichkeit bezogen, in *der* sie zugleich sind.[93] Dass Musik »abgesondert« von den anderen Künsten existiert, meint nicht, sie bleibe zur Gänze für sich und falle aus dem Kosmos heraus, während jene in den ewigen Prinzipien der visuellen Welt oder in der semantischen Ordnung der Sprache Halt fänden. Vielmehr bringt das musikalische Werk mit seinen Mitteln eine Welt hervor, die gleichwie im Rücken der anderen Künste liegt und deren je spezielles mimetisches Vermögen fundiert (*W I*: 348). Musik drückt nicht diese oder jene Erscheinung *in* der Welt aus, sie hat keine substanzielle Ähnlichkeit mit dem, was real vor sich geht, sondern sie bringt zum Vorschein, was es heißt, dass überhaupt eine Welt da ist, in der wir uns befinden. Die Vorgänge, die sich *in* ihr abspielen, haben je ihren Sinn und üben eine spezielle Funktion aus, aber sie gehen unter in einem Horizont, der stärker ist als sie. Die Musik objektiviert den Willen nicht über die Nachbildung ewiger Formen der Welt, sondern sie ist die *unmittelbare Vorstellungsform* dessen, was die Welt an sich ist. Sie ist nicht dieses

An-sich selbst, das außerhalb *allen* Vorstellens bleibt (bes. W I: 163 f.), aber sie steht ihm so nahe wie sonst nur, was Schopenhauer »Platonische Idee« nennt, obgleich es mit Platon nur sehr bedingt zu tun hat.[94]

Schopenhauer beerbt die Tradition der musikalischen Nachahmungsästhetik just da, wo sie in die Idee der Autonomie des Werks umschlägt.[95] Musik wird zum Abbild eines Bildlosen, zur Darstellung eines Nichtdarstellbaren. Dieses logische Paradox beantwortet aber nicht die Frage, wie Autonomie und unmittelbare Willensnähe der Musik konkret zusammengehören (können). Was immer unter unmittelbarer Willensnähe zu verstehen ist, sie impliziert strukturelle Negativität. Diese kann aufgefangen oder gemildert, in gewissen Grenzen auch verdeckt werden, aber ohne eine Präsenz des Negativen *in* der Musik streicht sich die Rede vom »Abbild des Willens selbst«, der »allein [...] die Quelle aller unserer Betrübnisse und Leiden« (*P II*: 363) sei, selbst durch.

Ästhetisch aber kommt Negativität bei Schopenhauer nur begrenzt, man möchte sagen wie abgeschattet, zur Sprache. Immer wieder fällt sie dem Erlösungsgedanken bzw. dem kontemplativen Zustand zum Opfer. Das gilt in besonderer Weise für die Musik. Dass die emphatisch erlösende Kunst das privilegierte Bild eines ewig unbefriedigten Willens sei, wird notorisch behauptet, aber nirgendwo begründet und schon gar nicht gezeigt. Dass sie zur dynamischen Kraft avanciert statt wie die anderen Künste zum beständigen Bild, reicht als Antwort schwerlich aus. Auch lässt sich diese Lücke nicht den Hausgöttern des Philosophen (Mozart, Beethoven, Rossini) zur Last legen bzw. als geschichtlich späteres Strukturmerkmal auf die Musik des 20. Jahrhunderts abschieben. Die rhetorische Frage von Ludger Lütkehaus trifft den Nagel auf den Kopf: »Wie kann das Bild des Willens par excellence dem Willen nicht zu Willen sein?«[96]

Diese Leerstelle in der Bestimmung des Negativen meint keine schlichte Auslassung. Schopenhauer spricht Negativität an, wo er Verhältnisse von Spannung und Befriedigung als Vorgänge in der Zeit, als Wechselspiel gestauter Dissonanzen und verzögerter Konsonanzen, betrachtet. Beide Begriffe beziehen sich nicht nur auf harmonische Vorgänge im engeren Sinn, sondern – notgedrungen grob – auch auf Verhältnisse der Stimmführung, des Melos, der Syntax, der metrischen Proportionen, der Akzenthierarchie und sogar der tonalen Zentrierung. Teils kommt es dabei zu abstrakt-allgemeinen Analogien (*W I*: 344; *W II*: 529, 530), teils werden Detailphänomene überinterpretiert, wobei die Musik zum Pendant sexueller Metaphern gerät.[97]

Schopenhauer weiß, dass er diese Strategie nicht überreizen darf. Schließlich, sagt er, habe die Musik zu solchen Analogien ja »kein direktes, sondern nur ein mittelbares Verhältniß [...]; da sie nie die Erscheinung, sondern allein das innere Wesen, das Ansich aller Erscheinungen, den Willen selbst, ausspricht« (*W I*: 345). Die Frage ist aber: Wenn *alle* einzelnen Entsprechungen von Musik und Willen »mittelbar« sind und in das Reich der Erscheinungen fallen, was hat dann der Grundgedanke, dass Musik mit eigenen Mitteln »den Willen selbst ausspricht«, noch für einen *beschreibbaren und analysierbaren Sinn*? Schopenhauer riskiert doch nicht ein paar Analogien, weil er irgendwie oberflächlich sein will, sondern weil er gegen die Haupttendenz seines philosophischen Systems die begründete Intuition hat, von materialen musikalischen Vorgängen sprechen zu müssen. Warum soll die Willenssuche auf der Oberfläche möglich sein, aber in der Tiefe des Grundes sprachlich scheitern?

Es wäre unfair, sich hier auf den kuriosen Versuch des Philosophen zu kaprizieren, den Aufbau des vierstimmigen Satzes (Bass, Tenor, Alt, Sopran) in Analogie zur Stufenordnung der Natur zu denken – vom Mineralreich über Pflanzen und Tiere bis hin zur Krone der Schöpfung (*W I*: 341 ff.; *W II*: 520).[98] Liefert Schopenhauer doch selbst Gründe, warum es sich lohnt, eine Spur rationaler über Musik zu sprechen, als sein Programm es vorsieht.

Konsonanz ist für ihn nicht gleich Erlösung, Dissonanz etwas anderes als Leiden, Negativität sogar ein Lebenselixier. So wenig wie das unbefriedigte Bedürfnis stehen Dissonanzen per se für Leiden oder Schmerz. Sie bilden im Gegenteil vorzugsweise ein Bollwerk der Spannung gegen Langeweile, z.B. gegen die satte Müdigkeit einer Kontinuität des Wohlklangs. Auch wenn Schopenhauer diesen Gedanken eher vor sich hinmurmelt als ausspricht: Musik ist für ihn ein Kampf gegen die leere Zeit, das sinnlose Verfließen des Lebens, ja ein Triumph über das moderne Existenzgefühl, dem es nicht gelingt, im Strom des Vergehens einen Halt zu finden, der mehr wäre als jähes Vergnügen oder laues Wohlgefallen. Auch wenn Menschen so geartet sind, dass sie Wünsche ad hoc befriedigt sehen wollen, kann für sie darin kein »wahres Glück« liegen. Verfallen sie damit doch einer ziellosen Dynamik, die das Glück letztlich auf ewig torpediert, einem Streben, das fortwährend zwischen Wunsch, Befriedigung, Leere und nächstem Wunsch schwankt, vor jedem Stillstand flieht und manisch-süchtig Veränderung einklagt (*W I*: 344, 407, 409 ff., 415, 417 f., 420). So entsteht ein Teufelskreis, der Langeweile nicht aufhebt, sondern zu einem Prinzip gerinnen lässt, das stets wieder bestätigt: In der Zeit *können* wir nicht glücklich sein.[99] Wenn Schopenhauer darin die Grunderfahrung erblickt, die die Musik sowohl ausdrückt wie aufhebt oder therapiert, wäre dies des Nachdenkens wert.[100]

Es müsste allerdings mehr umfassen als einzelne Momente oder Augenblicke. Die vielstellige Relation von Konsonanz und Dissonanz, die Schopenhauer so sehr beschäftigt, kann der Negativität des Willens eine versöhnende oder integrative Kraft nur dann entgegensetzen, wenn sie selbst zu einer komplexen Zeitgestalt fähig ist, die die Form des Werkes bestimmt und die wir *darum* als Glück erfahren. Allein, diesen Schluss zieht Schopenhauer nicht explizit. Seine dreistelligen Figuren (Wunsch – Befriedigung – Leere usw.) greifen auf Aspekte musikalischer Zeitgestaltung vor, sie tun dies aber innerhalb eines rein energetischen Sprachspiels, das über die Deskription von Einzelwirkungen nicht hinauskommt. Schopenhauer erklärt, Musik werde »einzig und allein in und durch die Zeit« (*W I*: 352) dargestellt, aber er meint damit nur die Perzeption, den Prozess des Hörens, nicht die innere Zusammensetzung des Artefakts. Heißt es unvermutet, das Werk stelle »die *Geschichte* des von der Besonnenheit beleuchteten Willens« (*W I*: 343; Herv. v. R.K.; *W II*: 523) dar, klingt das fast wie ein Versehen, geht es doch anschließend gleich wieder mit typischen Willensabkömmlingen wie Regung, Strebung, Drang (z.B. *W I*: 343) weiter, die musikalisch auf kleine Formate fixiert bleiben und größere nur abstrakt umreißen können. Nicht zufällig ist der energetische Diskurs im Bereich der Musiktheorie mental einflussreich gewesen, ohne doch als Formanalyse zu reüssieren. Auch bei Schopenhauer, der mit Herder als Urvater solchen Denkens gelten kann[101], bleibt musikphilosophisch die Formanalyse so unbesetzt wie die Zeittheorie.[102]

Hinzu kommt noch ein anderes Problem: eine tiefe Zweideutigkeit in Schopenhauers Rede vom Werk. Einerseits ist Schopenhauer auf die Wirkung von Musik *als solche* fokussiert, zumindest lässt sich mit seinem Ansatz kein spezifisches Werk erschließen, Wagner so wenig wie Rossini oder Mozart. Andererseits macht der Zugriff auf Wirkung und Präsenz noch keine Rezeptionsästhetik, wie wir sie kennen. Schopenhauer ist weit davon entfernt, die vielen unterschiedlichen Erfahrungen von Hörern gegenüber der formalen Organisation eines Werks aufzuwerten, sondern er versucht, eine Grunderfahrung von Musik philosophisch auszubuchstabieren. Die aber ist ohne den Werkbegriff undenkbar, den der Philosoph sich darum systematisch vorgibt, ohne von ihm sachhaltig sprechen zu können. Allein die Stimmigkeit eines autonomen Gebildes legitimiert dazu, eine integrale Erfahrung anzunehmen, die nicht sofort wieder in empirische Einzelerlebnisse auseinanderbricht. Musik als »Abbild des Willens selbst« (*W I*: 341) ist entweder Werkerfahrung oder gar nicht.

Zugleich ist die Resonanz des Werks in den Subjekten und das Glück, das sie ihnen gewährt, für Schopenhauer von fundamentaler Bedeutung. Selbst wenn nur wenige Menschen fähig sind, diese Möglichkeit von Glück zu realisieren, und Schopenhauer ohnehin eine höchst aristokratische Lehre vom Genius vertritt[103], ist es für ihn doch so, dass eine Erfahrung des Schönen, die nicht den Vorstellungen einer akademischen Expertenkultur unterliegt, frei dafür werden könnte, Kunst als Ausdrucksgestalt menschlichen Lebens zu denken. Andererseits weiß Schopenhauer von der Innenwelt der Werke zu wenig, um sie intim erforschen zu können. Darum erprobt er seine Kategorien vom Hörerlebnis her. Ein Wechselspiel zwischen Werkstruktur, Hörerfahrung und kritischer Reflexion gibt es bei ihm nicht. Die Vorstellung einer Metaphysik, die in Form und Technik der Kunstwerke hineinreicht, wäre Schopenhauer absurd vorgekommen. Das Werk sollte ein Fürst sein, dem wir uns demütig und fast ohne eigene Avancen zu nähern haben, philosophisch aber stand sein Ort vorab fest. Musikalisch erweist sich dieses Gebilde als terra incognita, für die dem Denker die Karten fehlten.

In diesem Zusammenhang lassen sich bei Schopenhauer drei Positionen zu Musik, Gefühl und Negativität unterscheiden. Bei der ersten ist »der Wille« von der »Vorstellung«, d. h. der künstlerischen Form, verdeckt, das musikalische Werk aber dennoch unsere wahre Realität: »Das unaussprechlich Innige aller Musik, vermöge dessen sie als ein so ganz vertrautes und doch ewig fernes Paradies an uns vorüberzieht [...], beruht darauf, dass sie alle Regungen unseres innersten Wesens wiedergibt, aber ganz ohne die Wirklichkeit und fern von ihrer Quaal.« (*W I*: 349) In der zweiten Position ist der existenzielle Riss größer. Musik erscheint als Traumwelt, der das Leiden offen als Kontrapunkt entgegensteht: »Man begehrt nicht weiter, man hat Alles, man ist am Ziel; allgenugsam ist diese Kunst und die Welt ist vollständig wiederholt und ausgesprochen in ihr. [...] Dafür aber liegt sie uns auch am fernsten, von unserm Jammer aus reicht keine Brücke zu ihr hinüber, und unser Leiden, unser Thun und Treiben bleibt ihr ewig fremd [!]: sie kommt und schwindet wie ein Traum, wir bleiben im Jammer.« (*HN III*: 210) Die dritte Perspektive geht in eine materialistische Richtung und unterläuft den Satz, Kunst sei die wahre Realität, ideologiekritisch. Die vermeintliche Erlösung vom Willen entpuppt sich als ein hinterhältiger Effekt des Willens selbst: »Vielleicht könnte Einer oder der Andere daran Anstoß nehmen, dass die Musik, welche ja so oft geisterhebend auf uns wirkt, dass uns dünkt, sie rede von anderen und besseren Welten, als die unsere ist, nach gegenwärtiger Metaphysik derselben, doch eigentlich nur dem Willen zum Leben schmeichelt, indem sie sein Wesen darstellt, sein Gelingen ihm vormalt und am Schluß seine Befriedigung und [sein] Genügen ausdrückt.« (*W II*: 532; vgl. ebd.: 530)

Im letzten Zitat kommt nicht etwa die eigentliche Meinung des Autors zur Geltung. Für Schopenhauer sind alle drei Positionen gleich wichtig und charakteristisch: Musik als wahrer Traum, als illusionäre Gegenwelt und als »Erleichterungsmittel« (*W I*: 264.) So widersinnig es klingt, Mystik hat hier ihre eigene funktionalistische Kehrseite: Kunst ist *auch* eine Strategie des Menschen, das Leiden an der Welt *subjektiv* erträglich zu machen (*W I*: 267, 408; *W II*: 530). Solche Desillusionierung entzieht dem metaphysischen Anspruch des Ganzen nicht einfach die kognitive Grundlage, aber sie bindet seine Wahrheit an fundamentale menschliche Wünsche und Gefühle. Sie macht sie endlich, verletzlich, prekär – nicht falsch. Das führt, wie wir noch sehen werden, in die Aporie, aber das ist Schopenhauers Art, dialektisch zu sein.

Sie ist begrenzt, weil der Philosoph das musikalische Kunstwerk selbst von ihr ausnimmt. Die Diastase zwischen ästhetischem Glück und realem Leid wird lebenspraktisch reflektiert, als temporäre Begrenztheit jener »Erlösung«, welche die Musik gewährt, wie auch stilistisch, wo Schopenhauer Kitsch und existenzialistische Härte in einem bemüht. Was fehlt, ist der Blick auf »Erlösung« und »Unerlöstheit« im Werk als Konflikt von dessen eigener Form. Für einen Schlegel der Musik war die Zeit noch nicht reif.

IV.

Dass man Schopenhauer oft in die Reihe derer gestellt hat, die Musik als Organ des Ausdrucks von Gefühlen begreifen, verwundert nicht.[104] Tatsächlich geht es bei ihm um Gefühle, man muss nur wissen in welchem Sinn. Gefühle gehören zum Wesen des Menschen, weil sie den Willen und dessen dynamische Strebungen modifizieren. Schopenhauer vertritt keine Affektenlehre, sein Interesse gilt nicht dem symbolischen Konnex zwischen bestimmten musikalischen Idiomen auf der einen Seite und einem normierten Code emotionaler Inhalte auf der anderen. Ebenso wenig macht er sich für die expressive Innerlichkeit des Subjekts stark, wie sie die ästhetischen Diskussionen im »Sturm und Drang« und in der »Empfindsamkeit« des 18. Jahrhunderts beherrscht hat. Dort ging es auf der Oberfläche z. T. noch um die Symbolisierung bestimmter Affekte und das, was sie beim Publikum auslösen, als eigentliches Thema aber erweist sich die Integration affektiver Vielfalt durch ein Ichprinzip und der damit verknüpfte Erkenntnisanspruch: »Es ist wahr, weil ich es fühle.«[105]

Eine oft zitierte, aber selten verstandene Passage beleuchtet Schopenhauers Verständnis der Gefühle, wie es sich aus dem direkten Bezug der Musik auf den Willen ergibt: »Sie [die Musik] drückt daher nicht diese oder jene einzelne und bestimmte Freude, diese oder jene Betrübniß, oder Schmerz, oder Entsetzen, oder Jubel, oder Lustigkeit, oder Gemüthsruhe aus; sondern *die* Freude, *die* Betrübniß, *den* Schmerz, *das* Entsetzen, *den* Jubel, *die* Lustigkeit, *die* Gemüthsruhe *selbst*, gewissermaßen *in abstracto*, das Wesentliche derselben, ohne alles Beiwerk, also auch ohne die Motive dazu.« (*W I*: 345 f.; vgl. *W II*: 523 f.) »Denn überall drückt die Musik nur die Quintessenz des Lebens und seiner Vorgänge aus, nie diese selbst«. (*W I*: 346)

Entscheidend ist, dass man versteht, was hier mit »*in abstracto*« gemeint ist. Die Formel bedeutet nicht karg, entsinnlicht oder schlecht allgemein, sondern Gefühle ohne Gegenstand, Leidenschaften, die sich von realen Objekten und Handlungszusammenhängen gelöst haben. Das Neue an Schopenhauer liegt in zweierlei Hinsicht. *Zum einen* begreift er solche Loslösung der Gefühle von Lebenssituationen als Auszeichnung der Musik und nicht als ihr Problem oder Defizit. Wo Hanslick herumeiert, weil er Gefühle lebenspraktisch denkt und der Autonomie des Werks entgegensetzt, trifft Schopenhauer den Kern des Problems, weil er die Beziehung von Gefühl und Gegenstand umkehrt. Was der eine als sekundäre Eigenschaft von Musik abtut, ist bei dem anderen die Hauptsache, »Quintessenz«: der unbestimmte, energetische Fundus von Gefühlen. Nicht die Möglichkeit einer Grundierung in der Lebenswelt macht das Besondere musikalischer Emotionen aus, sondern ihre Abspaltung von sozialer Praxis zugunsten atmosphärischer Präsenz. »Geisterwelt, ohne Materie« (*W II*: 524) ist dafür eine so romantische wie treffende Metapher.

Zum anderen ist diese Metapher nicht zu verwechseln mit dem, was Hegel »das ganz objektlose Innere«, »die abstrakte Subjektivität als solche«, »das Selbst ohne weiteren Inhalt« (*HS 15*: 135) nennt. Sie richtet sich vielmehr auf ein Jenseits von Innerlichkeit, auf Ekstase, auf »Selbstverlust«. Dass sich der musikalischen Form kein Platz in der Realität zuweisen lässt, macht sie nicht zu einem bloßen Vorgang in der Seele des Menschen. Es geht nicht um Fantasien oder Imaginationen, sondern um ein emphatisch Wirkliches, das die Grenzen des Ichs sprengt. Die Musik ist kein Abbild von Ideen, aber sie verhält sich zum Willen *wie* eine Idee (*W I*: 341, 346).[106] Ein musikalisches Gefühl ist einer Idee analog, wo es den Menschen radikal in seiner Existenz betrifft. Was immer Ideen sein mögen, sie sind weder außen noch innen, weder Affektionen der Sinne noch Funktionen der Psyche: das Erste nicht, weil kein Gegenstand im üblichen transzendentalen Verstande vorliegt, von dem die Sinne affiziert werden könnten (eben das meint die Rede von der »Geisterwelt«); ebenso wenig aber das Zweite, weil die Erkenntnis der Idee oder ihres musikalischen Analogons jede Form von seelischem Innenraum hinter sich lässt, aufseiten des Hörers wie beim komponierenden Genius. Pragmatisch gewendet: In der Musik werden wir von der Erfahrung überwältigt, dass sich uns die Grundbedingungen des Lebens entziehen und dass Gefühle diesen Entzug und seine Dynamik verkörpern.

Theoretisch liegt die Aufgabe dieses Gefühlsbegriffs darin, die Extreme, die er in sich enthält, auch in actu zusammenzuspannen, statt zwischen dem einen und dem anderen hin und her zu springen.¹⁰⁷ Aber wie ist das möglich? Schopenhauer will auf etwas Ekstatisches hinaus, das aber zugleich Distanz ausstrahlt und benötigt – um des Glücks oder der Glückseligkeit willen. Das Subjekt soll über seine Grenzen hinausgerissen werden und doch in einem gewissermaßen autonomen Bezirk verbleiben, der vor der Despotie des realen Willens schützt wie das Weihwasser vor dem Teufel (*W I*: 352f.; *W II*: 525; bes. *P II*: 362f.). Das klingt, als hinge die Konstruktion irgendwo zwischen Kant und Nietzsche, dem »interesselosen Wohlgefallen« und dem »Dionysischen« fest. Der Affekt ist massiv und doch wie mit einer neutralisierenden Schicht bedeckt. Geht es darum, die Distanz gegenüber der Empirie oder die Eigenständigkeit des Schönen angesichts privater Begehrlichkeiten zu betonen, werden Gefühle so weit wie möglich heruntergedimmt und ästhetische Artistik mit dem Aspekt des Unwirklichen, Künstlichen und doch Erkenntnishaften kurzgeschlossen (*W I*: 352f.). Steht hingegen die Krisis des Verstandes-Ichs in der Ekstase im Vordergrund, gilt die Erkenntnis einem überwältigend Wirklichen, das schlagartig den Schleier des falschen Lebens zerreißt. Im einen Fall geht es um einen kognitiven Vorgang, im anderen um einen emotionalen Zusammenbruch.¹⁰⁸ Wie beides miteinander vereinbar sein soll, wüsste man gern. Bekanntlich findet schon die Affektkur, mit der Aristoteles den sozialen Sinn der Tragödie begründet, nicht ohne Weiteres mit deren innerer Wahrheit zusammen.¹⁰⁹

Am stärksten wird der Widerspruch, wo die ekstatischen Gefühle zu intellektuellen »Substituten« (*W II*: 525) erklärt werden, die die Erschütterung des Alltäglichen durch Kunst in eine Form entlastender Therapie zurücknehmen. Damit wird Lebensrealität doch wieder zum Maßstab musikalischer Passion. Aber warum? Fraglos wird in Verdis *Othello* »nur« die Figur der Desdemona umgebracht, nicht die Sängerin. Auch die Trauer, welche die *Kindertotenlieder* von Mahler noch dort erdenschwer sein lässt, wo die Musik in den tröstenden Traumton entrückt wird, ist von anderer Art, als wenn mir selbst mein Kind stirbt. Aber macht *diese* Differenz Mahlers Lieder im Ernst zum expressiven Ersatz für eine Lebenskatastrophe oder, wie Günter Zöller es mit einem Philosophenterminus unserer Tage formuliert, zur »musikalischen (Quasi)-Emotion«?[110] Auch die Geschichte von Odysseus am Mast wäre doch verfehlt, übergäbe man einfach, wie verzückt der Held nach Befreiung ruft, wenn der Gesang der Sirenen ihm auf den Leib rückt. Für ihn fungieren die Stimmen der Vogelfrauen weder als intellektuelles Substitut noch als Quasi-Emotion, sondern als ein bedrängend Wirkliches, mag sein Ruf nach Befreiung – sehr von ferne gehört – auch schon als Applaus verhallen. Der Versuch, den Gefühlsfundus von Musik mehr oder weniger aristotelisch an die »Sitte« zurückzubinden und so seine ekstatische Spitze zu neutralisieren, fährt Schopenhauer endgültig auf den Klassizisten hinunter, der er von seiner persönlichen Hitparade her wohl war, den er aber philosophisch hinter sich gelassen hat. Es sind seine Unstimmigkeiten, die »anschlussfähig« bleiben, nicht seine Ansichten.

V.

Kein Philosoph hat so sehr auf einem intuitiven und sprachskeptischen Zugang zur Musik insistiert wie Schopenhauer. Nicht weil er es den Liebhabern dieser Kunst einfach machen wollte und es ihm bloß auf Körpersensationen und rauschhafte Affekte angekommen wäre. Schopenhauer visiert eine Unmittelbarkeit zweiter Art an, die von einem theoretischen Ansatz inspiriert ist, der sich gegen sich selbst wendet. In der Ästhetikvorlesung von 1820 stellt er fest: »Man hat zu allen Zeiten Musik geübt, ohne hierüber sich Rechenschaft geben zu können: man war zufrieden sie unmittelbar zu verstehn und that Verzicht auf ein abstraktes Begreifen dieses Verstehens.« (*VMS*: 213; vgl. *P II*: 378) Er will auf dieses »abstrakte Begreifen« *erst einmal* nicht verzichten. Seine Musikphilosophie ist ein Plädoyer für die Zurücknahme begrifflicher Reflexion als Konsequenz dieser Reflexion selbst.

Für Schopenhauer schließt die Autonomie des musikalischen Werks den Anspruch ein, allein aus sich, ohne Hilfe begrifflicher Konstrukte oder von Bildern und Realien der sichtbaren Welt, verstanden zu werden. Musik objektiviert den Willen in ihrer eigenen Sprache, die weder mit philosophischen noch mit wissenschaftlichen Kategorien zugänglich ist. Nicht nur kann Musik in keine andere Sprache übersetzt werden, da sie sich nicht aus Vokabeln und lexikalischen Elementen zusammensetzt, sondern sie bedarf streng genommen auch keines beschreibenden oder kritischen Kommentars. Ist sie doch so radikal selbstgenügsam und sperrig gegenüber Wort, Bild und Begriff, dass jeder Versuch, ihren »Geist« mit sprachlichen Mitteln einzuholen, scheitern muss: »Der Begriff ist hier, wie überall in der Kunst [!], unfruchtbar: der Komponist offenbart das innerste Wesen der Welt und spricht die tiefste Weisheit aus, in einer Sprache, die seine Vernunft nicht versteht; wie eine magnetische Somnambule Aufschlüsse giebt über Dinge, von denen sie wachend keinen Begriff hat.« (*W I*: 344) Schopenhauer plädiert hier keineswegs für irrationales Denken, er will lediglich arationale Phänomene wie Schlaf und Traum für die philosophische Ästhetik fruchtbar machen.[111] Wagner hat diese Überlegungen später aufgegriffen und z.B. versucht, den Laut als anthropologisches Bindeglied zwischen Schlafen und Wachsein, Unbewusstem und Bewusstsein zu lokalisieren. Mithilfe solch präfreudianischer Spekulationen, versucht Schopenhauer Musik existenziell zu fundieren, nicht um ihre Autonomie zu widerrufen, sondern um ihr einen Platz in der Welt zu geben. Musik zeigt uns, dass wir noch da, wo wir scheinbar aus der Welt treten, uns umso tiefer in sie verstricken.

Warum aber versichert uns der Philosoph, der als Erster indische Denkmotive in die Philosophie eingeführt hat, gerade die Ferne der Musik vom Begriff mache es möglich, diese überall auf der Welt spontan zu verstehen? Wahrscheinlich wollte er die Kommunizierbarkeit von Musik zwischen verschiedenen Kulturen von der rationalistischen Vorstellung einer Übersetzung in die je eigene Sprache lösen und setzte deshalb auf die Universalität der Gefühle und ihre vermeintliche Unabhängigkeit von der Sprache. Die Musik ist uns, so glaubt Schopenhauer, ganz nahe, weil wir mit nichts einen intimeren Umgang pflegen als mit den Willensregungen in uns. Sie ist uns aber auch ganz fern, da es sich nicht um private Regungen handelt, sondern um Formen des Menschseins, die tiefer als Vernunft begründet sind. Von dieser duplizitären Struktur schließt Schopenhauer auf direkte kollektive Verständlichkeit: Musik als Pfingsten der Emotionen. Aber das ist mit einer Idealisierung vorsprachlicher Symbolik bezahlt. Zwar kennen wir keine religiösen Riten auf diesem Planeten, die ohne Musik auskämen – ein Phänomen, das die rationalen Ästhetiker unserer Tage durchweg unterschätzen. Auch dass Musik im Traum von Mechanismen wie Entstellung und Zensur im Sinne Freuds unbehelligt bleibt, passt zu Schopenhauers These.[112] Der Philosoph rührt an einen neuralgischen Punkt der Musik, keine Frage. Er vermag ihn nur nicht kategorial zu fassen. Er überspringt die sprachliche Vermittlung des Jenseits der Worte.[113]

Lehrreicher noch sind die Überlegungen zur Sprache und Musik, in denen das Verhältnis von Allgemeinem und Besonderem im Blick steht.[114] Musik, haben wir gelernt, drückt keine bestimmte Freude oder Betrübnis aus, sondern *die* Freude und *die* Betrübnis selbst. Sie bringt Gefühle »gewissermaßen *in abstrac-*

to« zum Vorschein, also »das Wesentliche derselben, ohne alles Beiwerk, also auch ohne die Motive dazu«.

Zunächst klingt es widersprüchlich, wenn dem »in abstracto« der Gefühle oder, wie es kurz darauf heißt, der »Quintessenz des Lebens« (*W I*: 346) jeweils ein »*ohne* alle Besonderung« (*W II*: 524; Herv. v. R. K.) beigemischt ist, die Manifestation beider aber »in zahllose[n] Nuancen« (*W II*: 523) vonstatten gehen soll. Wie kann eine allgemeine Ausdrucksqualität, die spezifische Bestimmungen nivelliert, zugleich zahllose Nuancen aufweisen? Der Widerspruch löst sich auf, wenn man sieht, dass die erste Äußerung der semantischen Unbestimmtheit des welthaften Gefühlsfundus gilt, die zweite dagegen der Bestimmtheit der musikalischen Mittel, diesen Fundus zu artikulieren.[115] Für Schopenhauer ist Musik die Kunst, die mit höchster Bestimmtheit das Unbestimmte am In-der-Welt-Sein gestaltet. Sie erfüllt sich nicht in einer Mimesis an konkrete Handlungen, sondern in der atmosphärischen Explikation von so tiefen wie labilen Fundamenten des Daseins, an denen die menschliche Sprache abgleitet.

Abgleitet in einem doppelten Sinn. Der erste Aspekt ist eine geläufige Floskel, der zweite ein meist ignorierter Sachverhalt. Zunächst sagt man, Musik sei vieldeutig, es bleibe zweifelhaft, was man sich bei ihr zu denken habe, aber Worte verstehe doch ein jeder. In dieser Perspektive erscheint Musik immer schon als ungreifbares Geheimnis, Sprache hingegen soll per se ein rationaler Diskurs sein. Zwar genügen die klarsten Worte nicht, um sagen zu können, was die Musik sagt, denn wäre die Sprache dazu fähig, würden wir Musik weder hören noch komponieren. Aber hat sie deshalb ein Monopol auf Unbestimmtheit und Sprache eines auf Bestimmtheit? Nein. Die erwähnte Diskrepanz besagt eben nicht nur, dass die rationale Eindeutigkeit der Worte an der Vieldeutigkeit der Klänge abprallt wie an einem mythischen Ungeheuer. Sie bezeugt ebenso eine ganz konträre Erfahrung: Worte, und zwar ganze Reden wie einzelne sprachliche Elemente, wirken oft unklar und falsch-schematisch im Vergleich zum radikal gegenwärtigen *und* sich zugleich entziehenden Ausdrucksreichtum eines musikalischen Werks. Was Musik sagt, ist oft *nicht* zu unbestimmt oder zu vage, um in Worte gefasst zu werden, sondern im Gegenteil zu bestimmt, zu präzise und zu komplex. Denen, die es »ganz genau wissen« wollen, lege ich diese Partitur hier ans Herz, so wie sie geschrieben steht.

Dass Schopenhauer beide Momente miteinander verknüpft, verdient Aufmerksamkeit: Unbestimmtheit der Musik vs. Bestimmtheit der Sprache *und* Unbestimmtheit der Sprache vs. Bestimmtheit der Musik: »Die Musik ist demnach, *wenn als Ausdruck der Welt angesehen*, eine im höchsten Grad allgemeine Sprache, die sich sogar zur Allgemeinheit der Begriffe ungefähr verhält wie diese zu den einzelnen Dingen. Ihre Allgemeinheit ist aber keineswegs jene leere Allgemeinheit der Abstraktion, sondern ganz anderer Art, und ist verbunden mit durchgängiger, deutlicher Bestimmtheit. [...] Gerade diese *ihr ausschließlich eigene Allgemeinheit*, bei genauester Bestimmtheit, giebt ihr den hohen Werth, welchen sie als Panakeion aller unserer Leiden hat.« (*W I*: 346 f.; Herv. v. R. K.)

Schopenhauer spricht diese Allgemeinheit der Musik selbst zu, statt sie konventionell als Domäne der Philosophie zu unterstellen. Er sieht in ihr eine Grundspannung angelegt, die Musik erst zu dem macht, was sie ist. Es geht nicht um eine Allgemeinheit, die verschiedenartige Merkmale von Dingen subsumiert, sondern um eine, die kraft der eigenen Vielfalt Verhältnisse des In-der-Welt-Seins zum Ausdruck bringt: z. B. einen komplexen Gefühlsraum, der uns die Macht von Lebensbedingungen über unsere konkreten Intentionen und Projekte vorführt – oder eine spezifische Zeitkonstruktion, welche es erlaubt, inmitten der Fülle zeitlicher Ereignisse »Zeit als solche« zu erfahren, wie es »im Leben« nicht möglich ist. Wenn etwas unser Leiden mildert, so scheint Schopenhauer zu sagen, dann das Zusammenspiel von Unmittelbarkeit und Entrückung im musikalischen Zeiterleben. Musik ist sozusagen die wahre Therapie, das Therapeutische gehört ihr selbst zu, es ist keine externe Funktion von ihr. Sie verliert kein Jota ihrer Autonomie und zeigt sich doch als weltoffenes und weltexpressives Medium. Gäbe es diese Offenheit nicht, wäre jene Allgemeinheit ein formalistisches Hirngespinst. So aber geht sie aus der Musik hervor und ist doch etwas anderes als sie.

Schopenhauer hält kein Plädoyer für tönende Metaphysik. Er bestreitet die Möglichkeit, Musik im Sinne einer Übersetzung musikalischer in sprachliche Zeichen zu bestimmen. Jede illustrative Hermeneutik, die Musik mit Bildern und Programmen zu belehnen sucht, geht ihm gegen den Strich (*W II*: 523 f.; WL I: 346 f.) Und doch bewahrt er sich eine gewisse Ambivalenz. Dass wir als Hörer generell den Hang haben, die musikalische »Geisterwelt« zu materialisieren, »sie, in der Phantasie, mit Fleisch und Bein zu bekleiden und allerhand Scenen des Lebens und der Natur darin zu sehen« (*W II*: 524), kann nicht *nur* kunstwidrig sein. Schopenhauer widerspricht dieser Praxis, er polemisiert gegen sie, aber am Ende hat er durchaus auch Verständnis für den Drang nach Bildern (*W II*: 523 f.). Er *scheint* zu erkennen, dass sie ein Moment im Prozess des musikalischen Denkens darstellt. Trotz aller Rede von der »absoluten Musik« behält Schopenhauer einen Sensus dafür, dass Musik von einer integralen sprachlichen *Anmutung* lebt. Er ist sich unsicher, welche Konsequenzen er daraus ziehen soll. Aber er ahnt: Musik steht gegen die Sprache *und* macht diese zugleich auf sich aufmerksam.[116] Täte sie das nicht, wäre es widersinnig, dass Philosophie sich durch Musik überhaupt herausgefordert fühlen kann. Autonomie meint ja auch nicht Tautologie, nicht das stumpfsinnige »Musik ist Musik«. Musik stellt vielmehr etwas dar, das von ihr verschieden ist und Dynamiken des Lebens trifft. Aber davon wissen wir nur, insofern wir sprechende Wesen sind. Aber davon wissen wir nur, insofern wir sprechende Wesen sind.

5. Nietzsches Wagner

I.

Hegel sagt, das Bekannte sei, *weil* es bekannt sei, nicht erkannt. Wie recht er damit hat, zeigt der Fall Nietzsche und die Musik.[117] Dass Musik in Nietzsches Denken eine überragende Rolle spielt, weiß jeder, der sich mit Philosophie beschäftigt. Aber was ist hier das Überragende? Worin liegt Nietzsches Tat? Die Interpretationsgeschichte tut sich schwer mit einer klaren Antwort. Noch die große Renaissance von Nietzsches Werk, die vor Jahrzehnten zumal von Frankreich ausging und sich bis heute auf einem respektablen Level hält, hat es nur selten vermocht, in seinen Schriften und Notizen zur Tonkunst mehr zu sehen als den Tummelplatz einer lebenslangen Obsession und scharfsinnige kulturpsychologische Bonmots. Wenn es um Musik geht, teilen sich die Herden.

Speziell die Wagnerkritik gehört zur eisernen Ration des bildungsbürgerlichen Small Talk. Sie ist beliebt als Prüfungsthema im Staatsexamen und zieht Jahr für Jahr eine stattliche Produktion von Sekundärliteratur nach sich. Aber diese Beiträge machen nur selten den Eindruck, sie hätten es mit einem philosophischen Gegenstand zu tun. Sogar in der seriösen Nietzscheforschung werden die Beiträge zu Wagner vorwiegend unter dem Aspekt der Beziehung zweier großer Männer zum Thema gemacht – oder aber ignoriert.

Der biografische Aspekt hat sein eigenes Gewicht. Wir wissen heute, dass sich der Bruch zwischen dem Jüngeren und dem

Älteren keineswegs so rigoros und unvermittelt vollzog, wie er sich, in Unkenntnis der Quellen und dank Nietzsches eigener Stilisierungsmanöver, der Nachwelt lange dargestellt hat. Wer sich in actu mit dieser Materie beschäftigt, geht von der Tatsache aus, dass in den frühen Schriften Passion und Kritik ebenso ineinander spielen wie Polemik und Passion in den späten.[118] Allein die Frage, ob Nietzsche Wagner gerecht wird, inwieweit er Wahres bzw. Unwahres über ihn sagt, bleibt ungestellt oder wird nur beiläufig gestreift. Mit der Folge, dass »Wagnerianer«, die mit dem Objekt ihrer Begierde überfordert sind, sich publikationspolitisch seiner bemächtigen.[119] Soweit Nietzsches Kritik die originär künstlerische, zumal musikalische Struktur ihres Gegenstands tangiert, wird eine metakritische Replik ohnehin nicht als Aufgabe philosophischer Bemühungen angesehen, sondern stillschweigend an »Leute vom Fach« weitergereicht. Die wiederum zeigen sich an Nietzsches Philosophie in der Regel wenig interessiert, umso mehr dafür an der Apologie der eigenen Disziplin. Wer den Fall »kulturhistorisch« angeht, lässt Philosophie wie Musik sowieso links liegen.[120]

Aber Nietzsche ist der erste Philosoph, der ein bestimmtes Kunstwerk als *das* philosophische Ereignis der Zeit behandelt. Seine Feststellung, man habe das Wesen der Moderne erkannt, wenn man sich über Gut und Böse bei Wagner im Klaren sei, ist kritisch gemeint, aber ihr furioser nominalistischer Innovationssprung wird davon nicht berührt: Eine Höhenlage des ästhetischen Tonfalls, die nicht Kunst als solche, sondern ein einzelnes Werk der eigenen Gegenwart als »Organon der Philosophie« (Schelling) konstruiert, hatte es zuvor noch nie gegeben. An ihr gemessen sinken die romantische Metaphysik der Kunst wie auch Schopenhauers Lehre von der Musik als Ausdruck des »Wesens der Welt« zu esoterischen Schattenspielen herab.

Nietzsches Differenz zu Schopenhauer liegt nicht allein darin, dass er dessen »Pessimismus« eine andere Lebensbedeutung gibt oder die metaphysische Stellung der Musik im Namen von Apollo und Dionysos, Bild und Kraft, Sehen und Hören reformuliert. Jede Analyse seiner Schopenhauerrezeption greift zu kurz, solange sie meint, damit auch das Neue der Wagnerinterpretation, ihre inneren Widersprüche, ihr spekulatives und kritisches Potenzial zu treffen. Philosophische Entwürfe über Kunst synoptisch zu lesen, um ihre Differenz zu markieren, ist eines; den kategorialen Verschiebungen nachzugehen, die ihnen in der Auseinandersetzung mit einem individuellen Kunstwerk widerfahren, ein anderes. Musikphilosophisch liegt darin der entscheidende Unterschied zwischen Schopenhauer und Nietzsche. Schopenhauer spricht über Musik als solche, zu einzelnen Kompositionen fällt ihm wenig bis nichts ein. Nietzsche stellt dieses Verhältnis auf den Kopf, er wählt vorab ein bestimmtes Werk als Maß der eigenen *philosophischen* Orientierung. Das hat gravierendere Folgen als der Streit um eine pessimistische oder optimistische Weltsicht.

Zu entmischen sind zwei weitere Problembereiche. Der eine betrifft den alten Streit zwischen Philosophie und Kunst, den Nietzsche in der Auseinandersetzung mit Wagner so wechselvoll inszeniert hat; der andere hat die Vermittlung von Kulturkritik und musikalischer Kritik im Blick, wie sie bei Nietzsche angelegt, aber nicht durchgeführt ist. Beide Perspektiven hängen eng miteinander zusammen – und führen doch auseinander, weil sie ein je anderes Verhältnis von Philosophie und Kunst verfolgen.

Wagners Werk liegt der Philosophie Nietzsches einesteils voraus, wie es nach Hegels Verständnis von Moderne nur mehr um den Preis romantischer Weltflucht möglich ist. Zugleich fällt es hinter sie aber auch zurück, andernfalls bliebe die überbietungsdynamische Polemik des Renegaten pure Attitüde ad personam. Das Organon der Philosophie entpuppt sich als deren Konkurrenzunternehmen – und umgekehrt. Erst unterstellt sich die Philosophie der Kunst sozusagen als deren eigener Spezialfall – das ist die Position der *Geburt der Tragödie* (1872); ab *Menschliches, Allzumenschliches* (1878) dann tritt sie als der überlegene Part der Beziehung auf, ohne doch auf die privilegierte Nähe zur Kunst zu verzichten. Dass Wagner erst als Brücke zur klassischen Antike und dann als »der moderne Künstler par excellence« erscheint, ist kein Widerspruch, bei dem zufälliges Fühlen und Erleben über die Notwendigkeit theoretischer Konsistenz triumphierte, sondern der seinerseits moderne Ausdruck einer Problematik, die das abendländische Denken seit seinen Anfängen begleitet hat – eine weitere »Fußnote« zu Platon.[121]

Dass Nietzsches Kritik an Wagner, was ihre Verknüpfung von musikalisch-ästhetischer und soziokultureller Reflexion betrifft, eigentümlich folgenlos geblieben ist, hat zwei Gründe: einen wirkungsgeschichtlich auf Wagner bezogenen und einen philosophiehistorischen Grund.[122] Wirkungsgeschichtlich kommt hier die enorme Kluft zwischen musikalischer und im weitesten Sinne ideologischer Wagnerrezeption ins Spiel. Wagners Einfluss auf die musikalische Moderne ist überragend, aber er vollzog sich auf einem vergleichsweise hermetischen Feld, das außerhalb des Erwartungshorizonts offizieller Wagnerpflege und Wagnerauditorien lag. Wo seine Kunst dagegen in ihren »außermusikalischen« Inhalten und Tendenzen wahrgenommen wurde, blieb der Blick meist in einem Überbau befangen, in dem Musikalisches nicht vorkam, egal ob es sich um völkische, liberale oder sozialistische Konzepte handelte. Wagnerliteratur war lange ein ganz eigenes Genre, wo man es unter totalen Horizonten nicht tat und Analysen zur musikalischen oder theatralen Struktur nur gestört hätten. Nietzsche ging es aber um eine Brücke zwischen dem einen und dem anderen, um eine Überschreitung des musikalischen Werks auf die Kultur hin, die es und die in ihm sich ausdrückt. Ein solcher Ansatz war Ende des 19. Jahrhunderts schlicht exorbitant. Er fiel in den leeren Raum, der sich zwischen den hermeneutischen Polen der Wirkungshistorie auftat. Man reagierte auf Nietzsches Parteinahme, seinen affektgeladenen Ton, die Virtuosität der Sprache, aber auf die Idee, dass da eine originär philosophische Kritik am Werk war, kam keiner. Bis heute hat sich daran nur wenig geändert.

Der andere Grund ist philosophiehistorischer Natur: Die Vermittlung von musikalischer und soziokultureller Kritik wird erst bei Theodor W. Adorno zum Gegenstand der Ästhetik. Bei Nietzsche konnte sie das in dieser Form noch nicht sein. Und doch war sie da und wirksam: als Aufgabe, als praktische Kraft, als unreglementiertes Interesse. Von heute her wird es möglich, Nietzsches Kritik an Wagner so zu lesen, dass sie den inneren Konnex zwischen beiden Seiten zu erkennen gibt: der musikalischen Struktur des Dramas und der Liaison von esoterischer Avantgarde und theatraler Massenkultur, dem romantisch-mythischen Projekt und dem technisch kalkulierten Artefakt. Das Ganze ist ein schlagendes Beispiel dafür, wie die Versenkung in einen besonderen Fall ein verallgemeinerungsfähiges Denkpotenzial hervorbringt, das einem »systematischen Ansatz« an Erfahrungsdichte überlegen ist, ohne an theoretischer Stringenz hinter ihm zurückzubleiben.[123]

II.

In *Richard Wagner in Bayreuth* (1876) trägt der Philosoph dick auf, mutet einem ein neudeutsches Festtagspredigtpathos zu, das manchmal schwer auszuhalten ist. Nicht weniges klingt nach einer absurden Überspannung von Wagners früher Revolutionsideologie, wohl auch um den klammen Zweifel in des Autors eigener Brust zu beschwichtigen. Das Glockengeläut vermag dann aber doch nicht den inhaltlichen Kerngedanken zu übertönen, den der Text artikuliert und der besagt: Wagners mythisches Musikdrama verkörpert den Aufstand der Kunst gegen den Historismus. Es stellt einen Typus von Werk dar, der das ganze dispersive Arsenal der Relikte, Spuren und Erinnerungsfelder, in denen ich mich nur verlieren kann, zur Präsenz umzuschaffen und mittels Form, Verdichtung und Reduktion dem gegenwärtigen Lebenszusammenhang einzufügen vermag. Nietzsche spricht von einem »Gegen-Alexander« (*KSA 1*: 447), der sich der trennenden, dissoziierenden Macht der Historie nur überlässt, um sie dann so zu organisieren, dass er sich noch ihr rastloses Verschwinden einverleiben kann. Wagner, so eine Notiz aus den Vorarbeiten zur Festpredigt, nehme Geschichte »als sein Denkbereich in Anspruch«, indem er die Gespenster früherer Zeiten aus eigener Kraft, ganz ohne Anhalt an Sitte und Tradition, zur Gegenwart zwinge: »so ungemein ist sein Schaffen, dass er durch alles *Gewordene* nicht erdrückt wird, sondern nur in ihm sich auszusprechen vermag« (*KSA 8*: 204).[124]

Bekanntermaßen war Nietzsche davon überzeugt, dass die Dynamik des Historismus selbst zu einem Verlust von Geschichte führt, wo sie nicht mehr von Menschen konkret erfahren werden kann. So kommt ein »Raum« ins Spiel, der zwar nur unter historischen Bedingungen zugänglich ist, aber in Verhältnissen des Nacheinander, also von Entwicklung, Fortschritt und Verfall, nicht aufgeht. Nietzsche nennt diesen Raum »Leben« und setzt ihn der Historie entgegen. Nicht, wie man lange gemeint hat, um die Bedeutung von Gedächtnis und Erinnerung naturalistisch herabzusetzen, sondern um den ständigen Zuwachs an mittelbaren Informationen, Daten und Reizen, der durch die moderne Temporalisierung der Daseinsbereiche erfolgt, verarbeitbar zu halten, indem er durch das Leben, das seinerseits zeitlich dimensioniert ist, begrenzt wird und eine vollzugsfähige Struktur erhält.[125]

In der *Vierten Unzeitgemäßen* geht Nietzsche noch einen Schritt weiter. Nicht allein bindet er die Erfahrung von Geschichte an zeitliche Lebensvollzüge und Lebenspraktiken zurück, sondern mehr noch stellt er die radikale Gegenwart eines Werks in den Mittelpunkt, das Historie insofern zugänglich macht, als es selbst über historische Zeitunterschiede hinwegreicht. Leben in seiner unauflösbaren temporalen Differenz ist das eine Korrektiv des rein wissenschaftlichen Umgangs mit Geschichte, Wagner das andere. Sein Werk überführt jene Differenz noch einmal in einen Gegenwartsraum, der das Folgeschema des historischen Narrativs sprengt.[126]

Der Gedanke ist gar nicht so einfach zu verstehen. Wir brauchen »Brücken, Erfahrungen, Erlebnisse« (*KSA 7*: 566), wenn wir dem Fremden näherkommen wollen, für das die wissenschaftliche Historie keine Sprache hat. Wagners Musik, so hört man, sei eine solche Brücke. Andererseits ist der *Ring* selbst ein »Mythos«, der sich zur »Geschichte« gewandelt hat, d. h. dessen Präsenz eine Vergangenheit zugehört, die von der Gegenwart durch einen Zeitriss getrennt ist und deshalb nur vermittelt, kraft einer bewusst vollzogenen Vergegenwärtigung gegenwärtig sein kann. In diesem Sinne nennt Nietzsche Wagner einmal zugespitzt den »tragische[n] Dichter am Schluss aller Religion, der ›Götterdämmerung‹« (*KSA 8*: 204)[127] – eine Formulierung, in der sich der Traum von der Wiederkehr der Antike einen Moment lang mit dem Pathos linkshegelianischer Emanzipation verbindet. Aber Historie ist nicht gleich Entwicklung. Des Künstlers souveräne Verfügung übers Vergangene durchkreuzt jede Orientierung am Nacheinander. Solcher Geschichtssinn mag damals für Nietzsche jenseits der gängigen Fortschrittsfiguren noch nicht darstellbar gewesen sein, mit der Vorstellung einer progressiven Sukzession des Geistes in der Zeit hat er indes nur wenig zu tun.[128]

Dass Nietzsches Entwurf den historischen Aufstand gegen den Historismus mit der Idee einer Renaissance der Antike illusionär zu verschmelzen suchte, tat Wagner weit mehr Gewalt an, als man lange dachte. Dessen Vorstellungen vom Zusammenhang zwischen seinem Drama und der Tragödie der Griechen waren von einer viel stärkeren historischen Distanz geprägt als Nietzsche in seinem Enthusiasmus für Aischylos. In theatraler und musikalischer Hinsicht kann ohnehin nur bedingt von einer Nähe zwischen Musikdrama und Tragödie gesprochen werden, zu schweigen von einer Wiederkehr dieser in jenem. Die Diskussion hat seit je darunter gelitten, dass man von der konzeptuellen Bedeutung der Antike für Wagners Idee von Kunst auf die innere Zusammensetzung seiner Werke schließen zu können meinte.[129] So evident es ist, dass Wagner auf der Basis seiner enormen Kenntnisse von Politik, Gesellschaft, Kunst und Religion der Antike die eigene Zeit zu verstehen und revolutionär zu verändern suchte, so dubios bleibt es, dieses Wissen und Theoretisieren des Komponisten fernab jeder methodologischen Reflexion in die musikalische, theatrale oder poetische Struktur seiner Kompositionen hineinzulesen. Das schließt Anklänge oder Analogien in Handlungsdetails keineswegs aus, ohne dass deren Stellenwert im Ganzen damit auch schon klar zutage getreten wäre.

Man kommt nicht darum herum festzuhalten, dass Nietzsches Versuch, den Kampf Wagners gegen den Historismus zu einer Renaissance klassischer Antike zu überhöhen, die künstlerische Modernität seines Gegenstands empfindlich verengt. Von dem Gedanken, dass Aischylos im musikalischen Drama wiederkehre (*KSA 1*: 446), zeigt Nietzsche sich so sehr okkupiert, dass er die Phänomene nicht genügend zur Kenntnis nimmt und zumal die technische, kompositorische Seite der Musik unterschätzt. Zwar spricht er explizit vom Einbruch des Mediums Musik als Korrektiv einer entfremdeten, rationalistischen Gegenwartskultur. Und beschreibt mit hinreißenden Formulierungen den Weltgehalt einer Klangkunst, die nach dem Verlust jeder anthropozentrischen Ordnungsillusion belebte wie unbelebte Natur zu erschließen, ja dieser je eine eigene Sprache zu geben beginnt.[130] Aber bei aller Kraft des Worts bleibt die Haltung, die sich darin kundgibt, ein Exempel traditioneller Philosophie, ein Von-obenher-über-Musik-Sprechen, eine Projektion, die nicht aus der Innenperspektive des künstlerischen Geschehens selbst entwickelt ist. Die Frage, ob nicht das eigene Faible für die »absolute Musik« auch Konsequenzen für die eigene Methode haben sollte oder müsste, kommt Nietzsche, wie später auch Bloch[131], nirgendwo. Unterschwellig legt der Text den Eindruck nahe, Wagner sei ein romantischer, »organischer« Komponist: Kunst als Natur, nicht der Logik ihrer Produktion gälte sein Interesse. Spürbar ist jene Seite des schopenhauerschen Erbteils, auf die die Esoteriker bis heute fliegen. Auch Nietzsches an sich großartiger Einfall vom Musikdrama als Gegenpart zum Historismus bleibt am Ende so vage wie die Wagner zugeschriebene »adstringirende Kraft«. Mit beidem betreibt Nietzsche die kulturphilosophische Affirmation eines Konzepts, in dem künstlerische und technische Innereien nur am Rande vorkommen. Dass sich jener Gegenpart z. B. in bestimmten musikalischen Zeitformen artikulieren muss, wenn sein Protest als solcher wahrgenommen werden soll, kann dem Festredner kaum verborgen geblieben sein. Aber noch fiel kein offenes Wort darüber.

III.

Nietzsches Sicht kehrt sich nicht erst in den späten Schriften um. Vieles von dem, was in *Der Fall Wagner* rhetorisch auf die Spitze getrieben wird, liegt seiner kognitiven Tendenz nach schon in Arbeitsnotizen der 1870er Jahre vor. Gleichwohl definiert das Schema einer solchen Umkehr, verglichen mit der Sprache der *Vierten Unzeitgemäßen*, die philosophische Bedeutung der späten Kritik.

Das Verständnis von Gegenwart ist dafür ein gutes Beispiel. Zuvor fiel der Begriff weitgehend mit Wagners »Unzeitgemäßheit« zusammen. Er war weniger eine Kategorie historischer Zeit als ein übergreifender Horizont, in dem, was historisch der Fall war, als von Grund auf veränderbar und erneuerbar erschien – Schwundform des Ewigen sozusagen, aber mit einem Schuss Fortschritt versehen. Wagner war unzeitgemäß und doch an der Zeit, nicht als Konsequenz von Entwicklung, sondern als Einbruch aus einer solchen heraus. Kurze Zeit später wird Nietzsche sich darüber klar, dass in der modernen Welt auch die revolutionärste Kunst nicht schlicht unzeitgemäß sein kann. Selbst wenn sie ein Jenseits des aktuellen Zustands als Ideal oder Fluchtpunkt für sich reklamiert, kommt sie nicht umhin, entweder auf Bedürfnisse zu antworten, die schon da sind, oder aber solche hervorzubringen, denen bis dato geeignete Möglichkeiten der Befriedigung bloß fehlten. Notwendig gelangen damit Strategien der Entlastung, Zerstreuung und des Zeitvertreibs mit ins Spiel, die jenem Wirkungszusammenhang angehören, dem die »große« Kunst entfliehen will.

In einem Aphorismus mit dem vielsagenden Titel *Die Kunst in der Zeit der Arbeit* (Aph. 170 aus dem II. Teil von *Menschliches, Allzumenschliches*) stellt Nietzsche erstmals seine berühmte These von Wagners »wechselnder Optik« vor, ohne sie schon so zu nennen. Er hebt hervor, wie fließend die Grenzen zwischen Kunst und Unterhaltung geworden seien, wie sehr jene genötigt werde, in einer Art Selbstvergröberung, auch Selbstverdeckung bei dieser *etwas* heimisch zu werden und von ihrem direkten Zugriff auf Körper, Affekte und Sensationen zu lernen. Das Musikdrama geht über ein bloß entspannendes Nervenspiel weit hinaus. Und wäre doch unrealisierbar geblieben, wenn es nicht auch physischen Begehrlichkeiten der Menge Rechnung getragen hätte, die, wie Nietzsche eigens hervorhebt, solche der »freien Zeit« Arbeitender darstellen.

Hieß es in der *Vierten Unzeitgemäßen* noch idealisierend, Wagners Kunst *kenne* »den Gegensatz von Gebildeten und Ungebildeten nicht mehr« (*KSA 1*: 503), besteht ihr Kritiker nun darauf, dass sie denselben *verschleiere*, d.h. um der Leute willen das eigene Raffinement von der Wahrnehmungsoberfläche des Ganzen methodisch abziehe: »Anscheinende Kunst *für Alle* […] weil gröbere und feinere Mittel zugleich« (*KSA 8*: 518), lautet die Formel. Aus der heiligen Trunkenheit des Lebens, die eine Erneuerung deutscher Kultur initiieren sollte, ist ein »berauschendes und zugleich *benebelndes* Narkotikum« (*KSA 1*: 20) geworden, das seine Höreropfer handlungsunfähig macht.[132]

Aber in diesem Wechsel der Bewertung liegt System, nicht bloß Aggression. Neben die sozialpsychologische Einsicht in den Konnex von »großer« und »kleiner Kunst«, Arbeitszeit und Freizeit, tritt ein medienhistorischer Befund. Wagners Werk steht nicht allein gegen den Historismus, sondern wesentlich auch, wie Nietzsche als Erster erkennt, gegen die klassische Schriftkultur, gegen die, Originalton Wagner: »Buchstabenkrankheit der Gehirne«.[133] Der einschlägige Satz aus der Festschrift von 1876 enthält bereits die spätere Kritik im Modus der Diskretion: »Sein Werk wäre nicht fertig, nicht zu Ende gethan gewesen, wenn er es nur als schweigende Partitur der Nachwelt anvertraut hätte«, er musste vielmehr »eine *Styl-Ueberlieferung* [...] begründen, die nicht in Zeichen auf Papier, sondern in Wirkungen auf menschliche Seelen eingeschrieben ist« (*KSA 1*: 481). Dass Nietzsche diese Einsicht durch sein klassizistisches Verständnis von »Klang« und »Stil« wieder kassiert[134], steht auf einem anderen Blatt. Wichtig bleibt: Für ihn ist es in erster Linie Wagners Attacke auf die Schrift, die den urbürgerlichen Gegensatz von Bildung und Unbildung so theatral wegzaubert wie esoterisch steigert. »[W]echselnde Optik« – das ist Nietzsches Formel für den »Ursprung der Kulturindustrie« (Adorno) bei Wagner.

Ansonsten differieren die (veröffentlichten) frühen Texte von den späten teilweise beträchtlich. Sofern sie über Konzeptuelles hinausgehen, gilt ihre Aufmerksamkeit dem *Weltgehalt* einer Musik, die den Bannkreis klassischer Subjektivität überschreitet. Die späten Texte dagegen zielen primär auf die *Machart* dieser Kunst, auf ihre Technik, ihre Wirkungsstrategien, ihr schauspielerisches Maskenspiel. Der Tiefe des Mythos, welcher noch das gestaltlos Naturhafte aus seiner Stummheit erlösen wollte, folgt die schillernde Oberfläche, ein technisch durchkalkuliertes und aus zahllosen Facetten zusammengesetztes Faszinationsprodukt. Analog ist statt von der »adstringirenden Kraft« des »Gegen-Alexander«, der Einzelnes zum Ganzen zusammenbindet, von einer »Anarchie der Atome« die Rede, welche das Ganze *als* Ganzes destruiert. Auf der einen Seite jetzt ein Nebeneinander von Abläufen, die Vitales in kleinste Einheiten zurückdrängen, in sich selbst jedoch statisch, entwicklungslos bleiben, auf der anderen eine Dynamik des Werdens, die kein Maß und keine Plastik mehr zu kennen scheint: »Das Ganze lebt überhaupt nicht mehr«, deklariert Nietzsche, »es ist zusammengesetzt, gerechnet, künstlich, ein Artefakt.« (*KSA 6*: 27) Und zwar mit schwerwiegenden Folgen für die Behandlung der Zeit, wie er glaubt: »Wie armselig, wie verlegen, wie laienhaft ist seine

Art zu ›entwickeln‹. Das, was nicht auseinander gewachsen ist, wenigstens durcheinander zu stecken.« (*KSA* 6: 28) Oder: »Der Theil wird Herr über das Ganze, die Phrase über die Melodie, der Augenblick über die Zeit (auch das tempo), das Pathos über das Ethos [...] man sieht das Einzelne viel zu scharf, man sieht das Ganze viel zu stumpf.«[135]

Angesichts der Vorliebe nicht weniger Wagnerforscher, ihr Objekt jener Ästhetik des Organischen zu unterstellen[136], die der Meister selbst schon in der Theorie kaum glaubhaft vertreten konnte, tritt erst ganz zutage, wie präzise Nietzsche mit scheinbar großmäulig agitierenden Sätzen die Modernität von Wagners Musik beschreibt. Der kompositorische Bruch mit einer Formästhetik, die das Ganze und seine Teile aus einem Keim, einer musikalischen Ursprungsmaterie hervorgehen und nach Maßgabe zeitlicher Sukzession sich entwickeln lässt, ist für ihn zwar ein Skandalon, das seine klassizistischen Nerven quält[137], aber eben auch ein Fakt, dessen musikalische und ästhetische Realität auf der Hand liegt. Sie besteht aus zahllosen, sich immer neu ergänzenden, überlagernden, durchkreuzenden Perspektiven, denen jedes sinnstiftende Zentrum fehlt, was einen organischen Aufbau des Werks ebenso unterläuft wie einen einheitlichen temporalen Richtungssinn. An die Stelle der einen, kontinuierlichen Zeit treten viele Zeiten und Entwicklungsformen mit entropischem Effekt.[138]

Nietzsche muss instinktiv gespürt haben, dass dieser Perspektivismus mit der ursprünglichen Idee Wagners, die auf ein geschlossenes, in sinnlicher Anschauung anwesendes Ganzes zielte, nicht vereinbar war. Aber für die Frage, in welchem Verhältnis beide Seiten, Projekt und Artefakt, zueinander stehen, war es historisch noch zu früh. Über den Gegensatz zwischen der Naturemphase der frühen und der Theaterbeschimpfung der späten Texte, zwischen der Verzauberung durch den mythischen

Sinnstifter einerseits und der Entzauberung seitens einer atomistischen Technik und Physiologie andererseits ist Nietzsche nicht hinausgekommen. Vielleicht hat das die Diskrepanz zwischen dem urromantischen Projekt und der antiromantischen Machart von Wagners Werk in den Blick gerückt und damit die Bahn vorgezeichnet, auf der sich später Adorno und andere bewegen konnten. Vielleicht haben aber auch erst Adornos Überlegungen zum »Konflikt des romantischen und des positivistischen Elements«[139] uns nachträglich in die Lage versetzt, jenen Bruch in Nietzsches Schriften zu erkennen und zu reflektieren.

Bei Nietzsche gerät dieses Problem noch durch eine andere Frontbildung in den Hintergrund. Der Philosoph kapriziert sich nämlich darauf, zwischen dem wahren und dem falschen Wagner trennscharf zu unterscheiden und »unsern grössten *Miniaturisten* der Musik, der in den kleinsten Raum eine Unendlichkeit von Sinn und Süsse drängt«, vor dem »Magnétiseur und Affresco-Maler«, der auf die »Überredung von Massen« (*KSA 6*: 28 f.) aus sei, gleichsam mit einer spanischen Wand zu schützen. Dieser Obsession verdanken wir die glanzvollsten Partien der späten Texte – wie etwa den ersten Abschnitt von *Nietzsche contra Wagner*.[140] Auch trifft die Rede von Wagner als »Meister des ganz Kleinen« (*KSA 6*: 418) einen neuralgischen Punkt angesichts einer Rezeption, die sich noch heute vorzugsweise für große Stoffe und Formate echauffiert. Hier hat Nietzsche etwas vorweggenommen, von dem die Opernregie bis heute nichts weiß. Natürlich hat der Meister einsame, mitternächtliche Takte geschrieben wie auch Musik, die in die Manege gehört. Trotzdem fällt der Versuch, den *décadent* gegen den Theatermacher auszuspielen, hinter Nietzsches eigene Einsicht in den radikalen Perspektivismus dieses Werks zurück. Es ist nachvollziehbar, warum dieser Apostel der »absoluten Musik« so verfuhr und an welchen Hörerfahrungen sich seine Position möglicherweise entzündet hat. Plausibel wird seine rhetorische Strategie dadurch als Kritik in der Sache kaum. Eine doppelte Optik – »gröbere und feinere Mittel *zugleich*« – lässt sich nicht normativ zweiteilen: diese ins Töpfchen, jene ins Kröpfchen. Die Attitüden des Schauspielers, die Spannungsbögen, die emotionale »Hitze« so mancher Szene sind kompositorisch kaum weniger aus Miniaturen gebildet als die zarten Episoden und leisen Augenblicke, die der massenscheue Philosoph so liebte, nur dass sie sich eben zu übergeordneten Flächen zusammenfinden: begrenzte Perspektiven wie jene, aber eben andere, charakterlich konträre, nicht zweitrangige oder gar falsche.

Nietzsche konnte noch nicht wissen, dass sich Wagners Theaterbegriff wesentlich über theaterfremde Schichten und Strukturen definiert und erst mit ihnen seinen spezifischen Rang und seine Komplexität gewinnt. Und so erlag er hier seiner Idiosynkrasie, die ihn dazu drängte, aus einer Ambivalenz im Ganzen eine bipolare, wenn nicht alternative Konstruktion von Teilen zu machen. Das Ergebnis war eine Kulturkritik in des Wortes problematischer Bedeutung: »Man sieht, ich bin wesentlich antitheatralisch geartet. Ich habe gegen das Theater, diese *Massen-Kunst* par excellence, den tiefen Hohn auf dem Grunde meiner Seele, den jeder Artist heute hat.« (*KSA 6*: 419)

IV.

Nietzsche hat Philosophie nicht buchstäblich als Erster aus der Interpretation eines bestimmten Kunstwerks heraus entwickelt, aber gewiss als Erster aus Musik. Und er hat solcher Interpretation einen Stellenwert gegeben, der zuvor undenkbar war. Der Ort, den Wagner in seinem Denken einnahm, ist vergleichbar dem, was für Hegel Kant oder Aristoteles waren. Indem Nietzsche über Wagners Musik auch im Detail zu sprechen begann, tat er einen zweiten, wohl noch zukunftsträchtigeren Schritt über die bis dato gültige philosophische Ästhetik hinaus: Er führte vor, dass man eine bestimmte Musik von innen, von ihrer eigenen Logik und Unlogik her verstehen muss, wenn man ihren philosophischen und historischen Sinn darlegen will. Nur wo Philosophie an den Nuancen eines Werks ansetzt, ist ihre Kritik mehr als das Verdikt eines theoretischen Entwurfs.

Aber Nietzsche führte dieses Novum vor, ohne es selbst ausreichend zu reflektieren, vollzog es, ohne sich über die Implikationen dieses Vollzugs wirklich klar zu sein. Das Ganze war ihm Passion, ja Zwang, nicht Programm oder Methode. Mit der Folge, dass seine kulturkritischen Figuren häufig so auf die Musik übersprangen, als sei sie der Träger der Ideologie und nichts sonst. Für Nietzsche war es nicht vorstellbar, dass ein Kunstwerk kraft der Komplexität seiner inneren Beziehungen über das hinausgehen kann, was seine benennbaren Inhalte sonst sein mögen. Wiewohl oder *weil* er an Wagner dieselbe Macht des Perspektivischen als *Produkt einer überlebten Kunst* attackiert, in der er andererseits das *Potenzial zukünftiger Philosophie* erblickt[141], gesteht er ihr doch keine Vielstelligkeit zu, die sich gegen den eigenen integralen Ausgangspunkt wenden ließe. Zu einem Begriff der Geschichte musikalischer Formen und Techniken dringt der große Genealoge des Denkens und der Moral gar nicht erst vor. Zwar hat er sich zuzeiten als Komponist gefühlt, niemals aber als Philosoph kompositorisch gedacht. Hätte er Letzteres getan, wäre ihm vielleicht aufgegangen, dass in Wagners antilinearer Behandlung der Zeit, die dem späten Nietzsche als »unorganisch« aufstieß (vgl. *KSA 6*: 28), derselbe Aufstand gegen den Historismus, der den frühen erst in die Reflexion über dieses Werk getrieben hatte, eine differenzierte musikalische Gestalt annimmt. So aber identifiziert Nietzsche seine (triftige) Diagnose der historischen Grenzen von Wagners Kunstideologie blank mit derjenigen von Formbildung und Materialtechnik des Musikdramas. Und landet am Ende bei dem nachgerade klassischen performativen Widerspruch, dieses Werk wortreich auf Vergangenes und Überwundenes, auf das »Austönen einer Cultur« (*KSA 8*: 477) festzulegen, während jeder Satz, den er schreibt, von der machtvoll fortbestehenden Gegenwart des vermeintlich Austönenden zeugt.[142] Oft genug demonstriert er auch bloß ad hominem statt originär artistisch am Werk.

Nietzsches musikphilosophische Aktualität liegt nicht primär in seiner Neuinszenierung von Platons Dichterschelte oder in dem Pathos, mit dem er Wagner erst zum Richter über alle Kunst und Wissenschaft ernennt und dann für den Ruin der Musik verantwortlich macht. Das platonische Motiv bestimmt zwar die innere Anlage seiner Kritik. Ob es damit das Wahre an Wagner trifft, ist indes zu bezweifeln. Nimmt Nietzsche die Dichterkritik Platons doch auch im Zuge eines Dezisionismus auf, der ihn insgeheim für eine Kunst votieren lässt, die von der Aneignung der modernen Welt *absieht*.[143] Vor allem aber durchkreuzt seine Neuauflage des alten Götterkampfes den Anspruch, Philosophie in Nähe zum künstlerischen Detail zu erproben, wie zuvor bereits der Traum von der Wiederkehr der klassischen Antike. Mit philosophiegeschichtlichen Kriterien allein ist Nietzsches Kritik nicht beizukommen. Vielmehr sind Wagners musikalische und theatrale Formen zu analysieren und einer philosophischen Reflexion zu unterziehen, deren Ergebnis nicht schon von der Tradition her vorformuliert sein kann. Im Übrigen hat Ästhetik weder eine sakrale noch eine moralische noch auch eine evolutionistische Mission. Ohne eine gewisse Mäßigung kommt man bei ihr auch als Extremist auf keinen grünen Zweig. Beherzigt man das, wird Nietzsche allerdings zum grandiosen Gegengift gegen ein *juste milieu,* das sich die Frage nach den Grenzen historisierenden Denkens ebenso verbietet wie jeden Gedanken an ein Jenseits unserer Teilsysteme, Nebenwelten und abgezirkelten Reservate.

Bereits in den frühen Schriften meint Nietzsche nicht, dass sich wer auch immer über die Dynamismen der modernen Welt hinwegsetzen könne. Er besteht nur darauf, dass man sich *in* der Geschichte allein insofern *zu* ihr verhalten kann, als man ihr nicht restlos angehört, sondern sich in einem Spielraum bewegt, der Freiheit ihr gegenüber erst herstellt. Sein Versuch, das Musikdrama als ein Medium darzustellen, welches diesen Gedanken sozusagen im Großformat veranschaulicht, scheitert zwar, soweit sich das Phantasma einer »deutsche[n] Wiedergeburt der hellenischen Welt« (*KSA 7*: 285) als haltlos erweist. Aber das macht die Kritik am Historismus, die Wagners Werk aus seiner Sicht leistet, nicht ungültig. Umgekehrt versuchen die späten Texte, dieses Werk von seinen kulturellen und historischen Bedingungen her verständlich zu machen. Wagner erscheint als »Kind seiner Zeit«, als Symptom und zugleich Agent ihrer kollektiven Fiktionen. Und doch erklärt Nietzsche das Werk Wagners zu einer Instanz, die die »Modernität« *als solche* »resümirt« (*KSA 6*: 12) und die Mannigfaltigkeit ihrer Perspektiven entfaltet. Wie soll das Musikdrama dazu aber in der Lage sein, wenn es den historischen Verhältnissen en bloc verhaftet bleibt? Wie kann es über seine Zeit resümierend hinausragen, wenn es ihr doch distanzlos verfallen soll? Die Frage bleibt unbeantwortet, aber das ist keine simple Schwäche. Nietzsche kommt von seiner alten Idee einer Gegenwart, die mehr ist als ein Modus der Zeit, nicht los, ohne sie aber wieder auf Kosten »historischer Philosophie« zu formulieren und in den Dienst einer eo ipso unzeitgemäßen Kunst zu stellen. Er weigert sich, für die eine oder die andere Seite Partei zu nehmen, weil er um die Verluste weiß, mit denen beides jeweils verbunden wäre. Kein übergeschichtliches Ideal, aber auch keine Position im Schema der Zeit. Gemessen an Versuchen unserer Tage, Hegels Theorem vom »Ende der Kunst« für den Common sense pluralistischer Mediendemokratie zurechtzubiegen – Metaphysik ist zu Ende, alles ist geschichtlich, und Kunst ist Kunst statt wahr –, verrät dies ein Problembewusstsein, das die Theoretiker der postmodernen Situation nicht nur nicht mehr haben, sondern von dem sie nicht einmal mehr wissen, dass sie es nicht mehr haben.

Am Ende lässt Nietzsches Wagnerkritik einen Diskurs schlecht aussehen, der für das Besondere der Kunst Partei ergreift, indem er dessen »Partialität« so sehr verinnerlicht, dass sich ihm die Frage, was dieses Besondere denn von (den Spannungen) der Welt mitteilt, aus der es hervorgegangen ist und in der es wahrgenommen wird, schon gar nicht mehr stellt. Wiewohl es unserem Kritiker misslingt, den Weltgehalt seines Gegenstands von dessen musikalischen Kategorien her einsichtig zu machen, erinnert der kulturpolitische Furor, mit dem er dies alles tut, gleichwohl daran, dass die Form eines Kunstwerks Form eines Inhalts ist und dass die Aufgabe der Philosophie darin besteht, solchem Inhalt eine Sprache zu geben, wie entstellt und verfremdet er auch sein mag. Diese Erinnerung ist heute vonnöten, wird doch zunehmend das Modell einer ästhetischen Autonomie gepflegt, die von versonnener Indifferenz nicht mehr zu unterscheiden ist und aus der Tatsache, dass sich die militante geschichtsphilosophische Avantgarde bis auf Weiteres eine Karenzzeit verdient hat, das Recht ableitet, philosophische und soziale Kritik von Werken überhaupt aus der Ästhetik zu verbannen. Es hat etwas von Kannitverstan, von methodischem Dummstellen an sich, Form als Organ von Selbstreferenz zu feiern, in dem so viel Subversion und Sinnverwirrung herumtoben darf, wie sich nur vorstellen lässt, zugleich aber jede Interpretation solcher Verwirrungen auf historische und politische Nervenpunkte hin als Bevormundung von Kunst durch »Metaphysik« abzutun. Gegenüber solcher Subsystemmentalität, die bloß nicht gestört werden will beim Ringelreihen um den eigenen Feinsinn, bietet Nietzsche eine echte Alternative, an die anzuschließen allemal aussichtsreicher ist als erneut, sagen wir: über »Sternenfreundschaft«, »Hassliebe« oder Cosima-Ariadnes Rolle in den Wahnsinnszetteln zu räsonieren.

6. Adornos Zukunft

I.

An Theodor W. Adorno sind weniger seine historische Person und deren allseits geläufige Parteinahmen von Interesse als vielmehr ein Spektrum von Denkmöglichkeiten, das allein durch seine Philosophie eröffnet wird, wann immer Musik philosophisch auf der Agenda steht. Bei Adorno treffen spekulatives Denken, wissenschaftliche Forschung, musikalische Praxis und politische Kritik auf eine Weise zusammen, die noch da inspirierend ist, wo der Philosoph irrt oder übertreibt. Den Rahmen universitärer Philosophie hat Adorno von Anfang an hinter sich gelassen, im Guten wie im Schlechten. Sein primäres Potenzial liegt in der Verschränkung von Musik, Philosophie und Fachwissenschaft, genauer: im kritischen Übergang dieser Sphären ineinander, nicht in ihnen allein und für sich.

Dass ein so »unreines« Denken Affekte mobilisiert, verwundert kaum, zupft dieser Autor doch seine Leser nur zu gerne am Ärmel.[144] Aber es hat selbstredend auch einen sachlichen Grund: Adornos »interdisziplinäre« Art, an Probleme heranzugehen, erinnert die akademischen Fachleute beharrlich an das, was ihnen fehlt oder was sie sich verbieten. Die historische Musikwissenschaft wird auf ihr Desinteresse an Theorie und Ästhetik gestoßen; die Philosophie lernt, dass sich mit ihren angestammten Denkmitteln über das Besondere der Musik nicht qualifiziert reden lässt; die Soziologie fühlt sich vom Autonomieanspruch der

Werke belästigt, den sie längst als bürgerliches Fossil abgetan zu haben glaubt; Musiker schließlich tun sich schwer damit, dass Begriffe nicht bloß im Kopf von Personen herumspuken, sondern eine spezielle Realität besitzen, der gegenüber man mit der rhetorischen Frage, »ob denn diese Dinge alle Mozart bewusst gewesen sind«, nicht durchkommt.

Natürlich wäre es wenig aussichtsreich, an die Sprachspiele, die Adorno geprägt und initiiert hat, bruchlos anzuknüpfen. Viele Dinge, durch die er bekannt geworden ist, wie die Apologie der Wiener Schule, der Mythos des »integralen Kunstwerks«, das reduzierte Bild von Musikgeschichte, die Tiraden gegen den Jazz, der Hang zur Fallbeilrhetorik usw., haben sich überlebt, sofern sie denn je ein Recht besaßen. Sich heute mit Adorno auseinanderzusetzen hat nur Sinn, wenn die Aufmerksamkeit dem gilt, was mehr ist als thetische Festlegung oder bloße Weltbildprämisse, und wenn man entlang der Unterscheidung von historischem und gegenwärtigem Gehalt ein adäquates Bild beider, des Autors und seines Denkens, zu entwerfen vermag.

Adornos Alleinstellungsmerkmal leitet sich vor allem aus drei Momenten ab: erstens dem Entwurf eines Philosophierens, in dem Musik, musikalische Analyse und philosophische Theorie in ein wechselseitiges Verweisungsverhältnis eintreten, das eine Hierarchie ebenso wenig kennt wie die methodische Distinktion der Gegenstandserfahrung nach disziplinären Zuständigkeiten; zweitens einer Ästhetik »von unten«, die am konkreten musikalischen Werk ansetzt und sich in der Erfahrung, Analyse und Kritik seiner eigensinnigen Gestalt ihre Kategorien erarbeitet; drittens der Tatsache, dass dieses Denken sich nicht mit dem überkommenen Status von Ästhetik als Konsumententheologie bescheidet, sondern in den Prozess der Produktion von Musik selbst eingreift. Adorno ist der einzige Philosoph, der die kritische Analyse der Bedingungen der Möglichkeit zeitgenössischen Komponierens als eine Frage der Philosophie verhandelt. Der musikpolitische und künstlerästhetische Hintergrund der Lehre vom »musikalischen Material« mag so dubios sein, wie er will, die Intention als solche lässt sich nicht auf eine dogmatische Fixierung hinunterreden.

In Adornos Entwurf ist musikhistorische und musikanalytische Forschung kein Bereich außerhalb der Philosophie, sondern Bestandteil des Philosophierens selbst. Die Bedeutung von Musik wird nicht vorab als Spiegelung philosophischer Theorien und Begriffe festgestellt, sondern Adorno sucht sie in ihrer je individuellen Phänomenalität und Struktur auf. Er ist einesteils ein traditioneller Ästhetiker, der die internen Probleme musikalischer Werke mit den Mitteln der großen Philosophie begreift; er ist aber ebenso und vielleicht noch mehr ein entschiedener Kritiker dieser Tradition, der die irreduzible Autonomie des Kunstwerks und den Eigensinn musikalischer Formen gegen den imperialen Erkenntnisanspruch der »abendländischen Metaphysik« in Stellung bringt. Dass er je nachdem von der einen oder der anderen Seite her argumentiert, ohne die Beziehung beider zureichend offenzulegen, macht seine Texte zuweilen unnötig kompliziert, aber neben vielen Unstimmigkeiten und so manchen Ärgernissen zieht dies eine beispiellose Produktivität an Erkenntnissen, Beobachtungen, Hinweisen und Fragen nach sich. Dass seine materialen Arbeiten zur Musik oft hinter dem eigenen theoretischen und gegenstgandsanalytischen Anspruch zurückbleiben, ist wohl wahr, aber kein Argument gegen diesen Anspruch als solchen bzw. gegen den Versuch, ihn unter historisch veränderten Bedingungen neu zu rekonstruieren.

Vermutlich würde Adorno, wenn er noch lebte, bestreiten, dass seine musikalischen Schriften überhaupt auf eine Vermittlung von spekulativem Denken und wissenschaftlicher Forschung aus sind. Zu schroff und seltsam unhistorisch gab sich seine Kritik des »Positivismus« seinerzeit und zu tief saß sein Affekt gegen Methodologien aller Art, als dass er mit heutigen Interpretationen seines Werks ohne Weiteres mitgehen könnte. Aber auf einen Segen aus Frankfurt kommt es uns ja auch nicht an. Wir beanspruchen keineswegs zu sagen, was Adorno eigentlich hätte sagen wollen, aber nicht gesagt hat, sondern wir führen in sein musikphilosophisches Denken angesichts einer nachhaltig veränderten geistigen Landschaft ein. Das ignoriert weder den »Zeitkern« noch die Genese seines Denkens, aber es hält bewusst, dass Adornos Musikphilosophie sich im Kontext ihrer historischen Entstehung (»klassische Moderne«, »Schönberg«, »Mahler«) *nicht* erschöpft. Im Gegenteil, ihr wächst ein umso größerer Freiraum zu, je mehr sie mit Erfahrungen konfrontiert wird, mit denen der historische Autor überhaupt noch nicht konfrontiert werden konnte. Dass dieser methodologische Reflexionen oft ausspart, ändert nichts an der Einschränkung, die seine musiktheoretischen Konstrukte dem vornehmen philosophischen Ton zumuten.

II.

Hält man Ausschau nach Vorbildern für ein so kompliziertes Unternehmen, fallen einem, außer Hegel, nur zwei Namen ein: Marx und Nietzsche. Den ersten erwähnt Adorno in diesem Zusammenhang interessanterweise nie, den zweiten in der Regel kritisch. Marx hat mit der Ineinsbildung von philosophischer Konstruktion und empirischer Materialanalyse, d.h. von Hegel und Nationalökonomie, einen Maßstab aufgestellt, an dem sich eine moderne Philosophie, die den Idealismus nicht wiederholen will, messen lassen muss. Er hat gezeigt, dass das Verständnis der Realität als einer geschichtlich gewordenen durch kognitive

Leistungen der Einzelwissenschaften vermittelt ist, die *real* aller Philosophie vorausliegen.[145]

Demgegenüber zeigt Nietzsche, dass die soziokulturelle Konstitution von Kunst ihre Souveränität als Werk nicht kleiner macht, sondern herausfordert. Durch die Radikalität, mit der er sich das Werk Wagners philosophisch vornimmt, um dann an ihm zu demonstrieren, was die Struktur der Moderne bestimmt, wie ihre Bedürfnisse, ihre moralischen Muster, die Schemata von Avantgarde und Unterhaltungskultur, Esoterik und Massenkunst funktionieren, macht Nietzsche, vielleicht wider Willen, deutlich, dass zur philosophischen Kritik der Musik zwei Dinge gehören: eine Autonomie des Kunstwerks, die sich dem Anspruch der philosophischen Theorie entgegenstellt, *und* eine Philosophie, die kritische Distanz zur Musik wahrt. Beide, könnte man sagen, kämpfen um das Absolute, das keiner von beiden mehr a solo vertreten kann. Nun ist der Bereich der Philosophie aber das Allgemeine. Was geschieht mit ihr, wenn sie sich so obsessiv auf ein *individuelles Werk* einlässt, statt, wie noch Schopenhauer und andere, mit größter Selbstverständlichkeit, *Musik überhaupt* mit metaphysischen Projektionen zu belehnen?

Ersichtlich ist Adornos philosophische Kritik von Musik jener experimentellen Synthese verwandt, mittels deren Marx im Britischen Museum klassische Nationalökonomie und hegelsche Logik zu integrieren sucht. Bei beiden bilden sich die Fragen, die zur Philosophie drängen, strikt jenseits dieser. Mit traditionellen philosophischen Mitteln allein wären sie nicht annähernd bestimmbar. Wollte man z.B. die Lage, in der sich ein sehr relevanter Teil der Musik um 1910 befunden hat, aus dem Stand mit Sätzen wie »Gott ist tot«, »die Wahrheit ist zeitlich« oder »die Natur ist kein Kosmos« bestimmen wollen, würde das die Sache, um die es geht, durch einen vornehmen Ton zum Verschwinden bringen. Die Fragen, die sich nach dem Verlust der funktionsharmonischen Tonalität stellen, sind entweder musiktheoretisch zu artikulieren oder überhaupt nicht. Marx wäre zu keiner Kapitalismuskritik von Gewicht fähig gewesen, wenn er sich nicht zuvor die ökonomischen Theorien von Smith und Ricardo angeeignet hätte. Vor jeder philosophischen Kritik der Einzelwissenschaften steht die Nötigung, sich deren methodische und operative Leistungen, ihre Fähigkeit, Besonderes zu erschließen, anzueignen. Ohne diese Voraussetzung wären Adornos Schriften zur Musik undenkbar.

Nietzsche vertritt in dieser Konstellation die Gegenseite, das spekulative Moment gegenüber der immanenten Methode, die »höhere Kritik«. Darin ist er Adorno zugleich Vorbild und Stein des Anstoßes[146]: Vorbild, weil er »bis heute von allen am meisten zur sozialen Erkenntnis von Musik beigetragen [hat]« (*GS 14*: 365), und Stein des Anstoßes, weil er soziale und musikalische Kritik »allzu unvermittelt in eins setzt« (*GS 14*: 247). In seiner Polemik gegen Wagner führt Nietzsche – als Erster – vor, dass man eine bestimmte Musik von innen, von ihrer eigenen Logik und Unlogik her verstehen muss, wenn man ihren philosophischen und historischen Sinn darlegen will. Aber es misslingt ihm, den »Weltgehalt« seines Gegenstands von dessen musikalischen Kategorien her einsichtig zu machen. Nietzsches kritischer Zugriff auf das Musikdrama ist ohne Beispiel, aber die Erfahrung, die seiner Analyse zugrunde liegt, führt nicht in die kompositorischen Details hinein. Am Ende wird die brillante Attacke auf den falschen Zauber aus Bayreuth von einer reaktionären Entsublimierung überlagert, die das Differenzierte hasst, weil es das Differenzierte ist. Hier kennt der kritische Theoretiker kein Pardon: »Alle höhere Kritik droht zur Ideologie, zur Kulturpolitik auszuarten, wogegen sie sich nicht zur immanenten, der an der musikalischen Stimmigkeit verdichtet.«

(*GS 16*: 192) Stehen doch bei vielen großen Werken Kunstrang und »richtiges Bewusstsein« einander entgegen oder in einem mehrdeutigen Verhältnis zueinander.[147]

Nun kann es freilich kein Zufall sein, dass die Rede von der »gesellschaftliche[n] Dechiffrierung von Musik« (*GS 16*: 12) bis heute zu Missverständnissen führt. Teils gründen diese in Interpretenignoranz, teils aber auch in theoretischen Unklarheiten beim Autor selbst. Gewiss, Welten trennen Adornos Ästhetik z. B. von Ideologiekritik im Sinne Terry Eagletons oder des *frühen* Pierre Bourdieu.[148] Eagletons Theorie ist der klassische Fall einer Verwechslung von soziologischem Funktionalismus mit interner Gegenstandsanalytik. Ästhetik heißt bei ihm Ableitung der Kunst aus sozioökonomischen Kategorien. Bourdieu geht noch einen Schritt weiter und führt die Distinktionen der ästhetischen Rede geradewegs auf den Kampf um soziales Prestige zurück, ohne, was Eagleton um des Sozialismus willen sich immerhin noch leistet, die Autonomie der Form auch nur in Erwägung zu ziehen. Demgegenüber besteht Adorno darauf, dass der soziale Gehalt eines musikalischen Werks in seiner Autonomie aufzusuchen ist und nicht in der Anpassung an empirische Funktionen, an Desiderate von Auftraggebern und Markt. Kein Dokument der Wirkung und kein realer Kampf um klassengebundene Standpunkte, sondern *nur* die innere Zusammensetzung von Musik selbst bezieht Stellung zum Sozialprozess. Es geht nicht darum, von »Mängeln« des Werks aus ad hoc auf ideologische Fixpunkte zu schließen. Vielmehr sind Korrespondenzen zwischen der Logik einer Komposition und der Struktur sozialer Erfahrungsgehalte so herzustellen, dass die Autonomie jener sich als Darstellungsmedium dieser erweist. Zwar bedarf die Kritik des Affiziertseins der Werke vom gesellschaftlich Negativen eines von Musik unabhängigen, »transzendenten« Wissens, sie lässt sich ja nicht geradewegs aus der Partitur ableiten. Ein solches Wissen ist aber nur insoweit sachrelevant, als es mit den Kategorien einer spezifischen Form eigens konstruiert (d.h. nicht übersetzt, in sprachlich-kategorialen Elementen schlicht wiedergegeben) wird. Zu emphatisch ist Adorno an den Elementen der Formbildung orientiert, als dass er als Soziologe ein Semantiker sein könnte, der aus Musik verborgene Botschaften zu extrahieren sucht. Wenn Constantin Floros, der Doyen solcher Sinnsucher, ihn in die Nähe von Eduard Hanslick rückt, hat er mehr recht, als er meint.[149]

Aber das Ganze ist leichter gesagt als getan. Oft genug kommt der Soziologe dem Formalisten in die Quere. Adornos Verfahren kippt regelmäßig dann, wenn er den »gesellschaftlichen Antagonismus« zum Realgrund der Formkonflikte des Werks stilisiert, dessen Negativität jedes Detail des kompositorischen Prozesses vorab prägt. Sofern er das tut, gibt er die Sozialhermeneutik des Werks an eine »fertige« Theorie des gesellschaftlichen Ganzen preis. Man mag darüber streiten, welche Motive dieser Theorie welche Werke zu erhellen vermögen. Man kann aber nicht soziale Negativität zur obersten Ursache der musikalischen erklären und auf der anderen Seite eine Autonomie der Musik postulieren, die jeden Inhalt verweigert. Zu Recht besteht Adorno auf einer sozialen Kritik des musikalisch Besonderen. Autonomie ist der gesellschaftlichen Formprägung nicht entgegengesetzt, sondern deren interne Voraussetzung. Das schließt eine »soziologische Dechiffrierung« aus, die zur Legitimation eigenen Missfallens über diesen oder jenen Takt sogleich den »Weltgeist« bemüht. Wenn eine Versenkung ins Einzelne, die sich umfassende Phänomenengerechtigkeit zum Ziel setzt, auf ihrem deduktionslogischen Kopf zu stehen kommt, ist etwas schiefgelaufen.[150]

Dieses Defizit hat auch historische Gründe. Der Enthusiasmus, mit dem Adorno und Benjamin in den 1930er Jahren vom

»Fetischcharakter der Ware« sprachen wie von einem modernen Stein der Weisen, auf dem lapidar die Wahrheit über die falsche Gesellschaft in der Kunst geschrieben steht, mutet heute selbst wie ein Sprachfetisch aus grauer Vorzeit an.[151] Zu Recht, weil sich das theoretische Vorbild, Georg Lukács' Lehre von der »Ware« als »Universalkategorie des gesamten gesellschaftlichen Seins«[152], in aestheticis nicht annähernd so hat verifizieren lassen, wie es in seinem Anspruch gelegen hätte, und weil auch Adorno hier über allgemeine Hinweise und singuläre Blitze von Evidenzbezeugung am Phänomen nicht hinausgekommen ist. Zu Unrecht, weil auf die Frage, wie eine soziale Hermeneutik musikalischer Werke möglich ist, umso weniger verzichtet werden kann, je geschlossener die Soziologie von heute in ratlosem Unverständnis vor ihr verharrt.[153] Selbst wenn sie vorerst nur ein Programm darstellt, dessen Verifizierung im Detail noch aussteht, bildet sie ein notwendiges Korrektiv gegenüber jenen Redeweisen von Autonomie, die vor lauter Freude an immer subtileren Unterschieden jede politische Kritik aus der Ästhetik verbannen möchten. Die gesellschaftstheoretisch vorgegebene Einheit von Methode und Sache ist zerbrochen. Aber nicht die Annahme einer sozialen Signatur musikalischer Formen als solche wird durch sie hinfällig, sondern das Dogma, jene Signatur sei als eine der Gesellschaft in toto durch Rekurs auf den Basisantagonismus Ware – und allein so – zu bestimmen. Hinter Hegels Einsicht, dass kein modernes Kunstwerk mehr die »Gesellschaft im Ganzen« zur Erscheinung bringen *kann*, lässt sich auch in kritischer Absicht nicht mehr zurückgehen. Vielleicht darf sich die Kunst mit dieser Partialisierung nicht abfinden, aber selbst Wagner, der im 19. Jahrhundert am entschiedensten gegen ihre Reduktion auf ein bürgerliches Teilsystem mit Glück im Winkel aufgestanden ist, hat in seinem Drama von der Welt Anfang und Untergang die Wahrheit über den modernen

Kapitalismus *nicht* allgemein anschaulich präsentieren können. Was er leistet, sind Perspektiven, Momentaufnahmen, Elemente technischer wie sozialer Aufklärung, aber eben auch die Phantasmagorie eines Ganzen. Solche Phänomene möchte Adorno noch aus der Dynamik kapitalistischer Ökonomie ableiten. Seine Absicht trifft zuweilen sehr ins Schwarze, oft aber gleitet sie an der künstlerischen Struktur des Werks ab oder tut ihr Gewalt an. Über diese Tiefen der nominalistischen Ebene sieht der Theoretiker der »lückenlosen Vermittlung« gerne hinweg.

Die Unterschiede von Adornos Schriften zur Musik, zumal der Komponistenmonografien, kehren die internen Spannungen seines Theorieprogramms ungewollt nach außen. Die *Philosophie der neuen Musik* wie auch das Mahlerbuch lesen sich, als sei das Kunstwerk mit seinen Konflikten und Widersprüchen für sich, fensterlose Monade also und auf soziologische Kategorien eigentlich gar nicht angewiesen. Mahlers Werk dagegen erscheint primär als innermusikalische Kritik von Beethovens revolutionärem Idealismus im Namen epischer Zeit statt als Objekt oder Medium historischer Ideologie. Umgekehrt erweckt der *Versuch über Wagner* den Anschein, als bräche die Dynamik der hochkapitalistischen Gesellschaft direkt in das künstlerische Material ein, um dort ungehindert zu »falschem Bewusstsein« verklärt zu werden. Die Sprache der Monografie über Berg wiederum gemahnt phasenweise eher an zenbuddhistische Meditationsformeln als an Arbeitsethik in der Nachfolge Beethovens: Bergs Musik vollziehe sich, liest man etwa, als ein fortwährender Übergang »von Nichts zu Etwas und von Etwas zu Nichts«.[154] In der Wagnerschrift dringt der marxistische Ansatz weiter vor als in jedem anderen Titel zur Musik – und doch nicht weit genug. Wie bei Nietzsche ist auch bei Adorno die Einheit von Ideologiekritik und Kompositionsanalyse unterm Strich mehr »kulturpolitisch« erzwungen als in sich ausdifferenziert.

Zu einer phänomenorientierten Wende in der Rezeption von Adornos Musikphilosophie haben vor allem die beiden Nachlassbände zu Beethoven und zur musikalischen Reproduktionstheorie beigetragen.[155] Beides sind Fragmente, ja Werkstattkonvolute, die naturgemäß eine weit größere Perspektivenvielfalt der Ansätze zulassen, als dies in offiziell publizierten Arbeiten je der Fall sein könnte. So zeigt die Reproduktionstheorie Adorno als subtilen Hermeneutiker, der die Werke und ihre Interpretationen stets in einer vielseitigen Spannung zu halten weiß, die mit jener rationalistischen Textbesessenheit, den etwa Michael Gielen und Walter Levin ihm identifikatorisch zuschrieben, wenig Ähnlichkeit besitzt. Wer hätte Adorno Sätze zugetraut wie: »So gehört zu aller wirklichen Darstellung ein gewisses den Klang aus dem Klavier herausmeißeln, körperhaft gleichsam im Klavier spielen. Das definiert den Pianisten, es ist genau das, was mir abgeht. [...] Und schließlich: wie steht es mit der Stimme Carusos? Schlägt da nicht der Fetisch Stimme in die Sache selbst um? Solche Extreme müssen bedacht und hereingenommen werden, wenn die Theorie nicht stur fachmännisch geraten soll.«[156]

Die Beethoven-Fragmente haben zu einem neuen Verständnis von Adornos musikalischen Zeitvorstellungen beigetragen. Statt um das eine spekulative Entwicklungskonstrukt, an dem sich die Interpreten jahrzehntelang den Kopf zerbrachen, geht es nunmehr um ein detailliertes Erforschen unterschiedlicher Zeitkonzepte und ihrer impliziten theoretischen und normativen Grundlagen. Dabei wird eine Spannung zwischen monistischen und pluralistischen Motiven in Adornos Ansatz erkennbar, die zuvor nicht wahrzunehmen war. Liest man seine Überlegungen zur intensiven und extensiven Zeit sorgfältig genug, setzen sie eine philosophische wie auch musikanalytische Hermeneutik frei, die weit über Beethoven hinausreicht.[157]

A

Theodor W. Adorno
von Gerhard Schweppenhäuser
7. Aufl., 14,90 Euro [D]
ISBN 978-3-88506-671-2

Giorgio Agamben
von Eva Geulen
3. Aufl., 13,90 Euro [D]
ISBN 978-3-88506-670-5

Hans Albert
von Eric Hilgendorf
13,50 Euro [D]
ISBN 978-3-88506-943-0

Analytische Philosophie
von Albert Newen
3. Aufl., 15,90 Euro [D]
ISBN 978-3-88506-611-8

Anarchismus
von Daniel Loick
2. Aufl., 15,90 Euro [D]
ISBN 978-3-88506-768-9

Angewandte Ethik
von Urs Thurnherr
2. Aufl., 15,90 Euro [D]
Book on Demand
ISBN 978-3-88506-322-3

Antike und moderne Skepsis
von Markus Gabriel
2. Aufl., 13,90 Euro [D]
ISBN 978-3-88506-649-1

Antike politische Philosophie
von Walter Reese-Schäfer
13,50 Euro [D]
ISBN 978-3-88506-971-3

Hannah Arendt
von Grit Straßenberger
2. Aufl., 14,90 Euro [D]
ISBN 978-3-88506-089-5

Argumentationstheorie
von Josef Kopperschmidt
3. Aufl., 13,90 Euro [D]
ISBN 978-3-88506-320-9

Aristoteles
von Christof Rapp
5. Aufl., 14,90 Euro [D]
ISBN 978-3-88506-690-3

Ästhetik
von Stefan Majetschak
4. Aufl., 13,90 Euro [D]
ISBN 978-3-88506-634-7

Ästhetische Bildung
von Iris Laner
14,90 Euro [D]
ISBN 978-3-96060-300-9

Augustinus
von Johann Kreuzer
2. Aufl., 13,90 Euro [D]
ISBN 978-3-88506-609-5

B

Michail Bachtin
von Sylvia Sasse
2. Aufl., 14,90 Euro [D]
ISBN 978-3-88506-659-0

Roland Barthes
von Ottmar Ette
2. Aufl., 13,90 Euro [D]
ISBN 978-3-88506-694-1

Jean Baudrillard
von Falko Blask
4. Aufl., 13,90 Euro [D]
ISBN 978-3-88506-067-3

Walter Benjamin
von Sven Kramer
4. Aufl., 13,90 Euro [D]
ISBN 978-3-88506-683-5

Henri Bergson
von Gilles Deleuze
4. Aufl., 12,90 Euro [D]
ISBN 978-3-88506-336-0

Bildungstheorien
von Markus Rieger-Ladich
ca. 14,90 Euro [D]
ISBN 978-3-96060-304-7

Bildtheorie
von Wolfram Pichler und Ralph Ubl
3. Aufl., 15,90 Euro [D]
ISBN 978-3-88506-074-1

Biophilosophie
von Kristian Köchy
14,90 Euro [D]
ISBN 978-3-88506-650-7

Biopolitik
von Thomas Lemke
2. Aufl., 13,90 Euro [D]
ISBN 978-3-88506-635-4

Hans Blumenberg
von Franz Josef Wetz
4. Aufl., 14,90 Euro [D]
ISBN 978-3-88506-684-2

Theorien des Bösen
von Jörg Noller
2. Aufl., 14,90 Euro [D]
ISBN 978-3-88506-788-7

Pierre Bourdieu
von Markus Schwingel
8. Aufl., 14,90 Euro [D]
ISBN 978-3-88506-380-3

III.

Demgegenüber hat die *Philosophie der neuen Musik* heute viel von jener Faszination eingebüßt, die nicht nur Thomas Mann einmal so sehr für sie einnahm. Jahrzehntelang galt dieses Buch als das Dokument der Apologie Schönbergs schlechthin. Wo immer über Probleme des Komponierens gestritten wurde, brachten die Fans Adornos goldenen Knochen, die Theorie vom »musikalischen Material«, ins Spiel. Dadurch hat sich das Bild des Philosophen in der Rezeption auf Kosten der phänomenologischen Detailinterpretation einseitig in die entwicklungstheoretische Richtung hin entwickelt.

Strukturelle Überschneidungen zwischen den Antagonisten Schönberg und Strawinsky gehörten dabei von Beginn an zu den Pointen des Buches: Dissoziation der Zeit, Erstarrung der Bewegung im Raum (*GS 12*: 177), nicht zuletzt der Bruch zwischen rhythmischen und melodischen Strukturen, der später zur seriellen Musik führte. Adorno gesteht Strawinsky offen eine Wahrheit gegen Schönberg zu und stellt die kämpferische Abkehr des Russen von expressiver Innerlichkeit neben das Recht der Kritik des späten Benjamin am überkommenen Autonomie- und Ausdrucksideal (*GS 12*: 137, 153, 157, 166, 170). Wieso er dennoch meint, Schönberg komme eine höhere Wahrheit als Strawinsky zu, und warum er im Kapitel über den Letzteren anthropologisch argumentiert, statt sich in dessen Materialbehandlung, die konzeptuell am Rhythmus ansetzt, zu vertiefen, bleibt sein dialektisches Geheimnis. Die Bedeutung der *Philosophie der neuen Musik* liegt denn auch mehr in den eindringlichen Analysen zur Zeitproblematik nach Beethoven (*GS 12*: 171–181) als in einem musikpolitischen Habitus, der primär der Situation nach 1945 geschuldet ist, als man sich in Deutschland darin gefiel, den Neoklassizismus als die eigene, »gemäßigte« Moderne zu vereinnahmen, und dafür diesen exaltierten Schönberg mitsamt Schülern ins 19. Jahrhundert zurückstellen wollte. Es ist Adornos untilgbares *historisches* Verdienst, die Wiener Schule im Nachkriegsdeutschland mit beheimatet zu haben. Nur wurde die Theorie des musikalischen Materials dadurch nicht auch schon *philosophisch* konsistent.

Im Gegenteil, so wie sie in der *Philosophie der neuen Musik* vorgestellt wird, ist sie gleich mehrfach fragwürdig: Erstens wird die Materialentwicklung weniger kompositions- als technikgeschichtlich begründet, d. h. nicht durch spezifische Formgestalten eines Werks, sondern durch Kategorien wie Akkord, Dissonanz, Motiv und Kontrapunkt illustriert. Zweitens behauptet Adorno, die einzelnen Materialbereiche hätten sich in der Musik des 19. Jahrhunderts »naturwüchsig« isoliert *und darum ungleich entwickelt*, was substanzielle formale Brüche in den Werken nach sich gezogen habe. Diese seien jedoch zu »geschichtlichen Kräften des Ganzen« mutiert, in denen sich zunehmend »die Idee einer rationalen Durchorganisation des gesamten musikalischen Materials [...], die jene Mißverhältnisse beseitigt« (*GS 12*: 56), abgezeichnet habe. In Schönbergs Musik dann seien nicht bloß alle Dimensionen gleich entwickelt, sondern alle auch so auseinander produziert, dass sie konvergierten. Problematisch an dieser These ist nicht nur die »Umdeutung ästhetischer Normen in historische Tendenzen, auf der die Konstruktion einer Vorgeschichte der Zwölftontechnik beruht«[158], sondern mehr noch die Erklärung, aus divergenter Entwicklung materialer Parameter resultiere ästhetisch-kompositorische Brüchigkeit – eine Petitio Principii, der, wie sich besonders anhand des Polyphoniebegriffs zeigen ließe, eine analytische Begründung am Phänomen fehlt.[159]

Drittens bleibt unklar, was die Rede von der Gleichbehandlung der Parameter eigentlich meint, wenn der Materialbegriff im Namen eines Primats von Tonhöhe, Melos und Motivik konzipiert ist. Klangfarbe und besonders Rhythmus behandelt Adorno als Funktionen melodischer und diastematischer Beziehungen, Autonomie gesteht er der Klangfarbe bedingt zu, aber die traditionelle Distinktion zwischen Klang und Konstruktion, Farbe und musikalischem Satz bleibt intakt.[160] Die »rationale Vereinheitlichung« des Materials verstrickt sich nicht nur indirekt in neue Ungleichheit, sondern setzt diese explizit selbst. Noch Adornos große Untersuchung zu Schönbergs Kontrapunkt, die diesen als Kompensation für den verlorengegangenen harmonischen Raum entfaltet (*GS 16*: 145–169), bleibt blind darin, dass sie Ansätze des 20. Jahrhunderts, die gezielt an einer neuen Harmonik und Rhythmik arbeiten, erst gar nicht zur Kenntnis nimmt.

Ein Komponist wie Olivier Messiaen mag die Gefahr von Klischeebildung belegen, wo seine vertikale Organisation des Materials sich in allzu typischen Akkordformen ergeht. Andererseits ist ihm mit der Kombination modaler Tonordnungen und »unumkehrbarer« quantitativer Rhythmen zeitweilig eine Stringenz musikalischer Sprache geglückt, für die es im 20. Jahrhundert kein zweites Beispiel gibt. Zu sagen, dass Werke wie das *Quatuor pour la fin du Temps* oder der Orgelzyklus *La Nativité du Seigneur* sich deshalb nicht auf der Höhe der Zeit befänden, weil ihr Interesse an neuartigen Akkord- und Klangformen den Sensus für kontrapunktische Konstruktionen à la Schönberg dominiere, wäre eine höchst problematische Behauptung. Auch Edgard Varèse mit seinen Klang- und Geräuschexperimenten hat bei Adorno keinen Platz, desgleichen die Polystilistik von Bernd Alois Zimmermann, obwohl dieser dem seriellen Reinheitsideal damit Verfahrensweisen des Erinnerns entgegensetzt, die in manchen Momenten mit Mahlers Antwort auf Beethoven (*GS 13*: 149–317) vergleichbar sind.[161]

Trotzdem ist nicht zu bestreiten, dass sich Adornos Verständnis des musikalischen Materials nach 1950 deutlich differenziert. Teils angesichts des ahistorischen und positivistischen Gebrauchs dieser Kategorie in der seriellen Szene[162], teils, weil Adorno sich zunehmend genötigt sah, seine zunächst allzu schroffe Kritik des Serialismus zu modifizieren und über das Denken in motivisch-thematischen Kategorien hinauszugehen, teils aber auch, weil musikpolitisch »Entspannung« angesagt war. Adorno hat nie aufgehört, sich als Repräsentant der Wiener Schule zu begreifen. Nach 1950 trat jedoch die Notwendigkeit, Schönberg als normativen Zenit musikalischer Moderne zu akklamieren, vor der Frage zurück, wie überhaupt noch komponiert werden kann und über welche Möglichkeiten die aktuelle musikalische Produktion verfügt. Zwar war die eigentliche künstlerische Autorität für Adorno Ende der 1950er Jahre kein Komponist mehr, sondern ein Dichter und Dramatiker: Samuel Beckett. Weder Boulez noch Stockhausen geschweige denn John Cage hat Adorno für würdig befunden, die Nachfolge Schönbergs anzutreten. Trotzdem ist es falsch, wenn gesagt wird, sein musikphilosophisches Denken sei auf dem Stand der »freien Atonalität« stehen geblieben. Denn die Fokussierung auf ein Werk, auf das sich zurückkommen lässt, wich bei Adorno in den 1950er Jahren zunehmend einer Kritik der avantgardistischen Vernunft, die ex negativo eine Utopie von Musik, ein »Kunstwerk der Zukunft« zu entwerfen begann, nur eben nicht wagnerisch, d. h. geschichtsphilosophisch, sondern kantisch, durch unablässige Reflexion auf konstruktive Voraussetzungen und eingedenk des Preises jeder einzelnen kompositionstechnischen Lösung. Zum Beispiel: Wie lässt sich der Verlauf der Zeit in einer Musik verbindlich umsetzen, deren Material ihm in Form punktueller Partikel entgegensteht oder bei der die übergeordnete Disposition der temporalen Abläufe gegenüber den materialen Ereignissen gleichsam neutral bleibt? Welche Verfahren können stimmige Zusammenhänge herstellen, wo funktionale Harmonik, Taktsystem, rhythmische Modelle und Gewichtsabstufungen nicht mehr gelten? Oder: Wie lassen sich auf der Basis integraler serieller Rationalität individuelle Gestalten herstellen, die formale Konstruktion mit einer Morphologie verbinden, welche ihr auch gewachsen ist?

Dass diese Wendung im Materialdiskurs aus der Abwehr eines vermeintlich szientistischen Kompositionsideals heraus entstand, hat nicht verhindert, dass im Laufe der Zeit Texte entstanden, die anstelle der Propagandaschrift gleichen Namens heute als Adornos eigentliche Philosophie der neuen Musik gelten können. Arbeiten wie *Kriterien der neuen Musik, Vers une musique informelle und Form in der neuen Musik* (*GS 16*) haben Gewicht nicht bloß, weil Adorno hier in beispiellos dichten Gedankengängen Fragen des seriellen und postseriellen Komponierens diskutiert, sondern auch, weil Material- und Werkbegriff enggeführt werden und sich nicht mehr polar gegenüberstehen. Der Materialbegriff ist jetzt sowohl abstrakter wie konkreter als zuvor: abstrakter, weil er keine einzelnen Klangstoffe, sondern übergreifende Verhältnisse im Visier hat; konkreter, weil je schon Modelle von Form und Zeit eines möglichen Werks im Blick stehen statt evolutionären Tendenzen, die Werke zu Beispielen eines »Fortschritts« herabsetzen. Material meint zudem weniger einen anonymen Entwicklungszwang als einen mobilen Gedächtnisraum, welcher Bedingungen, Möglichkeiten und Postulate in sich versammelt, die historisch gegebene Klänge, Techniken und Formen freigeben, sofern diese zum Gegenstand kompositorischer Arbeit werden. Noch das alte Donnerwort von den »technischen Produktivkräften einer Epoche« lässt sich damit vereinbaren, wo es an die Unverzichtbarkeit einer normativen Orientierung erinnert angesichts eines *empirischen* Pluralismus, für den alle Musik, die er vorfindet, gleich gültig und damit gleichgültig ist. Er erspart sich jede Reflexion von Kriterien, weil er das Normative als solches schon für das Dogmatische hält. Der Versuch, Adornos Materialbegriff zu rehabilitieren, ist sinnvoll, solange er Sorge dafür trägt[163], dass durch kritische Reflexion auf die Möglichkeitsbedingungen musikalischer Form- und Gestaltbildung kein unilineares »Entwicklungsgesetz« durch die Hintertüre wieder eingeführt wird.[164]

IV.

Musikalische Werke sind für Adorno keine bloßen Objekte zum Verständnis sozialer und historischer Wirklichkeit, sondern Wirklichkeitskonstruktionen eigenen Rechts. Diese begründen jene, nicht umgekehrt. Dass die Werke eine Realität interpretieren, die anders ist als sie selbst, wird erst auf der Basis ihrer Autonomie möglich. Diese Autonomie wird selbstredend durch die »Arbeit des Begriffs« kritisch begrenzt. Musik begrenzt ihrerseits aber auch Philosophie, wo sie Erfahrungen darstellt, die nur sie darzustellen weiß. In seinen materialen Arbeiten legt Adorno oft genug Erfahrungsgehalte frei, die z. B. das Verständnis der Zeit auf eine Weise verändern oder bereichern, wie es der Philosophie selbst niemals möglich wäre. Ohne den Bezug auf Musik könnte von einer Zeittheorie bei Adorno keine Rede sein, mit ihm kommt immerhin ein Bündel von Motiven zum Tragen, auch wenn noch genügend Rätsel bleiben.

Man hüte sich vor dem Missverständnis, der (scheinbar) privilegierte Rang, den Musik in Adornos Denken einnimmt, gehe auf eine idealisierende Grundentscheidung seiner Theorie zurück. Ohnehin kann Philosophie nicht mehr, wie für Platon, die »größte Musik« (*Phaidon*, 61a 3f) sein, die zwischen der schönen Ordnung des Kosmos und den Bewegungen der Seele vermittelt, weil sie an der Schönheit dieser Ordnung selbst teilhat und sie unmittelbar bezeugt. Umgekehrt promoviert der Verlust des platonischen Weltbilds, in dem Musik und Philosophie als zwei Gestalten einer Theorie des Schönen galten, keineswegs nun die emanzipierten, autonomen Werke zur wahren Philosophie. Für Adorno ist Musik Erkenntnis sui generis, nicht Subsystem. Sie steht gegen Philosophie und Gesellschaft, verfügt aber über kein holistisches Ursprungsorgan. Die Fokussierung auf das Werk hat mit einer nominalistischen Reduktion auf den einzelnen Gegenstand wenig zu tun, sie begreift das Werk vielmehr als Medium einer Kritik philosophischer Theorie. Das Werk ist der Philosophie nicht darum überlegen, weil es ihr Widerstand entgegensetzt. Es zeigt ihr jedoch, dass es wesenhaft Anderes als Philosophie und Wissenschaft gibt, etwas, das begrifflichem Denken entgleitet – vorab und in jedem Moment des Vollzugs – und doch den Begriff herausfordert, ergo Erkenntnis ist und nicht nur schönes Spiel oder unendliche Offenheit. Allerdings gibt Adorno dieser Einsicht eine Formulierung, die ihm ein neues Problem beschert.

Es geht um die Kategorie des »Augenblicks«.[165] Der Augenblick der Musik entzieht sich der philosophischen Interpretation so, wie andererseits die philosophische Interpretation den Augenblick »wegerklärt«, notwendig um seinen Ereignischarakter bringt. Jeder Versuch, das Rätsel zu lösen, das im Augenblick liegt, setzt retrospektiv ein. Deshalb verfehlt er die Phänomenalität der Musik umso mehr, je dichter er sie mit Deutungen überzieht. Jeder Gewinn an progressiver begrifflicher Transparenz geht mit neuer Verdunkelung einher. Je verständlicher das Werk der Zeitkunst erscheint, desto weniger liegt das Rätsel seiner Augenblicklichkeit zutage. So wenig, dass das Wort von der »prästabilierten Niederlage« (*GS 7*: 184) des Interpreten fällt. Die philosophische Kritik bleibt hinter dem Werk zurück. Das ist das *Antihermeneutische* von Adornos Ästhetik.

Auf das *Antihermeneutische* prallt das *Metahermeneutische* wie ein Monolith. Hier ist auf einmal vom »Bedürfnis der Werke nach Interpretation«, ja vom »Stigma ihrer Unzulänglichkeit« die Rede: »Was objektiv in ihnen gewollt ist, erreichen sie nicht.« (*GS 7*: 194) Die Verhältnisse kehren sich um: Nicht allein bleibt die Interpretation nicht mehr hinter dem Werk zurück, sondern das Werk seinerseits ist weniger als seine Interpretation. Aus dem Rätsel des Augenblicks, das wie eine Sphinx alle Verstehensangebote an sich abprallen ließ, wird ein defizitärer Gegenstand, der nach begrifflicher Durchdringung seiner Lücken verlangt.

Die Folgen dieses Dualismus sind nicht zu überschätzen. Fast überscharf zeigt sich, dass auf der metahermeneutischen Ebene nicht mehr die Gegenwart des musikalischen Werks als Erscheinung im Mittelpunkt steht, sondern die Verfassung des komponierten Artefakts, seine Formen und sein geschichtliches Material – und dies zumal unter dem Aspekt der gesellschaftlichen Deutung. Nur dann bleibt die Kritik nicht hinter dem Werk zurück, wenn sie sich statt auf das hic et nunc Geschehende auf die Logik seines Produziertseins, seine strukturelle Organisation, seinen »Stand« in der Entwicklung musikalischer Parameter wie der Rationalisierung allgemein bezieht. Schien sie antihermeneutisch an der Vieldeutigkeit dessen, was sich zeigt, wie an einem mythologischen Ungeheuer zu scheitern, wird metahermeneutisch eine »Entscheidbarkeit technischer Fragen« (*GS 7*: 419 f.) für möglich gehalten, die jeden »ästhetischen Relativismus«, im Grunde den ganzen, von Kant herrührenden Diskurs ästhetischer Erfahrung mit Verweis auf die Objektivität des Objekts aus den Angeln heben möchte. Den Ton gibt dann nicht der Augenblick des Werks an, dessen Rätsel notorisch Sinn verweigert, sondern eine geschichtsphilosophische Kritik, die vom Werk in seiner Erscheinung abstrahiert und es in ein progressiv-regressives Entwicklungsmodell zurücknimmt.

Im Grunde bleibt es bei Adorno ein Mysterium, wie sich die »Gleichzeitigkeit« der Werke zu ihrer Erfahrung unter den Bedingungen des historischen Bewusstseins verhält. Progress und Gegenwart, Historizität und Augenblicklichkeit treffen nicht wirklich aufeinander, die Integration des epiphanischen Blitzes in die Zeit bleibt eine Leerstelle.[166] Die Kritik droht auseinanderzufallen in einen kategorialen Objektivismus, der den Zugang zum Gegenstand fast schon diesseits jedes Interpretierens autoritär festlegt, und einen Abgrund an Differenz, Entzug und Aufschub, der diese identifizierende Gewalt stets wieder neu als falsch und beschränkt entlarvt. Müsste da aber nicht ein vermittelndes Drittes jenseits von Meta- und Antihermeneutik beteiligt sein?

V.

Es bleibt die Frage nach dem Verhältnis von sozialer Ideologie und endlicher Fehlbarkeit. Adorno lag wesentlich daran, das Verständnis von »Mängeln« der Werke über den Bereich hinauszutreiben, in dem Ideologiekritik für gewöhnlich ihr Heimatrecht ausübt. Das »Unstimmige« von Kompositionen fiel für ihn nicht einfach mit deren sozialer Prägung durch den »Warencharakter« oder was auch immer zusammen. Vielmehr war es die Konsequenz ihres Absolutheitsanspruchs, ohne den es keine Kunst sollte geben können: wie ein Gott die Zeit stillzustellen und dann doch als gebrechliches Menschenwerk sich zu erweisen. Diesen metaphysischen Gedanken hat Adorno in sein Konzept von Ideologiekritik hineingelesen, die Möglichkeit solcher Verknüpfung aber vielleicht doch unterschätzt. Endlicher Mangel und notwendig falsches soziales Bewusstsein treten bei ihm zu einer Figur negativer Einheit zusammen, wiewohl sie heterogene Momente bezeichnen, die sich nicht im Namen *eines* Falschen oder Schlechten gleichsetzen lassen. Gerät damit doch der Unterschied zwischen der Negativität endlichen Daseins und der Negativität des kapitalistischen Systems aus den Augen; und fast schon zur quantité négligeable wird, dass das zweite Moment immer noch eher aufhebbar ist als das erste. Die Hermeneutik des 20. Jahrhunderts ist mit einem gewissen Recht im Namen eines »Standpunkts der Endlichkeit« (Gadamer) hervorgetreten. Fragen der Kritik sozialer Verhältnisse spielten in ihr keine Rolle oder nur insoweit, als sich Kritikwürdiges in jenen Standpunkt zurücknehmen ließ. In Adornos kritischer Theorie verhält es sich umgekehrt. Anthropologische und existenzielle Aspekte werden der Gesellschaftstheorie sozusagen draufgesattelt, weil der Philosoph meint, nur so die Möglichkeit sozialer Veränderung denkend bewahren zu können. Paradoxerweise liegt darin ein existenzialistischer Habitus, der nicht weiß oder sich nicht eingesteht, dass er einer ist.[167] Die Möglichkeit einer musikalischen Hermeneutik post Adorno wird davon abhängen, ob es ihr gelingt, beide Verkürzungen zu korrigieren und einen relativen Ausgleich zwischen dem Moment des Hermeneutischen und dem der Kritik herzustellen. Eine Kritik musikalischer Werke bedarf des Verständnisses gesellschaftlicher Zusammenhänge ebenso wie der Aufklärung über den existenziellen Ort von Musik für Menschen, insbesondere aber der Kraft, das eine vom anderen zu unterscheiden.

7. Die Frage nach der Zeit

Dass Musik Zeit gestaltet und dass wir Zeit erfahren, wenn wir Musik hören, ist so unstrittig wie vage. Verläuft doch Musik immer in der Zeit. Und was ist daran schon besonders? Oft erschließt der musikalische Zeitdiskurs weniger individuelle Konstellationen, als dass er den allgemeinen Rahmen absteckt, in dem sich die vielen besonderen Ereignisse abspielen. Unklar bleibt, ob solche Rede in der konkreten Werkgestalt verwurzelt ist oder nur eine terminologische Überhöhung von Verhältnissen betreibt, die auch mit einfacheren Mitteln auf den Punkt gebracht werden könnten: »Mein Problem ist immer, dass ich nicht verstehe, warum man die Sache von der Zeit her aufziehen soll [...], warum man bei Beethoven nicht einfach von Verdichtung oder Intensität spricht, welche zusätzliche Erkenntnis die Rede von der verdichteten oder intensiven *Zeit* denn also bringt, denn schließlich ist alles in der Musik Zeit.«[168]

Der Einwand ist verständlich. Er sorgt für die nötige skeptische Grundierung, denn leere Tiefe ist bei diesem Thema eine stete Gefahr. Ins Schwarze trifft er aber vielleicht doch nicht. Denn selbst wenn »alles in der Musik Zeit« wäre, was nicht der Fall ist, könnte das keine Rechtfertigung dafür sein, den Ansatz beim »alles« global für nutzlos zu erklären. Warum sollte sich die massive Allgemeinheit des Zeitthemas in die spezifische Form eines Werks nicht so oder so einnisten können? Das Argument ist, vermute ich, zu sehr an der Aufhebung der Zeit im Werk orientiert. Es unterschätzt die Spanne des temporalen Vollzugs, das Am-Werk-Sein des Werks.

Zum Einstieg bieten sich zwei Unterscheidungen an: *Erstens* ist die Zeit, in der die Musik erklingt, eine andere als die, welche die Musik in sich selbst gestaltet. Diese ist wiederholbar, gibt ein Maß, man kann auf sie zurückkommen, jene dagegen ist einmalig, kehrt niemals wieder, stirbt in gewisser Weise. Beide Zeiten brauchen einander, sind Partner, Konkurrenten, durchdringen sich, ohne je ineinander aufzugehen. *Zweitens* erfahren wir Zeit nicht unmittelbar als solche, sondern über einen Umweg, d.h. über Ereignisse *in* ihr. Solche Ereignisse, sagen manche, sind die Materie, die die Zeit füllt, ihre ständig wechselnden Inhalte, ihr Zeitliches. Lässt sich daraus ableiten, »Zeit als solche« sei leer, Form ohne Inhalt, Abstraktion schlechthin? Nein, die Frage ist, wie zeitliche Ereignisse auf die Form oder den Horizont bezogen sind, in dem sie sich abspielen. Nur wenn sich diese Beziehung von Zeit und Zeitlichem darstellen lässt, wird aus musikalischer Zeiterfahrung ein Werk. Ein Werk stellt Zeit dar, unterliegt ihr nicht einfach. Zeit darzustellen heißt, Freiheit von ihr, von ihrer Herrschaft zu gewinnen, zumindest versuchsweise. Das hat Folgen. Gunnar Hindrichs sagt zu Recht: »Der Werkcharakter der Musik besteht [...] darin, durch die Gestaltung der Zeit identifizierbare Ordnungen des Nacheinanders ihrer Momente auszumachen.«[169] Das Wort von der Vergänglichkeit der Musik, ihrer »meditatio mortis continua«[170], wie Adam von Fulda 1490 schrieb, ist unverzichtbar, aber es führt in die Irre, wenn es gegen den Werkcharakter ausgespielt wird, dessen Partner es ist. Allerdings gerinnt das Werk zum Produkt, wenn man die aufgehobene Zeit als finales Objekt behandelt. Dann mutieren interpretative Ereignisse zu sekundären Phänomenen. Zeit ist in der Musik aber nicht nur als Artefakt präsent, sondern sie wird ebenso hervorgebracht, performativ erzeugt. Und die Relation von Erzeugung und Aufhebung ist konstitutiv instabil. Keines der beiden Pole hat die Oberhand über den je anderen.

Zeit ist nicht zu allen Zeiten dasselbe. Die Rede von der Musik als Zeitkunst ist ein Topos, der wesentlich am Phänomen der harmonischen Tonalität, d. h. an der Musik des 17., vor allem des 18. und 19. Jahrhunderts orientiert ist. Er lässt sich verdeutlichen am Prinzip der Kadenz, die drei Momente zusammenführt: die offene Progression, den zirkularen Rückgang in den Grund und die Vermittlung beider. Das hat eine Konsequenz, die oft übersehen wird: Auch als Gestalt offenen Werdens bleibt tonale Musik ein »Abbild der Ewigkeit« (vgl. Platon: *Timaios 37 d*), weil sie, was sich in der Zeit ereignet, in einem Sinn begründet, der selbst nicht der Zeit unterliegt.[171] Die Musik des 19. Jahrhunderts bringt eine Fülle von Varianten dieses Ansatzes, auch Verschiebungen und Alternativen hervor. Die Atonalität erschüttert das Modell auf der Ebene des Tonmaterials, und die Negation der Taktrhythmik in der seriellen Musik löst es auf. Auch die Rede vom Tempus in Mittelalter und Renaissance beruht auf anderen Prämissen als genuin tonale Musik.[172] Musikgeschichte geradewegs als *einen* Problemzusammenhang der Darstellung von Zeit zu konstruieren wäre ein Fehler.[173] Die Rede von »Zeit als solcher« ist relativ zu verstehen. Sie hat geschichtliche Formen von Zeitgestaltung und Zeiterfahrung zum Gegenstand, keine ewigen Werte und Prinzipien. Gleichwohl ist es sinnvoll, so zu sprechen – nicht bloß wegen der Differenz von Zeit und Zeitlichem, sondern auch angesichts der temporalen Zersplitterungen unseres Lebens. Musik ist eine Möglichkeit, diese Zersplitterung wie von außen wahrzunehmen, sie zu betrachten wie ein Ethnologe die eigene Heimat.

II.

Hegels Musikphilosophie steht historisch an einem Scheideweg. Er selbst ist vorwiegend mit sprachgebundener Musik sozialisiert worden. Passionen von Schütz und Bach und Opern von Gluck und Mozart waren ihm vertrauter als rein instrumentalmusikalische Gebilde. Gleichwohl kann der Philosoph der geschichtlichen Subjektivität nicht anders, als Instrumentalmusik zu der Kunst zu erklären, die den Weg der Autonomie des Geistes geht und sich von den heteronomen Vorgaben der Sprache befreit (*HS 15*: 214). Dass sie auch das Potenzial in sich birgt, zum geistlosen Zeitvertreib für Spezialisten zu werden (*HS 15*: 145, 148 f.), zeigt eine komplexe Situation an, die Hegel vielleicht nicht zu überschauen vermochte, sie meint aber kein negatives Gesamturteil über die Musik.[174]

Hinter solchen Widersprüchen steht ein für Hegel ungewöhnliches Problem: *Seiner Musikästhetik fehlt ein philosophisches Verständnis der Musikgeschichte.* Entsprechende Äußerungen bleiben marginal; das Material, das angeführt wird, erlaubt keine belastbare Konstruktion eines übergeordneten Zusammenhangs. Es mag ein Kinderspiel sein, die vielen Missverständnisse des Theorems vom »Ende der Kunst« zu widerlegen, die im 19. Jahrhundert (nicht nur) unter Musikern und Komponisten grassierten, aber man muss auch sehen: Im Zeitalter der Weltgeltung der Wiener Klassik lag es nicht eben nahe, jener These zuzustimmen, selbst wo man über ihre geschichtsphilosophischen Implikationen besser informiert war als Mendelssohn Bartoldy.[175] Immerhin wird die Frage, wie sich die Emanzipation der Instrumentalmusik von der Sprache mit der Lehre vom Vergangenheitscharakter *aller* Kunst vereinbaren lässt, in den Vorlesungen nicht gestellt.

Zudem beharrt Hegel auf der alten Annahme, Musik sei Ausdruck von Empfindungen (*HS 15*: 135, 149, 150, 157–159, 200).

Das führt ihn in einen Widerspruch, der im Text nicht aufgelöst wird: nämlich an der »selbständigen Musik« (*HS 15*: 213–218) die absolute Freiheit von expressiven Inhalten (*HS 15*: 141, 148)[176] zu rühmen, aber die »begleitende Musik« (*HS 15*: 195–214) heranzuziehen, wann immer die Vielfalt des Ausdrucks menschlicher Seelenbewegung als Gehalt musikalischer Werke bestimmt werden soll. Dass die wenigen neueren Kommentare zu Hegels Text diese Dissonanz herausstellen und gegen das Prinzip des »objektlosen Inneren« auf der Notwendigkeit affektiver und physischer Bestimmtheit von Musik insistieren[177], ist verständlich, wird Hegel aber nicht gerecht. Warum? Weil diese Kritik die Rechnung ohne die Zeit macht.

Zeit ist für Hegel in der Musik keine Kategorie unter anderen, sondern »überhaupt das Herrschende« (*HS 15*: 163). Die Ausführungen zu »Zeitmaß, Takt und Rhythmus« legen den Status dieser These nicht erschöpfend dar (*HS 15*: 163–171), ihr Anspruch greift jedoch eindeutig über sie hinaus. Der Komponist hat sich »mit der bloß zeitlichen Dauer und Bewegung« (*HS 15*: 162) zu beschäftigen, indem er feste Maßeinheiten so aufnimmt und entwickelt, dass sie die vielfältigsten und variabelsten Formen in sich zu fassen vermögen. Die Aufgabe von Takt und Rhythmus besteht nicht in der Etablierung von Schemata, sondern in deren Öffnung für lebendige, d.h. irreguläre Prozesse. Das Metrum, das Gleichmaß des Taktes, ist kein fixes Naturgitter, an dem die Kunstmusik entlangläuft, sondern eine Folge von Augenblicken, welche die sinnliche Form des subjektiven Selbstbewusstseins präsentieren. Für Hegel ist nicht nur die variable musikalische Substanz, deren Zeitstruktur Rhythmus heißt, unablässig in Bewegung, sondern auch das gleichbleibende Maß, das wir Metrum nennen. Beide bezeugen die Subjektivität der Erfahrung und damit die qualitative Verschiedenheit der Zeitmodi. Musik ist Ausdruck seelischen Lebens *und* rationale Architektur – unter dem Aspekt der Zeitherrschaft, nicht als einfache Zweierrelation.

Die Zeit ist der innere Sinn des musikalischen Werks. Sie hat die Struktur der Subjektivität in ihrem Sein und nicht bloß als Funktion für die Erkenntnis der Erscheinungen: »Ich ist in der Zeit und die Zeit ist das Sein des Subjektes selber« (*HS 15*: 156), sagt Hegel. Mit dem Ich ist kein Inneres gemeint, das einem Äußeren entgegensteht, sondern eines, das selbst Inneres und Äußeres übergreift.[178] Auch wenn der Text hier nicht immer Klartext spricht und viel vom »Gemüt« die Rede ist: Es geht Hegel nicht um die Gefühligkeit eines privaten Interieurs, sondern um die Erschließung der zeitlichen Existenz des Subjekts mit den Mitteln des »In-sich-Erzittern[s]« im Klang (*HS 3*: 153; *HS 15*: 13).

Allerdings wirft die Art und Weise, wie er diese Idee entwickelt, Fragen auf. Hegel schreibt: »Für den Musikausdruck eignet sich […] nur das ganz objektlose Innere, die abstrakte Subjektivität als solche. Dies ist unser ganzes leeres Ich, das Selbst ohne weiteren Inhalt. Die Hauptaufgabe der Musik wird deshalb darin bestehen, nicht die Gegenständlichkeit selbst, sondern im Gegenteil die Art und Weise widerklingen zu lassen, in welcher das innerste Selbst seiner Subjektivität und ideellen Seele nach in sich bewegt ist.« (*HS 15*: 135)

Der Gedanke drängt sich auf: Wie kann das leere, d.h. von der Anschauung (der Malerei) wie auch der Vorstellung (der Poesie) freie Ich alleiniger Gegenstand der Musik sein, wenn diese so nachhaltig nach außen wirkt, dass Hegel ihr eine »*elementarische* Macht« (*HS 15*: 155), ja eine »Allgewalt« (*HS 15*: 157) über das Kollektiv zuschreibt? Was ist das für eine Innerlichkeit, die sich als Ekstase entpuppt? Und warum führt ausgerechnet die Abwesenheit spezifischer Bestimmungen zur Wesensdefinition der Tonkunst?[179]

Hegel gibt darauf zwei Antworten: erstens die Auszeichnung der Innerlichkeit instrumentaler Werke als solche und zweitens die Ableitung expressiver Gehalte der Musik aus poetischen und religiösen Vorgaben (*HS 15*: 157, 192, 200). Die Instrumentalmusik besteht aus einer autonomen Form, der die Inhalte fehlen; Oper und Kirchenmusik haben Letztere zwar in Fülle und sind doch aus diversen Sinnelementen (Empfindungen, Interjektionen, Gesten, Wortverweisen usw.) vergleichsweise heteronom zusammengesetzt.[180] Im einen Fall treten die Weltbezüge zurück, weil die Nachahmung der Natur als »überholter Standpunkt« gilt (*HS 10*: 368), im anderen diffundiert der Zusammenhang von Form und Ausdruck über der Vielfalt dramatischer oder religiöser Semantik.

In den Ausführungen zu Metrum, Takt und Rhythmus entwirft Hegel eine Perspektive musikalischer Zeit, die er am Material nicht weiterentwickelt. Sie zeichnet sich zunächst dadurch aus, dass sie Zeit und Werk zusammenspannt. Für Hegel unterliegt das musikalische Werk weniger der Zeit, als dass es sie gestaltet, verarbeitet und aufhebt. Nicht, dass musikalische Ereignisse in der Zeit sind, ist der Punkt, sondern dass das Werk, das zeitliche Ereignisse zu einer stimmigen Form integriert, Zeit selbst darstellt. Das musikalische Ich bestimmt den Verlauf eines Werks so, dass, mit Schellings Worten, »das Ganze nicht mehr der Zeit unterworfen ist, sondern sie in sich selbst hat«[181]. Die rhythmisch-metrische Struktur ist das eine Fundament der temporalen Gestaltung. Das andere besteht in der Konsequenz, mit der zufällige Lautgesten und rein naturale Klangeffekte in eine notwendige Sukzession, d.h. in eine subjektive Ausdrucksgeschichte mit vielfältigen thematischen und harmonischen Beziehungen überführt werden. Im Gefolge dieser Entwicklung tritt Zeit ebenso zum »*bestehenden* Unterschiede« (*HS 10*: 52) ihrer Modi auseinander, wie sie Vergangenheit, Gegenwart und

Zukunft zum »selbstbewusste[n] Jetzt« (*HS 3*: 376) zusammenschließt.

Diese Konstruktion setzt voraus, dass Zeit in der Musik ebenso wie durch rhythmisch-metrische Ordnungsrelationen mittels melodischer und klanglicher Spannungsverhältnisse zu einem komplexen Ganzen avanciert. Aber an diesem Punkt bricht Hegels Theorie in zwei Teile auseinander. Geht es um Metrum, Takt und Rhythmus, ist Zeit das beherrschende Thema, kommen dagegen die anderen Parameter der Musik zur Sprache, stehen bestimmte oder unbestimmte Empfindungen auf der Agenda, ohne dass das Verhältnis der einen zu den anderen und umgekehrt deutlich würde. Unklar bleibt insbesondere, wie aus den vielen einzelnen Gemütsfiguren eine subjektive Ausdrucks- und Entwicklungsgeschichte hervorgehen und sich in harmonischen und thematischen Figurationen niederschlagen soll.[182]

Das ist kein simpler Vorwurf. Im Gegenteil, es macht Hegel alle Ehre, dass er den neuralgischen Punkt selbst benennt. Das Problem der musikalischen Innerlichkeit, erklärt er, sei, dass »zum Besonderen nicht anders übergegangen werden [kann], als daß wir sogleich in technische Bestimmungen verfallen« (*HS 15*: 137). Die Analyse technischer Bestimmungen ist als solche aber noch keine genuin philosophische Reflexion. Wie kann der Philosoph ihr das Gewicht geben, auf das sie Anspruch hat, und doch über sie hinausgehen? Nicht, dass Hegel an diesem Punkt scheitert, ist von Belang, sondern dass er, der weltweit als deduktiver Systemdenker und Inhaltsästhetiker verschrien ist, so klar ausspricht, inwiefern eine Philosophie der Musik in der Lage sein muss, die technischen Probleme musikalischer Werke zu artikulieren. Was er selbst vor Ort zum »*System der Akkorde*« (*HS 15*: 181), zur thematischen Entwicklung (*HS 15*: 142) und zur Technik der Instrumente (*HS 15*: 174 ff.) äußert, ist von überschaubarer Relevanz. Aber Hegel erkennt, dass Werkästhetik ohne technische Analytik nicht auskommt, weder bei der »Konzeption« noch bei der »Exekution« (*HS 15*: 194f., 220f.), nicht beim Komponieren und ebenso wenig beim performativen Akt. Das hat vor ihm niemand getan, und später fiel es nur mehr selten jemand ein.

Am Ende ist da ein Kunstwerk, dessen Prinzip wie dialektisiert auch immer Innerlichkeit heißt, aber auch ein Außen, d.h. ein schwer greifbares, ekstatisches, körperliches Fluidum, das dem Kunstcharakter des Werks widerspricht. Eindrucksvoll beschreibt Hegel Wirkungen von Musik, deren Physis mit Innerlichkeit als Maß nicht mehr konform geht (*HS 15*: 154, 155, 158; *HS 13*: 322), aber eben deshalb aus dem Kreis der kunstwürdigen oder werkgemäßen Positionen herausfällt. Dieser duale Schritt von der Form des Artefakts zum Zauber des Mediums und wieder zurück setzt ein Fragezeichen hinter die Immanenz eines Zeitbegriffs, der durch die Abwehr einer externen Macht definiert ist.[183] Die Autonomie der »Reproduktion« (*HS 15*: 158) gegenüber dem komponierten Werk, die seinem eigenen Bedürfnis nach Virtuosität auf dem Podium entgegenkommt, sieht Hegel mit stupendem Realismus (*HS 15*: 159, 194f., 220f.). Aber noch diese Wendung nach außen lässt die Innerlichkeit des Werks unangetastet. Entweder zwingt Hegel die performative Praxis, die Virtuosität, den Körper, das veröffentlichte Emotionale usw. in die interne Dynamik des Werks zurück[184], oder aber das Außen verschwindet aus der Kunst und schrumpft zu einer sozialen Praxis, die sich mit aufklärerischer Ironie auf Distanz halten lässt (*HS 15*: 157f.).

Nietzsches Rede vom Dionysischen tönt oft arg »neudeutsch«, aber mit Recht verstand sie sich als Ausdruck eines Problems, bei dem die idealistische Ästhetik des Geistes nicht tief genug gebohrt hatte.

III.

Was die Zeit angeht, sind Musiker erst spät auf den Geschmack gekommen. Abgesehen von einigen Statements bei Schönberg und Strawinsky, auch Wagner, wird das große, alte Philosophenwort erst nach 1950 zu einem Thema künstlerischer Selbstverständigung. Im Kontext seriellen Komponierens sieht sich die Musik unmittelbar mit der Frage konfrontiert, »wie die Zeit vergeht« (Karlheinz Stockhausen), wie von einem zum anderen Moment sich gelangen lässt bzw. ob es überhaupt legitim ist, so zu fragen, ob Zeit zwingend offene Kontinuität benötigt oder für die Idee eines »Jetzt«, das mit jedem Ton neu beginnt, aufgegeben werden muss.

Im 18. und 19. Jahrhundert war Zeit weder bei Komponisten noch bei Musiktheoretikern thematisch. Sie galt, könnte man sagen, als eine durch Kant oder wen auch immer »geklärte« Rahmenbedingung musikalischen Denkens. Bis ins 20. Jahrhundert hinein erschienen Zeitrelationen in einschlägigen Lehrbüchern allein unter dem Aspekt der syntaktischen Zählung von Taktgruppen, aus denen die Form gebildet wird.[185] Auch Schönberg steht in dieser Tradition. Er erkennt aber, dass sowohl das frei atonale wie das zwölftönige Material Formen hervorbringt, die sich als Verschränkung von evolutionären und spatialen Prinzipien beschreiben lassen[186], deren Polarität nur eben nicht mehr – tonal – zum Ausgleich gebracht werden kann, sondern als Riss oder Disharmonie hervortritt. Durch die Auflösung der tonalen Harmonik ist Zeit als Medium subjektiv-expressiver Entwicklung gestört, aber nicht abgeschafft. Schönberg hält eine zentrale Voraussetzung der traditionellen Formenlehre fest: dass zwischen der motivischen Struktur eines Formteils, seiner Funktion im Ganzen und seiner Entfaltung in der Zeit ein interner, »logischer« Zusammenhang bestehen muss. Er »löst« das

Problem, indem er die Tonmaterialien reihentechnisch organisiert, die rhythmisch-syntaktische Ordnung wie die formalen Typen der Tradition hingegen weitgehend belässt, wie sie sind. Musikalische Zeit bleibt bei ihm wie spatial verformt auch immer am Modell von »Entwicklung« orientiert, in den dodekaphonen Werken freilich hörbar schwächer.

Mit solcher »Inkonsequenz« räumt die serielle Musik auf. Bei ihr ist die Schwierigkeit, einen musikalischen Zeitzusammenhang herzustellen, nicht bloß durch den Wegfall tonaler Harmonik, sondern noch mehr durch die Auflösung des Systems der Taktrhythmik bedingt. Beides ist nicht dasselbe. Es hat sich auch historisch unabhängig voneinander vollzogen: das eine bei Schönberg vor 1910, das andere in den 1930er Jahren bei Webern und Messiaen, zuvor schon bei Strawinsky. Wenn weder rhythmische Muster noch metrische Schemata verfügbar sind, hat die Frage, wie musikalische Ereignisse sinnvoll aufeinander folgen können, einen radikaleren Zuschnitt als zu einer Zeit, in der die funktionale Harmonik schon gestürzt war, aber noch Modelle rhythmischer Organisation existierten. Das ist der Ausgangspunkt der seriellen Reihentechnik (Messiaen, Boulez, Stockhausen, Goeyvaerts und andere).

Sie setzt dem thematischen Denken Schönbergs die Arbeit an elementaren Eigenschaften des Einzelklangs entgegen: Tonhöhe, Tondauer, Klangfarbe, Dynamik usw. Sie interessiert sich für den Ton als Sein und nicht als Funktion, d. h. als Jetzt statt als Vermittlung in der Zeit. Entsprechend sind die Beziehungen zwischen den Tönen durch die Beziehungen des Tons zu sich definiert. Im Namen des Tons bzw. einer größeren materialen Einheit in den »Gruppenkompositionen« wird das Zeitkontinuum artistisch neutralisiert. Das heißt nicht, es sei egal, an welcher Stelle sich was ereignet, und Früheres könne beliebig durch Späteres und umgekehrt ersetzt werden. Aber Dauer und Entwicklung treten als kompositorische Perspektiven zugunsten der Gegenwart des isolierten Klangs zurück. Jeder einzelne Moment besteht für sich, er ist so sehr erscheinendes und verschwindendes Jetzt, dass jede melodische Relation zwischen den Tönen wie gekappt wirkt. Vor allem in der »punktuellen« Frühphase des Serialismus werden isolierte Töne über den gesamten musikalischen Raum verteilt, wodurch Abfolgen entstehen, die sich überkreuzen, aber keine zeitliche Beziehung eingehen. Dies zumal deshalb, weil die melodische von der rhythmischen Dimension getrennt ist.[187] Dennoch bleibt die Gegenwart solcher Tonpunkte eine Gegenwart *in der Zeit*. Sie kann Zeit nicht aufheben, kein Ewiges erspüren.

Dieser Aspekt wird verständlicher, wenn man Adornos Kritik der seriellen Musik hinzunimmt. Nicht die Metaphysik, von der sie begleitet wird, sondern die kompositorische Einsicht, die sie erst zu einer Kritik macht. Die erste schließt unzulässigerweise von der Empirie klanglicher Sukzession auf das normative Recht eines Entwicklungscharakters von Musik überhaupt.[188] Die zweite trifft dagegen einen Punkt, wenn sie sagt, »daß die jüngste Musik den Schein erweckt, als ob das zeitlich Aufeinanderfolgende gegeneinander gleichgültig wäre, im Sinne seiner zeitlichen Konstitution, während es das gar nicht sein kann, weil das in der Zeit Aufeinanderfolgende, auch wenn es gleich ist, bereits durch seinen Stellenwert in der Zeit ungleich ist«[189]. Gegen Stockhausens »Momentform« besteht Adorno darauf, dass das Gleichgültigwerden des Zeitverlaufs zugunsten der Produktion von Momenten der Gegenwart ein »Schein« ist und kein positiver Fakt. Die seriell organisierten Töne stehen nicht schlechthin für sich, sondern spielen sich innerhalb der Ordnung des Nacheinander ab, wenn auch so, *als hätten* sie jede temporale Richtung aus dieser entfernt. Adorno irrt, wenn er dieses Verfahren auf eine ideologische Struktur herunterbricht. Mit Recht hält er indes fest, dass die extreme Diskontinuität der seriellen Ereignisse ihre Abhängigkeit von der Sukzession nicht auflöst, sondern den Riss zwischen beiden Momenten noch hervortreibt. »Offenes Werden« ist nicht das Wesen oder die Supernorm der Musik, aber ein Korrektiv der Intention, zugunsten des Einzelklangs Dauer und Kontinuität abzuschneiden. In den Gruppenkompositionen kommt es zwar zu einer Proportionierung der temporalen Abläufe, aber die Relation zwischen der (empirischen) Dauer der Abschnitte und der materialen Beschaffenheit der Ereignisse selbst ist, so Adornos Tenor, auch hier vergleichsweise unspezifisch, die Verknüpfung der Details ist nicht dicht, nicht »vermittelt« genug.[190]

Stockhausens Rede von »Formen, in denen ein Augenblick nicht ein Stückchen einer Zeitlinie, ein Moment nicht Partikel einer abgemessenen Dauer sein muß, sondern in denen die Konzentration auf das Jetzt [...] den Zeitbegriff – genauer: den Begriff der Dauer – zu sprengen [versucht]«[191], stellt nur die eine Seite der Medaille dar. Die andere ist die Hörerfahrung, die nicht das Programm des Komponisten oder des Werks abbildet, sondern das Kontinuum in einem Sinne festhält, der mehr ist als Erinnerung. Adorno schreibt sinngemäß, serielle Musik sei ein Werden, in dem unbeschadet extremer Notenwerte, hoher Tempi und rasender Turbulenzen im Einzelnen im Ganzen »nichts wird«, eine Musik wie aus einer Miniperspektive, die »statisch« wirkt, auch wo sie Effekte größter Dynamik hervorbringt. Dass die vergleichsweise lockere, kontingente Folge sich zuweilen einen anderen Anfang oder den Abbruch der Aufführung durch den Komponisten gefallen lassen muss, ist nur konsequent: Anfang und Ende werden exemplarisch in die Kontingenz hineingerissen und machen die Beziehung von Artefakt und Auditorium, der Zeit in der Musik und der Musik in der Zeit durchlässig. Der Werkcharakter wird porös.

Der Unterschied der seriellen Musik zu »Beethoven und Schönberg« lässt sich so charakterisieren: Es gibt keine Zeitaufhebung mehr, auch keinen Versuch, die Folge der zeitlichen Ereignisse in einen irgendwie selbsttätigen Ablauf zu verwandeln. Es sind Ereignisse da und deren je aktuelle Last, aber es gibt keine Folge, in die sie eingebettet wären. Daraus entsteht die Wirkung des unendlich Langsamen, ein Werden, in dem »nichts wird«. Kraft dieses Vorgangs, der keineswegs kulturkritisch abzutun ist, herrscht die Zeit über die Musik, nicht oder jedenfalls nicht so sehr die Musik über die Zeit. Nur ist das kein realer Zustand, sondern selbst eine artistische Konstruktion. Und doch ist in Stockhausens *Kontrapunkten* oder dem *Marteau* von Boulez eine kompositorische Kraft beteiligt, die dafür Sorge trägt, dass das, was in Einzelmomente auseinandergerissen scheint, gleichwohl einen bezwingenden, oft hypnotischen Effekt erzeugt. Diesem Phänomen hat sich Adorno kaum gewidmet.

IV.

Dass sich die musikalische Gestaltung der Zeit in der zweiten Hälfte des 18. Jahrhunderts grundlegend wandelt, ist in der Musikwissenschaft Konsens, ohne dass daraus größere theoretische Folgerungen gezogen worden wären.[192] Ob man die Kontrastbildung auf engem Raum, den Eintritt variativer Gestalten in ein »leeres« Taktsystem[193] oder den »Widerstreit von Drama und Symmetrie«[194] als das ausschlaggebend Neue gegenüber der »Barockmusik« ansieht, es geht, wie es scheint, um nichts weniger als um einen Achsenbruch im Zeitverständnis. Elemente einer unvorhersehbaren Freiheit treffen mit vorgegebenen taktmetrischen, harmonischen und melodisch-thematischen Ordnungsstrukturen so aufeinander, dass sich beide Pole gegenseitig produzieren und inspirieren. Vielleicht ist das eine erste Definition des Klassischen. Dessen apriorische Elemente sind nichts Starres, sondern von sich selbst her für irreguläre Ereignisse offen. Umgekehrt stehen kantable Figurationen und unregelmäßige Periodenstrukturen bei Mozart nicht im Gegensatz zu symmetrischen Proportionen. Das eine ist die Bedingung des anderen und umgekehrt. Was in den Fantasien oder Sinfonien von Carl Philipp Emanuel Bach noch eine Kaskade diverser Überraschungseffekte hervorbrachte, sieht sich bei Mozart von einer abgründigen Balance zwischen Ordnung und Imprévu, Geschlossenheit und virtuoser Diskontinuität getragen. Komplexität entsteht aus der Differenz eines habituellen, aber flexiblen Hintergrunds und eines frei beweglichen Vordergrunds.

Aber welcher Zeitbegriff ist da im Spiel? Auf Folgendes könnte man sich wohl einigen: In der Ära von Haydn, Mozart und Beethoven entwickelt sich ein geschärfter Sinn für Präsenz und Wandel, Zeitökonomie und Vergänglichkeit, für temporale Raster und irreguläre Verläufe. Die Zeit »drängt«, sie wird »knapper«. Dass Faust das Verweilen im Augenblick zur Todsünde des rationalen Ichs erklärt, wirft ein Licht auf den Zeitbeherrschungswillen der Aufklärung. Wenn Papagena ihr Alter mit »achtzehn Jahren und zwei Minuten« angibt, macht sie, wie volkstümlich auch immer, aus ihrem Leben eine messbare Größe. Die Französische Revolution ist ein so gewaltiger Einschnitt in die Zeit, dass sich ihre Folgen mit den alten Mitteln naturaler Zyklen nicht mehr verständlich machen lassen. An die Stelle überkommener kreisförmiger Denkschemata tritt schließlich die Idee der *einen* Geschichte, des offenen Horizonts einer Zukunft, die emanzipatorische Naherwartungen wie moderne Kontingenzängste aus sich entlässt.[195]

Aber bei solchen Überlegungen handelt es sich bestenfalls um die Vorstufe zu einer idealtypischen Konstruktion, nicht um eine Beschreibung empirischer Realität. Wir wissen ziemlich wenig darüber, wie sich allgemeine Veränderungen des Zeitbewusstseins in musikalischen Strukturen niederschlagen. Dass eine epochale Wende in der Kultur eine einzige temporale Grundform in der Musik begünstigt, ist schon darum nur begrenzt plausibel, weil die Annahme, dass sie neben »Werden«, »Linearität« motivischer Arbeit und räumlichem Satzbau auch Alternativen und Abweichungen hervorbringt, näherliegt.[196] Dass sich ein Verständnis dieser Diversität der Zeiterfahrung ausgerechnet von Adorno lernen lässt, mag überraschen, aber wenn sich seine Fragmente über Beethoven durch etwas auszeichnen, dann dadurch, dass sie den Weg für die Pluralisierung der musikalischen Zeit frei machen.[197]

Man darf sich das nicht zu handgreiflich vorstellen. Adornos Diskurs des »intensiven« und des »extensiven Zeittypus« hat keine dualen Entitäten im Sinn. Er entsteht aus der Erfahrung heraus, dass der intensive Typ in sich gebrochen ist, ein Unterfangen darstellt, das den absoluten Anspruch, den es erhebt, nicht einlösen kann. Der intensive Typ steht für den Fluchtpunkt einer Einheit der vielen Zeitperspektiven, während der extensive Typ umgekehrt die Vielfalt, vielleicht auch den zerstreuenden Raumbezug des Temporalen, gegen den Zwang zur Vereinheitlichung vertritt. Wo der intensive Typ die Differenz der Modi final zu überformen, im Grunde Vergänglichkeit »abzuschaffen« sucht, weil er sie »idealistisch« als Ursprung allen Mangels und Ungenügens erfährt, will der extensive Typ »hier bleiben« und frei werden für den Vorrang der Zeit vor dem, was wir mit ihr machen (können). In allem, was der intensive Typ tut, strebt er reflexive Transparenz an, die Ereignisse, die sich in ihm ereignen, will er ohne Ausnahme als eigene und selbstgesteuerte Realität rechtfertigen. Der extensive Typ kennt keinen solchen Willen zur Selbsttransparenz, ihm geht dafür ein »dunkler« Ursprung voraus, der keinen Mangel kennt und nicht rational aufgehoben werden kann. Er zieht eine kontingente, bewegliche Präsenz der Musik nach sich statt einer Folge von Entwicklungsmomenten oder einem Drama. Während der intensive Typ Strukturen der Zersplitterung, Fragmentierung und von episodischem Zerfall *in sich* zu integrieren weiß, ohne *mit sich* in Widerspruch zu geraten, fungiert der extensive Typ als Sammelname für musikalische Zeitgestalten, denen die kategoriale Struktur des intensiven Typs fehlt. Weder aber ist der extensive Typ bloß eine Abweichung vom intensiven, noch, auch wenn sich dieser Eindruck nicht immer vermeiden lässt, eine prinzipielle Alternative zu diesem. Wenn überhaupt stehen sich hier Denkmodelle gegenüber, Idealtypen im Sinne von Max Weber, aber keine individuellen Werke und keine konkreten Zeitgestalten. Kein Opus entspricht dem einen oder dem anderen Typ rein, die Überschneidungen und Überlagerungen sind dafür zu zahlreich.

»Intensive Zeit« ist nicht zu reduzieren auf ein Vorwärtsdrängen um jeden Preis, das Lücken, Umwege, Unterbrechungen und Retardierungen ausschließt. Es gibt bei Beethoven Formen von obsessiver Geradlinigkeit wie den ersten Satz der V. Symphonie oder den der *Appassionata*. Dabei handelt es sich um extreme Fälle des Typs, nicht um eine paradigmatische Ausprägung. Und selbst der erste Satz der V. Symphonie kennt die berühmte Zäsur des Oboensolos, das den lückenlosen Arbeitsprozess unterbricht. In seinem expansiven Drang nach Differenzen vermag der intensive Typ die Verflüssigung architektonischer Vorgaben so weit zu treiben, dass Formteile wie Introduktion, Themenexposition, thematische Entwicklung, Überleitung, Durchführungsbeginn und Repriseneintritt nicht mehr eindeutig identifizierbar sind, sondern als Funktionen einer organisierten Mehrdeutigkeit ineinander übergehen, ohne dass der Typus als solcher infrage gestellt wäre. Eindrucksvoll belegt der erste Satz der »Kreutzer-Sonate« op. 47, dass die intensive Zeit je nachdem extensive Episoden, man könnte auch sagen: inszenierte Abbrüche des Prozesses, Inseln, »Blicke in die Ferne« braucht – und dass Beethoven solche improvisatorischen Strukturen um der Verdichtung und Dynamisierung des Ganzen willen zum Einsatz bringt. Scheinbar lässt sich die Form ablenken, kommt ins Trödeln statt zum Ziel, erweitert die erste Coda und beginnt eine zweite, die den Schluss weiter hinauszögert. Gerade jedoch die temporäre Sistierung des Fortgangs steigert die Intensität des Schlusses und erweist sich als der eigentliche Triumph eines komprehensiven Formprozesses.

Damit verglichen geht der »extensive Typ« von unten, von einzelnen Gestalten und Ereignissen aus, um sich aus diesen dann wie Prosa zusammenzusetzen und vergleichsweise zufällig zu reihen. Statt zu einer synthetischen Konstruktion, die sich die unterschiedlichsten Zeitfiguren selbst zuzuordnen weiß, kommt es zu einer Schichtung atmosphärischer Episoden und Augenblicke, die sich mehr oder weniger selbst genügen und ihrem Sinn nach keine Fortsetzung brauchen – allen tonalen Prämissen zum Trotz. Während das intensive Prinzip nicht selten den Eindruck von Gegenwartsschrumpfung vermittelt, weil der einzelne Moment so sehr als Resultat des Gewesenen bzw. als Funktion des Kommenden fungiert, lässt sich das extensive Modell Zeit und hält inne, verweilt. Die lineare Weile wächst in die Breite, wird zur Fläche, wenn nicht zum Raum. Kantabilität tritt an die Stelle von Entwicklungslogik, präsentische Wirkungen ersetzen prozessuale Strukturen, Klangbilder drängen motivisch-thematische Ökonomie in den Hintergrund. Man könnte auch sagen: Dynamischer Diskurs und Elementaranalyse der Entwicklung werden von den sinnlichen Außenschichten des musikalischen Materials abgelöst, auch wenn Beethoven indirekt stets Entwicklungsfiguren beibehält. Eben deshalb fasst der extensive Typ auch weniger divergente Formcharaktere in sich zusammen, als dass er in diese plural auseinandertritt. Dass er lockerer gefügt, pathischer, irrationaler ist als der andere, wissen wir schon.

Philosophisch sind beim extensiven Stil zwei Dinge entscheidend. *Erstens*: Diese Musik »bleibt hier«, statt dass sie auf »Transzendenz« setzt.[198] Sie hebt die Zeit nicht auf, sondern stellt sie dar. Nicht »Einstand der Zeit als Bild des Endes von Vergängnis« (*GS 15*: 187) heißt ihr »Ideal«, sondern Freigabe der Zeit als der Macht des Entstehens und Vergehens – im Sinne einer souveränen Medialität des Subjekts für das, was stärker ist als es selbst.[199] Der extensive Stil ist emphatisch langweiliger als der intensive, weil die Zeit mächtiger ist als die Form und die Dauer in der Konstitution der Form oft größeres Gewicht hat als die Elemente des Sonatensatzes. Zudem ist der reale Beginn solcher Werke nicht der Anfang ihres Sinns. Im Gegenteil, setzt der erste Ton ein, ist die Zeit längst schon da. Die Musik tritt zwar keineswegs stets episch oder anamnetisch in Erscheinung, und doch agiert sie in ihrer Präsenz oft retrospektiv, wie Gedächtnis als Geste. *Zweitens*: Der extensive Stil entdeckt die modale Zeit. Während der intensive sie dem Prozess unterordnet, als Zäsur zur Funktion macht, macht der extensive sie zum Thema: als Fluss, als atmosphärisches Werden, als Verschiebung der Präsenz, als Konstellation von Erinnerung, als Figur der Dauer und des Wartens, schließlich als Abschied. Nicht, als ob das Zusammenspiel der Modi zuvor keine Rolle gespielt hätte. Es steht seit je dafür, dass Werden mehr ist als die punktuelle Folge von Früher und Später. Keine Irreversibilität ohne die Modi der Lebenszeit. Aber das gilt nur im Verein mit der Sukzession. Bei Beethovens extensiven Werken jedoch kommt modale Zeit als eine eigene, von der Sukzession zum Teil unabhängige, jedenfalls distanzierte Schicht zur Sprache. Sie baut nicht eigentlich den Fortgang aus, sondern sie stellt ihm einen anderen, »materialistischen« Entwurf entgegen. Wenn etwas den Topos von Beethovens Nähe zu Schubert und zur Romantik substanziell gemacht hat, dann sind es diese beiden Momente: die Erschließung der Dauer und das Zusammenspiel der Zeitmodi in Prä- und Absenz.

Neu an Beethoven ist nicht die motivisch-thematische Arbeit oder die Verdeckung der Reprise an Ort und Stelle. Für das Erste finden sich bei Haydn zahllose Fälle, auf das Zweite trifft man mehrfach bei ihm wie bei Mozart. Bei Mozart gibt es zudem Gestalten des Irreversiblen, die sich dem Gegensatz von räumlicher Tektonik und fortschreitendem Prozess nicht fügen. Das Besondere an Beethovens intensivem Typ ist die Zuspitzung motivisch-thematischer Arbeit zu einer technischen Funktionialisierung von Gegenwart, zur Reduktion des Jetzt auf einen abstrakten Mangel, der weitertreibt, und zur Totalisierung eben dieser Erfahrung. Nicht die einfache Vermittlung von Gegenwärtigem, Vergangenem und Zukünftigem, die alles halbwegs anspruchsvolle Musikhören definiert, ist die Pointe jener Werke, sondern die Konstruktion einer Metaphysik des Augenblicks aus den Mitteln temporaler Zersplitterung und Elementaranalytik. Die Verunsicherung durch ein modernes, kontingentes Zeitgefühl, für das seine heutigen Titel wie »Gegenwartsschrumpfung« und »Beschleunigung« so außerordentlich gut passen, nimmt Beethoven zum Anlass, ein idealistisches Weltbild mittels Musik neu aufzubauen. Die moderne Verunsicherung spiegelt er dabei nicht wider, sondern stellt sie dar, indem er sie in die dynamisierte Gestalt einer traditionellen Form aufhebt. Beethoven vertritt die jähe Revolution, den expansiven Markt wie die ewige Ordnung gleichermaßen. Den Geschichtszeichen seiner Epoche setzt er einen vernunftreligiösen Sinn entgegen, in dem er seit je allem Unberechenbaren seinen Platz angewiesen hat. Wenn schon Akzeleration und Sturm der Geschichte, dann sub specie aeternitatis. Die gängigen Versuche, Beethovens intensiven Typ auf Beschleunigung und revolutionäre Progression zu bringen, führen in die Irre, wo sie die Einbindung dieser Zeitfigur in eine überschwängliche Augenblicksfülle unberücksichtigt lassen.

Der extensive Typ bildet dazu fast ein Gegenprogramm der Lebenserfahrung Einzelner: Entschleunigen, Trödeln, Erinnern, Erzählen, Mythologisieren, Gebet, Lebewohl statt Telos, Präsenzlust und Abwesenheitssinn anstelle von Prozessfinalität. Seine Welt ist begrenzter, kleiner als die andere, und doch materialer, sinnlicher und reicher als aus der Perspektive des idealistischen Geistes betrachtet. Ihre Form von Transzendenz ist der Einbruch in das Leben, das »hier bleibt«, die intensive der Überstieg progressiver Dynamik durch sich selbst. Für diesen ist das Gute ein Prinzip Hoffnung jenseits der Zeit, für den »Einbruch« dagegen nichts besser und glückvoller als die Zeit, zu der noch die Transzendenz gehört.

V.

Man könnte denken, die Möglichkeit, Formen musikalischer Zeiterfahrung auf eine wie immer geartete Einheit zu beziehen, verschwinde nach 1950 endgültig. Und Adornos Rede von der »absoluten Statik« verdecke bloß die Tatsache, dass an die Stelle einer Opposition von intensivem und extensivem Typus eine Vielzahl heterogener Zeitgestalten getreten ist, die sich weder mehr dem einen noch dem anderen Typ und ebenso wenig identifizierbaren Formen ihrer Vermittlung zuordnen lassen.

Vielfach mag das auch sein. Gleichwohl treten ›reine‹ Ausprägungen unserer beiden Pole weiterhin in Erscheinung, wenn auch in radikal veränderter Form. Morton Feldmans Paradox einer Zeit, die wie ein strukturloser Malgrund da ist, bevor wir etwas mit ihr machen können, mutet wie eine auf die Spitze getriebene Variante dessen an, was Adorno am extensiven Typus als »Freigabe« der Zeit gegenüber subjektiven Zeitbeherrschungskonzepten aller Art beschrieben hat. Umgekehrt wirken die hermetischen Labyrinthe eines Brian Ferneyhough wie eine Neuauflage intensiver Zeit unter Bedingungen, die diese unmöglich machen, eine endlose Tour de force gegen endliche Begrenztheit, wo immer der Komponist auf sie stößt.[200]

Feldmans Alleinstellungsmerkmal ist nicht die Negation von Entwicklung oder der Versuch, Erfahrungen mit moderner Malerei (Mark Rothko, Barnett Newman) in kompositorische Problemstellungen zu übersetzen, sondern die rabiate Obsession, mit der der Komponist beides durchsetzt.[201] So verzichtet er in seinem Spätwerk (ab 1977) auf jede integrative Form. Es gibt weder eine exakte Kontrolle der Abfolge von Tönen noch manifest übergreifende Strukturen, auch wenn Feldman mit quantitativen Periodisierungen arbeitet. Komponiert werden Klangmuster, die sich kaum wahrnehmbar verändern, nicht Klangrelationen, die einen Verlauf strukturieren.

Feldman sagt, er sei an Zeit in ihrem unstrukturierten Zustand interessiert. Sie lasse sich nicht konstruieren, müsse sich selbst überlassen bleiben. Andererseits soll Musik Zeit aber konstruieren, nach Art einer Oberfläche, einer Leinwand, auf der Töne wie Farbpunkte aufgetragen werden. Feldman möchte, darin John Cage vergleichbar, wie in Zeitlupe ein »An sich« ertasten, das menschlichen Intentionen, Aktivitäten und Ausdrucksregungen vorausliegt. Um das jedoch zu realisieren, muss er machen, was gerade nicht machbar sein soll, konstruieren, was eine Konstruktion erst begründen könnte: qualifizierte Vakuen, in denen nichts geschieht außer der eigenen Leere, eine »Zeit an sich« ohne Vorgänge, nur dass dieses An-sich selbst zum Vorgang wird. Das ist aber auch nur möglich, soweit der Hörer in die Bedingungen des Hörens von Zeit hineingezogen wird. Der Akt des Hörens als Abfolge von Pro- und Retentionen rückt umso nachhaltiger ins Zentrum der Komposition, je dichter, exemplarisch in den »Streichquartetten«, das Spielen am Rande des Verstummens angesiedelt ist.

Man kann Feldmans Musik unterschiedlich hören, wobei die verschiedenen Hörformen ineinandergreifen. Man kann die Zuständlichkeit der Klänge, durch die Vorgänge und Impressionen quasi hindurchziehen, die aber selbst immer »da« ist und bleibt, als unaufhörliches Präludieren wahrnehmen, das nicht zum Ereignis oder zur Entwicklung kommt. Das Hören wird dann zum Warten auf etwas, das ausbleibt: »Warten auf Godot«. Das klingt wie dem Klischee von der »Pseudomorphose an den Raum« geschuldet, aber es ist schwer zu bestreiten, dass *Coptic Light* oder *Chorus and Orchestra Two* eine Atmosphäre endlos lastenden Ersterbens schaffen. Anderseits lässt sich besonders anhand von *Neither* zeigen, dass Feldmans Leere sich nicht in Statik erschöpft, sondern Voraussetzungen menschlicher Zeiterfahrung zum Vorschein bringt – die Nicht-Oper im Geiste Samuel Becketts als »transzendentale Musik«, die im Orchestergraben und auf der Bühne zum Erklingen bringt, was nach Kant eigentlich nur gedacht werden könnte. Neben dem »Warten auf Etwas« konstituiert Feldman einen »Raum offener Erwartung«, der den Hörer, sagen wir: darin üben lässt, dass Zukunft *der* Modus der Zeit ist, in dem die Zeit ihn hat und nicht er sie, in dem das Ankommen-lassen dessen und Sich-betreffen-lassen von dem, was nicht antizipiert werden kann, erlebbar wird.

Die Musik von Brian Ferneyhoughs als Versuch zu hören, Beethovens »intensiven Zeittyp« unter Bedingungen zu rekonstruieren, die ihn systematisch verhindern, ist materialtechnisch keineswegs absurd.[202] Ferneyhough ist in die »serielle Schule« gegangen. Er weiß nur zu gut, dass deren Material auf das Dasein von Einzelklängen, nicht auf zeitlichen Fluss angelegt ist. Aber er ist von der Vorstellung besessen, diesen Geist serieller Zerteilung durch die Konstruktion maßloser Ereignisdichte zu korrigieren. Wo Stockhausen den Durchbruch des Ewigen in die Zeit zu erkennen glaubt[203], sieht Ferneyhough, so dürfen wir annehmen, eine Illusion tödlicher Ruhe am Werk. Sein Interesse an der Geschichtlichkeit von Musik und an der Dynamik des Mangels, die sie strukturiert, ist von anderer Art als der serielle Rationalismus. Ferneyhoughs hyperperspektivische Beweglichkeit ist gerade darin anders, dass sie von der Idee eines Stillstands inspiriert wird, der die Werke als Werke betrifft, d.h. der nicht *in* ihnen stattfindet, sondern sie selbst zum Stillstand macht. Ob man das »Metaphysik« oder »Pathologie« nennt, spielt keine Rolle. »Komplexismus« ist ein methodischer Exzess, der von der (Sehn-)Sucht angetrieben ist, Begrenzungen, Mängeln und Versäumnissen zu entkommen, aber im Kontext von Prämissen agieren muss, die ihm ständig neue Abhängigkeiten von dergleichen wie Defizit, Fehler, Einengung, Nervenrasen und Atemnot vorführen.

Ferneyhoughs Musik ist auf eindringliche Weise bildhaft. Nicht bloß, weil manche Titel von ihm visuell konnotiert sind oder auf bestimmte Werke der bildenden Kunst Bezug nehmen, sondern in erster Linie kraft der Prägnanz und Plastizität ihrer Gestalten.[204] Es ist eine körpernahe Musik – einerseits. Andererseits sind diese akustischen Bilder keine »Gesten«, d.h. keine physischen Akte, die in sich verharren, sondern Elemente eines kompositorischen Prozesses. Ferneyhough erkennt die Notwendigkeit an, das musikalische Material mit neuer emotionaler Intensität zu belehnen, besteht aber darauf, jede Vorstellung von »direkter Expression« zu hintertreiben und den musikalischen Ausdruck gezielt einzutrüben. Das geschieht durch eine Analyse der Subkomponenten der »Geste«, die ihren zeitlichen Spannungscharakter, ihre nach »vorne« drängenden Potenziale herausarbeitet. Ihnen wächst eine Bedeutung zu, wie sie den Gesten in ihrer Isolation unerreichbar wäre. Ferneyhoughs Expressivität liegt nicht in den, und sei's noch so physischen Emanationen, sondern in der Vermittlungsbewegung, in der Dynamik des fortwährenden, drängenden Unerfülltseins. Aller Bildhaftigkeit des Details zum Trotz sind die Momente des »noch nicht« und »nicht mehr« notorisch wichtiger als das Jetzt, die Gegenwart. Jeder Zustand muss überholt werden, Ruhe liegt nur im Ganzen des Werks, nicht im Vollzug, welcher der zerstörten Kontinuität der Tradition durch überkomplexe Strukturen entgegenwirkt, ohne doch Zeit wie früher erfüllen zu können. Deshalb wird die »Finalität« des Werks selbst zuletzt als provisorisch verworfen und überholt. Der Zug der tausend Splitter bleibt nicht beim Einzelwerk befriedigt stehen, sondern breitet sich über das Œuvre insgesamt aus. Ferneyhoughs Hang zur Zyklusbildung ist dafür der schlagendste Beleg.

8. Der Werkbegriff als Problem

I.

Zur gegenwärtigen Rede von und über Musik zählt, dass der Begriff des Werks eine durchweg schlechte Presse hat, ohne dass dafür tragfähige Gründe geltend gemacht würden. Die Tendenz ist nicht neu. Spätestens seit den 1960er Jahren, der »postseriellen Phase« des Komponierens, wird gegen das »bürgerliche Opus« vom Leder gezogen. Werke, so deklarierten damals nicht nur Komponisten, ließen sich keine mehr gewinnen, nur noch Vorgänge, Aktionen mit offenen Grenzen, insbesondere für Spieler und Hörer, die den Verlauf der Aktion mitgestalten.[205] Das Weltbild, für das die Opusmusik stehe, sei ahistorisch, elitär, bildungsbürgerlich, eurozentrisch, ein Fetisch des Kulturbetriebs, aus dem alles Leben entschwunden sei.

Zu solchen Statements ließe sich viel sagen.[206] Zunächst: Es gibt natürlich eine Fülle von Musikpraktiken, die mit der Ästhetik des Werks nichts zu tun haben oder nichts zu tun zu haben scheinen: Folklore, Improvisation, Tanzmusik, Jazz[207], der Mississippi Delta Blues, der Buena Vista Social Club, Klageweiber, Gassenhauer, Organistenzwirn[208] usw. Die Ethnologie hat uns gelehrt, dass die meiste Musik schriftlos ist und in sozialen Lebenszusammenhängen steht. Die Geschichte des Blues zeigt exemplarisch, wie sich Musik im Kontext von Arbeitsrhythmen bzw. in geformter Erinnerung daran bildet.[209] Dass es fast keine religiösen Rituale auf diesem Planeten gibt, bei denen Musik nicht angemessen beteiligt ist, spricht für sich.

Auch die »klassische« Musikgeschichte ist keineswegs mit einer Geschichte von Werken im strengen Sinne identisch. Die italienische Oper des 18. Jahrhunderts z. B. war alles andere als das. Text und Musik wurden den jeweiligen Aufführungsbedingungen angepasst. Das Stück existierte in mehreren lokalen Versionen, die teils vollständig notiert, teils lediglich durch das Textbuch dokumentiert waren. Die Vorstellung, dass durch anonyme Bearbeitung vor Ort eine »Originalgestalt« verfälscht würde, wäre *allen* Beteiligten absurd vorgekommen. Weil es eine verbindliche Fassung solcher Musik aber nicht gibt, muss die Partitur auch heute noch für eine aktuelle Produktion »eingerichtet« und aus mehreren Varianten zusammengesetzt werden. Dabei wirft die Aufbereitung des Orchestermaterials und zumal der Gesangspartien gravierende Fragen auf. Ein solches Projekt wird man nicht ohne Weiteres mit »Opusmusik« gleichsetzen dürfen.[210]

Werke sind in der europäischen Musik ein überragender Faktor, aber längst nicht alles. Immer hat es volkstümliches Musizieren, rituelles Singen, schlichte Lieder und elementarische Klänge gegeben. All das war unter, neben *und in* der Kunstproduktion wirksam. Musik hat unscharfe Ränder. Es kann oft unklar oder strittig sein, ob sich ein bestimmtes Stück oder eine einzelne Aktion als Werk ansprechen lässt oder nicht. Stets gilt es dann, die historischen Gründe zu analysieren, wie und warum ein solcher Streit entsteht und auf welche Problemlage er antwortet. Man sollte nur möglichst davon absehen, solche Phänomene des Zwischenraums geradewegs mit dem »Ende des Werkbegriffs« kurzzuschließen, so als handele es sich um Verdikte des Weltgerichts über ein »gesellschaftlich obsolet gewordenes« oder »rückschrittliches« Kunstverständnis. Hier hat der große Antiakademiker John Cage seine akademischen Fans in Europa, die Denkanstöße wie heilige Worte aufnehmen, zu einem kulturreligiösen Diskurs animiert, der die Abhängigkeit von dem leugnete, was er so leichthin verwarf. Cages Entgrenzung von Kunst und Leben, seine Mystik des Seinlassens und Nichtsinns wurden unbesehen zu Leitfiguren eines europäischen Fortschrittskonzepts: Endlich sind wir da angekommen, wo wir schon immer hingehörten. Die Zwänge der Werkästhetik liegen hinter uns.[211]

Eines stimmt: Auf die Frage, wie sich die Ästhetik des Werks zur Mannigfaltigkeit musikalischer Kulturen verhält, sind bislang nur ideologische Antworten erteilt worden. Lange Zeit gab ein Traum von europäischer Bildung die Norm vor, die da lautete: Das Werk ist das Maß aller Dinge, andere Formen haben sich an ihm zu messen. Heute klingt es andersherum: Die Werkästhetik hat doch nur einen kleinen Ausschnitt der Musik im Visier – so hört man ständig. Wenn sie gegen die eigene Realität universalistischen Vorstellungen nachhängt, entpuppt sie sich als das, was sie schon immer gewesen ist: ein kulturimperialistischer Entwurf, der sich mithilfe weiter Horizonte darüber hinwegtäuscht, dass er geschichtlich im Schwinden begriffen ist. Mag sein, dass sich so weniger akademische Expertendiskurse anhören als eine in Medien und Kulturpolitik grassierende Meinung. Nur schlägt diese zunehmend auf die Alma Mater zurück.[212]

Seit geraumer Zeit lässt sich in den Kulturwissenschaften ein Sprachspiel beobachten, das das Wissen um die Entstehung des Werkbegriffs zum Anlass nimmt, den Begriff als illegitim zu entlarven, als wäre er falsches Bewusstsein, nur weil er in einem kontingenten Moment der Geschichte hervorgetreten ist.[213] So bedeutsam Genealogie in politischer und historischer Hinsicht sonst ist, für ästhetische Gerechtigkeit taugen ihre laxen Todesurteile weniger. Man kann europäische Musikgeschichte nicht am Werkbegriff vorbeischreiben oder ihn so marginalisieren, dass er im Hintergrund verschwindet. Er bliebe auch dann ein zentrales Paradigma, wenn man die Pluralität der Musikformen einmal versuchsweise in ein Verhältnis zu ihm setzen würde. Sicher, in Deutschland ist Musikgeschichte seit 1800 immer wieder als Monokultur mit nationalistischen und imperialistischen Aufladungen betrieben worden.[214] Aber so zwingend das Nein hierzu ist, es rechtfertigt keinen intellektuellen Schlussverkauf der Ästhetik. Opus ist kein chauvinistischer Wortprügel.

Auch so sind die Konflikte, an denen der Werkbegriff laboriert, nicht von schlechten Eltern. Einerseits ist er selbst ein historisches Phänomen, ob man ihn nun direkt mit dem Humanismus des 15. Jahrhunderts zusammenbringt[215] oder »erst« im frühen 19. Jahrhundert, im Kontext der sich etablierenden bürgerlichen Musikkultur, beginnen lässt.[216] Oder aber ihn grosso modo gleich dem »abendländischen Denken« von Zeit und Ewigkeit zuschlägt.[217] Andererseits lässt sich seine Geltung nicht durch Daten des empirischen Sprachgebrauchs fixieren. Manchmal ist das Wirkliche schon da, während das populäre Wort dafür noch fehlt. Was Spiel war, kann Werk werden. Höfisches Divertissement und kirchlicher Dienst fungieren in späterer Zeit oft als leuchtende Beispiele für ästhetische Autonomie. Für Bachs Solosonaten und die Konzerte galt das sogar von vornherein. Thomas Tallis schrieb seine 40-stimmige Motette *Spem in alium* zu einer Zeit (um 1570), als die liturgische Verwendung komplexer Polyphonie (nicht nur) in der reformierten anglikanischen Kirche ausgeschlossen war. Die korrekte Frage lautet nicht Werk oder Nichtwerk, sondern welcher Werkbegriff und welcher Übergang vom einen zum anderen Moment.

Nicht minder gilt es zu beachten: Was geschichtlich geworden ist, kann geschichtlich vergehen, es ist nicht von ewigem Wert und braucht das auch nicht zu sein. Ja, es bräuchte überhaupt nicht zu sein. Was am Werk wie eine Epiphanie aufgeht, ist zugleich eine unscheinbare Spur. Kunstwerke sind auch Produkte des Zufalls und in den Wind geschrieben. Das gilt zumal für die Kunst, die sich im Sinne von Adam von Fulda den Tod auf ihre Fahnen geschrieben hat (vgl. Anm. 3 des 7. Kapitels). Musik hat es mit dem Werkbegriff am schwersten, kollidiert doch ihr hinfälliger, transitorischer Vollzug unmittelbar mit den Ansprüchen von Dauer und Bestand.[218]

Und doch ist die vergänglichste der Künste immer wieder mit der Utopie belehnt worden, von der Zeit zu erlösen, der (Sehn-)Sucht nach Nichtvergehen Ausdruck zu verleihen. Das war von Beginn an, d.h. lange bevor von einem Opus in musicis überhaupt die Rede sein konnte, eine zweischneidige Sache. Bei Augustinus z.B. avanciert Musik zum höheren Hilfsmittel wie zum Konkurrenzunternehmen des Glaubens. Der »lockende Reiz« der Psalmengesänge erweist sich als so mächtig, dass der Kirchenvater tief unschlüssig bleibt, ob diese Klänge ihn seinem ewigen Gott näher bringen oder nicht vielmehr einer Welt bodenlosen Vergehens und Vergessens opfern.[219] Sehr viel später ist diese Figur zu der Vorstellung rationalisiert, dass das Werk, welches sich aus kontingenten und vergänglichen Materialien zusammensetzt, als Gehalt gegen die Historisierung *aller* Werte und Erfahrungen steht. Ständig stößt es Elemente des Festen und Beständigen ab und spannt doch oder gerade deshalb einen Horizont auf, an den keine geschichtliche Relativierung heranreicht. Von Adorno stammt das große Wort: »Der Einstand der Zeit als Bild des Endes von Vergängnis ist das Ideal von Musik, das ihrer Erfahrung und auch das musikalischer Unterweisung.« (*GS 15*: 187) Diese Worte enthalten kein Votum gegen die Zeit des Lebens, dafür einen Fingerzeig auf den Fluchtpunkt der musikalischen. Zeit ist für den erklärten Heideggerfeind so wenig die absolute Grenze der Musik wie die des Denkens.

Jedes Werk ist in einem bestimmten historischen Moment entstanden, aber keines kann in ihn zurückgestellt werden. Sein

Abstand zur Geschichte, sein Augenblickscharakter gegenüber Dynamik und Entwicklung bilden den Raum musikalischer Freiheit und durchmessen ihn. Nicht nur entsteht das Werk unter geschichtlichen Bedingungen, sondern mehr noch präsentiert es Geschichte in sich. Im einen Fall ist es ihr Produkt, im anderen übergreift es sie. Die Rede von der Freiheit der Kunst in der Geschichte mag vielfach ideologieanfällig sein, sie ist aber nicht schon darum ideologisch, weil ihre Weise geschichtlich zu sein über Entwicklungsgeschichte hinausgreift. Zur Ideologie wird sie dann und nur dann, wenn sie die eigene Labilität, ihr Affiziertsein vom historisch Negativen verleugnet oder verdeckt.

II.

Von den Musikwissenschaftlern, die sich im 20. Jahrhundert zum Werkbegriff geäußert haben, ist Carl Dahlhaus der wichtigste. Nicht, weil seine Texte vorbildlich konsistent und restlos zustimmungsfähig wären, sondern weil Dahlhaus, wo immer er das Verhältnis von Kunstwerk und Geschichte thematisiert, gegenüber dem eigenen Fach wie ein Philosoph auftritt, aber den Historiker hervorkehrt, sobald er es mit philosophischen und ästhetischen Theorien zu tun hat. Viele nennen ihn »konservativ«, weil er darauf beharrt, dass die Prinzipien von Werk und Autonomie mehr sind als Eigenschaften, die eine Musik hat oder nicht hat. Für Dahlhaus bilden sie die Basis eines Kunstbegriffs, der nicht wie ein Dokument unter anderen Dokumenten da ist, sondern eine Freiheit anvisiert, die aus historischen Zusammenhängen herausragt. Auf der einen Seite ist Dahlhaus ein empirischer Historiker, der bei spekulativen Themen mit Vorliebe wortkarg wird. Auf der anderen sind seine systematischen Intentionen so stark, dass er bei historischen Analysen nicht stehen bleiben kann. Die Aufmerksamkeit des Musikhistorikers gilt wesentlich dem, wie und wo Kunst, d. h. das einzelne Kunstwerk, geschichtliche Entwicklung transzendiert. Dieser Zwiespalt verleiht den Überlegungen von Dahlhaus zum Werkbegriff ein Gewicht, das durch Einwände, die man heute gegen sie erheben muss, nichts verliert.

Dahlhaus' Verständnis des Werkbegriffs ist tief geprägt von den geschichtlichen Tendenzen, die diese Kategorie zum Problem haben werden lassen: Wirkungsästhetik (*DGS 1*: 142–155), Ideologiekritik (*DGS 1*: 102–123), »Regietheater« (*DGS 2*: 460–466) und Aleatorik (*DGS 8*: 231–243). Ihnen allen setzt Dahlhaus eine Position entgegen, die teils schroff opponierend, teils leise skeptisch ausfällt. Er ist viel zu sehr Historiker, um jene Phänomene abzulehnen, aber er befürchtet, dass Zufallsmusik, Rezeptionsforschung und experimentelles Theater in der Oper eine gewachsene Kultur des Gedächtnisses empfindlich beeinträchtigen *könnten* (*DGS 8*: 218). In der Absicht, Traditionsbestände wie Hindernisse anzusehen, die man bloß wegzuräumen hätte, um Platz für das musikalisch Neue zu gewinnen, sieht Dahlhaus eine Regression der Avantgarde selbst. Für ihn ist der Werkbegriff »eine spät erworbene, gefährdete Kategorie« (*DGS 8*: 216), die sich mit der offiziellen Überbietungsdynamik des Kunstlebens nicht vereinbaren lässt. Dass dieser Begriff eine »ohnmächtige Idee« (*DGS 8*: 231) sei, mache seinen eigentlichen Rang aus, heißt es einmal fast christologisch. Man kann es auch anders sagen: Statt gesellschaftlichem Erfolg oder gar Triumph verleiht gerade das *Fehlen* »monumentalischer Historie« (Nietzsche) der Rede vom Opus ihr historisches und ästhetisches Gewicht.

Die Position von Dahlhaus gegenüber den erwähnten Tendenzen ist ein einziger bohrender Verweis auf den *prix du progrès*. Selbst Adornos Theorie des musikalischen Materials (*DGS 8*: 277–283) kann er sich nur in Gestalt einer »Problemgeschichte des Komponierens« aneignen. Historiographie individueller Werke, nicht »der Stand« der Technik und der Verfahren lautete sein Imperativ. Dass jene Innovationen auch Möglichkeiten sein könnten, den Werkbegriff *immanent* zu erweitern und z. B. seine mediale Fixierung auf die *Schrift* zu lockern oder aber, wie im Falle von John Cage, seine Bedingungen von außen, wie in einer experimentellen Laboranordnung, zu studieren, brachte Dahlhaus nur selten zur Sprache (*DGS 1*: 595 f.), auch wenn er natürlich darum wusste.

Bemerkenswert bleibt sein Plädoyer für die Schrift, oder genauer: für ein Verständnis von Musik als Text. Dahlhaus argumentiert weder medientheoretisch noch ontologisch, sondern strikt historisch. Seine Parteinahme für den musikalischen Text statt für den performativen Akt richtet sich nicht gegen »neue Technologien«, sondern gegen das Vergessen von Vergangenheit im Namen des Fortschritts respektive einer überbietungsdynamisch organisierten Wissenschaft, »in der ein Resultat weniger um seiner selbst willen zählt als wegen der Bedeutung, die es als Voraussetzung weiterer Schritte hat« (*DGS 8*: 217). Das ist ein plausibles kritisches Motiv. Es fragt sich nur, ob nötige Differenzierungen so nicht im Namen einer Großperspektive über Gebühr eingeschränkt werden. Der skripturale Akzent auf dem Werk als Text gegen eine Reihe von Dingen, die wir heute ausnahmslos unter »performativer Kultur« verbuchen würden, hat etwas von Streumunition an sich. Getroffen werden neuralgische Punkte, aber auch viel Verschiedenes auf einmal in Mitleidenschaft gezogen: der einmalige Vorgang des Konzerts; die dokumentierten Äußerungen der Rezeption; die Opernregie, die auf der Autonomie des Theaters gegenüber der Musik besteht; der Komponist, der seine Partitur in das Feld einer Operationsschrift verwandelt, welche den Spielern die Entscheidung darüber aufträgt, was sozusagen nicht bis zu Ende komponiert ist:

Modifikation klanglicher Ereignisse und Koordinierung des Zusammenspiels der Ausführenden. Stockhausens »Momentform«, lesen wir einmal, erscheine wie ein Widerruf der alten Objektivierung zum Werk: »Musik fällt zurück auf die Stufe, auf der sie nichts als ein Vorgang war.« (*DGS 8*: 219)[220]

Leicht liest sich das wie ein Amoklauf gegen Performativität per se.[221] Es ist aber viel eher eine Polemik gegen den lebensphilosophischen Dualismus, der die Aleatorik seit je wie ein Schatten begleitet hat: Er erklärt das Werk, das in der Schrift aufbewahrt ist, für abstrakt, verkopft und schematisch wiederholbar, Musizieren dagegen für sinnlich, vital und unwiederholbar, weil es sich der Fixierung durch Notation entzieht. Zu Recht kritisiert Dahlhaus eine Idealisierung schriftloser Vollzüge, die mit der »Geringschätzung der musikalischen Schrift und des Textcharakters« (*DGS 8*: 236) einhergeht. Ein Text wird Musik nicht schon dadurch, dass via Notation vorgeschrieben wird, wie sie realisiert werden soll, sondern erst durch eine Schrift, »welche die Strukturen des Werkes darstellt« (*DGS 8*: 236), d. h. repräsentiert. Notation gibt der europäischen Musik gleichsam die Möglichkeit, aus der vergehenden Zeit zu springen, die Zukunft einer Melodielinie oder Harmoniefolge planbar zu machen und von dieser Zukunft her auf die Gegenwart zurückzukommen. Ohne solche Rückläufigkeit wären nicht allein Krebsgänge bei Bach, die Reprise im Sonatenhauptsatz oder Leitmotive bei Wagner undenkbar gewesen, sondern es gäbe nicht einmal in Ansätzen, was wir Komposition, komplexe Form, eben Werk nennen. Wenn schon Kritik, so *scheint* Dahlhaus zu sagen, dann eine, die sich Klarheit darüber zu verschaffen weiß, wie tief die Grundlagen *der* Schrift reichen, welche korrigiert oder ersetzt werden soll. Ignoranz ist unverzeihlich, sonst gerät der Fortschritt zum Pyrrhussieg. Den Pferdefuß dieses Gedankengangs sehen wir uns gleich noch an.

III.

Die Geringschätzung der Schrift ist kein Tick postserieller Komponisten, sondern eher für Laien charakteristisch, die auf den Klang als Ereignis fokussiert sind, aber schwarze Zeichen auf weißem Papier bestenfalls gelangweilt zur Kenntnis nehmen. Für sie ist Musik ein Vollzugsgeschehen, in das Hörer hineingezogen oder hineingerissen werden, kein Objekt, das einem kritischen Bewusstsein standhält. Interessant wird diese Position, wenn sie in einem philosophischen Zusammenhang auftritt. Das ist bei Roman Ingarden der Fall.[222] Seine Überlegungen sind aufschlussreich, gerade weil sie sich um Geschichte nicht scheren, sondern in einem traditionellen Sinn ontologisch operieren.[223] Erstens bricht Ingarden mit der Vorstellung vom musikalischen Werk als einem in sich geschlossenen Gebilde. Das Werk ist kein Monolith, sondern eine Pluralität von Darstellungsformen, kein finales Objekt, sondern ein aus verschiedenen Elementen zusammengesetzter Komplex. Zweitens reproduziert der Phänomenologe gegenüber der Notation den besagten lebensphilosophischen Dualismus. Das macht die Begründung seiner ersten These unklar, setzt den Gedanken aber nicht außer Kraft.

Ingarden nennt die Notenschrift ein »System [...] *imperativistischer Symbole*« (*RI*: 25), die als Anweisung auf eine Aufführung zu verstehen sind: »Man kann die Partitur [...] als ein System von stenographisch und implicite angegebenen Vorschriften auffassen, die bestimmen, wie man zu verfahren hat, um das betreffende Werk auszuführen.« (*RI*: 26) Ingarden fügt dem aber ein zweites Moment an: »Die Partitur ist andererseits ein Mittel, den Willen des Künstlers zum Ausdruck zu bringen, wie das durch ihn geschaffene Werk gestaltet werden soll.« (*RI*: 26) Der Sprung ist nicht zu übersehen: Das erste Moment definiert die Schrift als Funktion eines empirischen Geschehens, das zweite mutet ihr eine normative Identität zu, die ein Urteil darüber ermöglicht, ob eine Interpretation richtig oder falsch ist. Wie Ingarden zu der Überzeugung gelangt, beide Annahmen ließen sich miteinander vereinbaren, bleibt ein Rätsel. Keine Partitur, die vom Werk »gänzlich verschieden« ist (*RI*: 27), kann einen normativen Beitrag zu dessen Identitätsbildung leisten. Noch weniger vermag eine Aktionsschrift, die allein dem präzisen Timing klanglicher Ereignisse dient, die Integrität eines Textes zu garantieren, der für unendlich viele Interpretationen offen sein soll. Ingarden schiebt den Widerspruch mit der Behauptung beiseite, wir würden das Werk »im direkten Hören einer seiner Ausführungen [erfassen], ohne die Partitur überhaupt zu kennen oder sie kennenlernen zu müssen« (*RI*: 27). Aber da könnte man auch gleich sagen: Notenlesen ist keine allgemeine Kulturtechnik, sondern eine Spezialität für Schriftgelehrte. Ingarden übersieht die Pointe, die Dahlhaus so hochhält: den Textcharakter des Werks in toto, die Schrift als Grundbedingung des Artefakts. Er versteht nicht, dass sein Faible für die unwiederholbare Zeitspanne des Konzerts ohne Schrift und Papier keine Grundlage hätte, weil gar keine Werke da wären, an denen sich sein Enthusiasmus entzünden könnte.

Es ist nicht abwegig, die Partitur als Schema mit »Leerstellen« (*RI*: 118) bzw. »Unbestimmtheitsrelationen« (*RI*: 101) zu betrachten.[224] Nur wäre diese Unbestimmtheit dann auch als ein Spielraum auszuweisen, der von Werk ausgeht und nicht erst mit dem Vollzug eines Interpreten ins Spiel kommt. Warum sollte das große Wort des Sokrates über das »ehrwürdige Schweigen«, das die Bilder und Texte umgibt (Platon: *Phaidros* 275d), für die Musik nicht gelten? Ingarden fasst die Leerstellen der Partitur wie negative Eigenschaften, wie eine Ansammlung von Mängeln und Lücken auf, »die erst in den einzelnen Ausführungen beseitigt« (*RI*: 101) bzw. »ausgefüllt« (*RI*: 118) werden können. Andere Vorschriften seien dagegen unmissverständlich festgelegt. Der Autor denkt hier wohl an das gängige Vorurteil, in der Partitur seien Tonhöhen, Akkorde und rhythmische Dauern präzise bezeichnet, Dynamik, Klangfarbe und »Ausdruck« aber unpräzise. Ironischerweise ist gerade das eine unpräzise Redensart: »Genaues« und »Ungenaues« durchdringen sich in der Partitur notwendigerweise gegenseitig, wenn denn das Werk in der Interpretation als Ganzes auf dem Spiel steht. Eine exakte Interpretation existiert so wenig wie ein Einhorn, auch wenn Nelson Goodman das nicht weiß.[225] Es mag genügen, darauf hinzuweisen, dass die Frage, wie z.B. ein Pianist mit der Differenz der Akzenttypen *sf* (sforzato) und *fp* (fortepiano) bei Beethoven umgehen soll, vor Ort oft genug unlösbar ist und sich erst im Kontext des ganzen Werks oder Satzes halbwegs stimmig beantworten lässt – und auch das nur bezogen auf eine interpretative Situation und nicht generell.[226]

Diesem Defizit zum Trotz ist nicht zu leugnen, dass durch Ingarden etwas Neues ins Spiel kommt: *Der Werkbegriff gerät in Bewegung und wird als eine zusammengesetzte Größe thematisch.* Über der steif-trockenen Deskription seiner Bestandteile verflüchtigt sich das populäre Erbe des 19. Jahrhunderts: die Vorstellung vom Opus als einem Monument, das über den Köpfen der Menschen thront. Verloren geht auch die Selbstverständlichkeit, mit der das Fach Musikwissenschaft über ein Jahrhundert lang glaubte, das Werk mit der Partitur identifizieren zu können. Dabei fragt unser Phänomenologe ganz brav: Wo ist das Werk? Zeigt es sich in der Partitur, in den Aufführungen, den subjektiven Gefühlen und Gedanken von Komponist oder Hörer? Ist es in den vielen klanglichen Erscheinungen da oder in der einen skripturalen Fixierung? Ist es real, materiell oder fiktiv, ein seelischer Raum, ein empirisches Ding oder etwas vollkommen Imaginäres? Gibt es die Siebente von Beethoven oder nur unendlich viele Interpretationen von ihr?

Als Erstes unterscheidet Ingarden zwischen dem »realen« und dem »ästhetischen Objekt«. Das reale Objekt ist die Aufführung des Werks, das ästhetische dessen Konstitution in der subjektiven Erfahrung. Jenes meint einen kausal bedingten empirischen Vorgang, dieses die hermeneutische Aneignung des Werks durch seine Hörer. Ingarden spricht nicht unbedingt die Sprache der Hermeneutik, aber er lässt keinen Zweifel daran, dass wir es hier mit dem Verstehen einer Sache zu tun haben, das sich nicht im privaten Einsatz von Gefühlen erschöpft. Gefühle werden von ihm aber nicht wegdefiniert, im Gegenteil. Ingarden möchte affektive Erlebnisse ontologisch integrieren. Sie sind nicht selbst das Werk, aber ohne sie macht die Rede vom Werk keinen Sinn. Unser Gestimmtsein beim Hören ist keine Projektion, wir reagieren auf ein spezifisches Geschehen in der Musik. Aber auch wenn Klang und Gefühl nicht dasselbe sind, sondern sich »nur« analog zueinander verhalten (*RI*: 74), gilt, »dass das Werk selbst mindestens [!] die Grundart der emotionalen Qualitäten vorschreibt, in denen es zur Erscheinung gelangen soll« (*RI*: 75). Dem subjektiven Zugriff auf die Musik kommt eine pathische Kraft entgegen oder zuvor. Indem die Bewusstseinsleistungen des Subjekts die innere Zeitform des Kunstwerks erschließen, werden sie selbst zu deren dynamisierendem Element.

Entsprechend lässt sich die These vom musikalischen Werk als »intentionalem Objekt« verstehen. Mit ihr versucht Ingarden eine subjektive wie auch eine objektive Lösung des Problems zugunsten einer »dritten«, beide Pole übergreifenden Struktur (*RI*: 104, 101) zu vermeiden. Gegenüber dem Werk können wir uns intentional verhalten, weil es selbst intentional verfasst ist *und* seine Intentionalität der unsrigen *vorausliegt*. Das bedeutet zweierlei: Zum einen ist das Musikwerk ein Gegenstand, den wir nicht reell, aber durch unsere kognitive und emotionale Aktivität mit hervorbringen. Zum anderen ist von Anfang an eine Perspektive im Spiel, die allem subjektiven Tun und Leiden »*transzendent* ist« (*RI*: 105). Wie beide Seiten konkret ineinandergreifen, ist die Frage. Das Verhältnis zwischen dem Kunstwerk als einer Weise des intentionalen Objekts, »vor« dem Subjekt da zu sein (*RI*: 105), und der Tätigkeit eben dieses Subjekts als eines rezipierenden Ichs bleibt bei Ingarden in der Schwebe.[227]

Das musikalische Werk ist kein idealer Gegenstand, weil es in einer bestimmten Zeit von bestimmten Menschen aus bestimmten Gründen produziert wurde. Ebenso wenig kann es ein zeitlicher Gegenstand sein, ändert doch die Tatsache seiner Genese nicht das Geringste an der Autonomie seiner inneren Zeitform. Ingarden empfindet das, Dahlhaus gar nicht unähnlich, als ein tief paradoxes Phänomen: Ein musikalisches Opus entsteht historisch, aber die so entstandene Zeitform lässt es als »überzeitlich« erscheinen, als etwas, das an keinem Ort der Geschichte ganz da, ganz zuhause sein kann (*RI*: 40). Die Möglichkeit, diese Form sinnvoll als Ausdruck historischen Zeitbewusstseins zu entziffern, zieht Ingarden erstaunlicherweise nicht in Betracht. Die Geschichte selbst fällt bei ihm *fast* flach (*RI*: 47–49).

Die Autonomie der inneren Zeit signalisiert die *systematische, aber nicht aktuale* Unabhängigkeit des Werks von seiner Darbietung. Die Darbietung begründet nicht das Werk. Aber sie macht es auf bestimmte Weise wirklich, verifiziert sein Potenzial.[228] Genauer gesagt: Sie verantwortet sich vor der Partitur, die Partitur beweist sich in ihr. Als Text stellt ein Werk eine unendliche Aufgabe dar, es ist niemals fertig oder vollends präsent. Aber dieser Primat des Möglichen vor dem Wirklichen in ihm definiert Letzteres nicht als Mangel, sondern gibt es normativ frei. Jede Wertung, die sich auf ein Wirkliches, d.h. auf eine Performance, bezieht (»zu laut«, »zu leise«, »zu schnell«), setzt ein Vorverständnis des Werks als eines Identischen in jenem Primat voraus.[229]

An dieser Stelle wird die Partitur für Ingarden nun doch bedeutsamer, als es angesichts seines Ausflugs in die Lebensphilosophie zunächst schien. Sie, die eben noch tote Schrift war, welche zum sinnlichen Leben erweckt werden musste, erscheint jetzt als Garant dafür, dass die Identität des komponierten Werks bei aller Vielfalt seiner Darbietungen gewahrt bleibt (*RI*: 26): »Fehlte die Partitur – wie es vor der Erfindung der Notenschrift sein musste –, dann haben wir es bei immer neuen Ausführungen des Werkes bloß mit einem historischen Prozess zu tun, in welchem trotz der Erhaltung einer gewissen Tradition es doch einmal zum Bruch, also zur Ausführung eines *anderen* Werkes, als dies ursprünglich der Fall war, kommen kann. Wir verfügen dann aber nicht über die Mittel, mit deren Hilfe man die Identität des Werkes oder den Bruch in der Identität erweisen könnte.« (*RI*: 135) Das musikalische Werk bewahrt seine Identität synchron auf zwei Ebenen: im Spielraum unendlicher Möglichkeiten des Interpretierens und im Ausschluss bestimmter, eben falscher Interpretationen (*RI*: 126).

Gegen Ende setzt Ingarden überraschenderweise dazu an, seine phänomenologische Reflexion an Formen kultureller Selbstverständigung anzuschließen (*RI*: 134). Er bleibt dabei ziemlich allgemein und ketzert nicht allzu offen gegen seine Ontologie. Aber er spürt, dass die These der »Leerstellen« in der Partitur nicht ausreicht, um die historische Entwicklung musikalischer Interpretationen verständlich zu machen. Auch ist die Identität in der Potenzialität der Partitur am Ende dem Typ des idealen Gegenstands näher, als es Ingarden lieb sein kann.

Vielleicht am wichtigsten bleibt dies: Was die Identität des Werks ist, lässt sich nur negativ sagen. Es ist nicht die Partitur, nicht die Aufführung, nicht die künstlerische Interpretation (die Ingarden ohnehin fast übergeht), nicht das Reden darüber, nicht die subjektiven Erlebnisse. Und doch sind all diese Momente dem Werk zugeordnet und gehören ihm an. Es spannt sie zusammen, integriert sie. Aber wie? Der Phänomenologe kommt bis zur Negation der einzelnen Darstellungs- und Existenzformen. Worin ihr innerer Zusammenhang besteht, kann er nicht mehr sagen. Aber seine Einsicht, dass das Werk in den *Verhältnissen* dieser verschiedenen Momente zu suchen ist, hat es in sich. Denn was geschieht mit einem Werkbegriff, der aus plural aufgefächerten Perspektiven besteht, dem etwas so immens Kontingentes wie ein emotionales Erleben zugeschrieben wird und der den Unterschied zwischen dem, was fest ist, und dem, was sich verändert, so unspektakulär wie entschieden relativiert?[230] Ingardens angestrengt akademisierende Sprache verdeckt die instabile Gesamtsituation, die aus seinen eigenen Überlegungen folgt: So fest steht das Werk auf seinen vielen Füßen gar nicht, es droht viel eher zu kippen.

IV.

Im Gegensatz zu Ingarden, dem Ontologen, konzipiert der Musikhistoriker Dahlhaus den Begriff des Kunstwerks so, dass er tendenziell mit dem Diskurs von Kunst überhaupt, seiner Methode, seiner analytischen und hermeneutischen Kategorien zusammenfällt.[231] Wer über Musik aus der Perspektive des musikalischen Werks spricht, hat damit je schon Grenzen gezogen und Entscheidungen getroffen, die ästhetische wie historische Analyse und Theorie voraussetzen. Wer Werk sagt, organisiert auf bestimmte Weise Bedeutungen, die andere Formen der Bedeutungsorganisation ausschließen oder zumindest begrenzen. Statt von Nachahmung oder Widerspiegelung realer Dinge etwa ist von autonomer Formkonstruktion die Rede. Gegenstand sind weniger semantische Einzelbezüge zwischen Musik und Außenwelt als soziale Strukturen im Zeichen musikalischer Eigenlogik. Maßstab ist kein intertextuelles Verweisungsspiel, sondern eine besondere musikalische Formensprache. In diesem Sinn ging es Dahlhaus nicht so sehr um die Sicherung stabiler Werte der »klassischen« Musik als um ein komplexes Gefüge von Kategorien, das es erlaubt, angemessene Aussagen über Kunstwerke *im Ganzen* zu treffen und sie rational zur Diskussion zu stellen.

Aber hier wird es schwierig. Für Dahlhaus ist erst das Werk da und dann das, was wir mit ihm machen. Auch wenn es diversen geschichtlichen Bedingungen und Voraussetzungen unterliegt. Ein solcher Vorrang stellt Ansprüche. Er verlangt oder erwartet etwas von uns, dem wir entsprechen müssen. Das heißt für Dahlhaus nicht, auf Wissenschaft zu verzichten, aber sie in den Dienst des Werkes zu stellen. Dessen Vorrang ist das eine, die historische Reflexion der Kategorien und Verfahren das andere.

Allein, dabei übersprang Dahlhaus ein Problem, wie u. a. seine Weigerung zeigt, Rezeption und Performativität *theoretisch* ernst zu nehmen. Seine Behauptung, der Rezeptionsästhetik ginge es darum, »die Kategorie des Werkes – des ›festen Buchstabens‹ – in bloße Interpretationsgeschichte aufzulösen« (*DGS 2*: 461), ist *auch* die Folge eines eigenen begrifflichen Defizits. Das Gespenst totaler Beliebigkeit, das er immer an die Wand malte, wenn er sozusagen nicht mehr weiterwusste, entstand erst durch seine »vorkritische« Annahme, es gebe ein Werk jenseits von Interpretationen, das Bollwerk der Sache selbst gegen eine kriterienlose Unendlichkeit empirischer kommunikativer Standpunkte. Dahlhaus übersah, dass der Streit um Werk und Interpretation selbst *nur* in einer weiteren interpretatorischen Perspektive thematisiert und ausgetragen werden kann. Dass das Werk allen Interpretationen vorausliegt, ist eine unverzichtbare Idee, die unser hermeneutisches Tun trägt und inspiriert, aber es ist keine Position, die wir im hermeneutischen Streit selbst *unmittelbar* einnehmen könnten. Sogar Adorno fehlte, auch wenn er gerne anders tat, ein Zugang zum »Urbild« seiner Werke, der es ihm gestattet hätte, frei von den Mühen der hermeneutischen Tiefebene zu »sehen«, welche Abbilder wahr und welche falsch seien. Dass Rezeptionsästhetik blind die Auflösung des Werkbegriffs betreibe, ist ein fachpolitisches Dekret und keine theoretische Einsicht.

Besonders lehrreich ist das Verhältnis von Dahlhaus zum »Regietheater«.[232] Er hat zu seiner Zeit, das darf man nicht übersehen, Wagnerinszenierungen von Wieland Wagner und Patrice Chéreau und auch Arbeiten Peter Zadeks betont »aufgeschlossen« gegen Gralshüter aller Art verteidigt. Aber er tat dies um den Preis, dass er der Theatralität des Musikdramas den Werkcharakter absprach. Inszenierungen müssen einem Werk gegenüber nicht »treu« sein, weil sie diesem, recht verstanden, gar nicht angehören. Denn das Werk ist im Notat von Text und Ton erhalten, d.h., *Werk ist Schrift.* Als Schrift kommt ihm relative Zeitinvarianz zu. Theatrales Spiel ist dafür zu unstet, kurzlebig und von Zufallsfaktoren abhängig. Die radikale Präsenz einer Inszenierung erscheint als höhere wirkungsgeschichtliche Zutat, die in den »Urtext« nicht eingreift. Aber ist es nicht absurd, eine Oper in Werk und Nichtwerk zu tranchieren und just das Ereignis, das uns das Werk erst gegenwärtig macht, diesem nicht zuzurechnen? Die Überzeugung, dass die Substanz der Oper aus Text und Musik besteht und das Theater lediglich empirisch dazutritt, ist im Fach Musikwissenschaft immer noch ein weitverbreiteter, mächtiger Widersinn.

Ähnlich ließe sich Dahlhaus' Kritik der Aleatorik analysieren und auch die der Musiksoziologie. Seine unhinterfragte Parteinahme für musikalisches Denken im Ausgang von der Schrift hat ihn daran gehindert, die Bedeutung der Mediengeschichte und damit die der menschlichen Wahrnehmung, aber z.B. auch den Stellenwert des Klangs in der Komposition zu erkennen.

Ein pluri- oder intermedialer Werkbegriff lag ebenso außerhalb seines Koordinatensystems wie die Musik anderer Länder und Kulturen.

Das war bei Ingarden nicht anders. Aber es bringt wenig, den Finger auf Schwächen zu richten, die sich nicht aus Stärken ableiten lassen. Viel relevanter ist, dass der Philosoph zeigt, aus welch heterogenen Momenten sich der Werkbegriff zusammensetzt. An ihm gemessen ist Oscar Bies Wort über die Oper als das »unmögliche Kunstwerk« noch zu harmlos gedacht. Denn das Unmögliche liegt bereits in der Konstruktion des Werks als solchem, in dessen Anspruch, differente Bereiche zusammenzufassen *und* in ein unauflösliches Verhältnis zu setzen. Natürlich hat Ingarden so nicht formuliert. Aber er hat gesehen, dass hier ein Problem liegt und dass die extremen Meinungen es sich zu leicht machen: die, die nach wie vor auf das Werk als Monolith setzen und von abendländischen Werten träumen, wie auch jene, welche lieber Mensch, Machen und Praxis im Munde führen als Werk, Form und rationale Theorie. Vor dem Hintergrund der Medienhistorie gewinnt sogar Ingardens Dilettantismus in Sachen Klang und Schrift ein Recht, das ihm Dahlhaus mit seiner theoretischen Reduktion alles Performativen nie eingeräumt hätte. Als ob der Dilettant direkter als der Experte spüren könnte, dass an die Stelle des klassischen Schriftmonopols längst akustische Technologien getreten sind. Wie auch immer, es gilt, den Werkdiskurs in der Musik neu zu konzipieren, kultur- und medienhistorisch zu erweitern, und vor allem das ideologische Korsett zu lockern, das er schon so lange tragen muss.

9. Kunstreligion auf Amerikanisch: Bob Dylan

I.

Den Begriff der Kunstreligion auf den Amerikaner Bob Dylan anzuwenden erscheint gleich doppelt fragwürdig.[233] Erstens steht nicht fest, ob Kunstreligion überhaupt einen relevanten Erfahrungsgehalt unserer Gegenwart bezeichnet und es sich um mehr handelt als um eine historische Redeweise, die ihre Zeit gehabt hat. Dass in den letzten Jahren eine verstärkte akademische, vor allem literaturwissenschaftliche Beschäftigung mit diesem Thema zu beobachten ist[234], belegt bei allem Respekt noch keine soziale oder zeitdiagnostische Kapazität.[235] Es wäre wenig sinnvoll, Dylans »Gospelphase« oder seine »Never Ending Tour« (NET)[236] etwa mit den Kategorien Friedrich Schleiermachers zu erklären[237] oder kunstreligiöse Vorstellungen des späten 19. Jahrhunderts auf eine Musik zu übertragen, die in einem radikal anderen kulturellen Raum entstanden ist und gehört wird als z. B. der *Parsifal*.

Zweitens ist Kunstreligion eine moderne europäische Kategorie und insofern ein Effekt der Säkularisierung wie der funktionalen Differenzierung. Erst im Zeichen eines nicht mehr religiös definierten Staates und zweier voneinander unabhängiger Teilsysteme namens Kunst *und* Religion gibt es Kunstreligion. Kunstreligion entsteht im Geist ästhetischer Autonomie, den sie in Richtung eines wie immer gearteten »Heiligen« übersteigt und später auch ideologisch überhöht. Zunächst meint »heilig«

aber weniger einen bestimmten Inhalt als den Kern artistischer Gestaltung. Erst gegen Ende des 19. Jahrhunderts ist der Freiheitsstolz dieser emphatischen Lehre so ausgeprägt, dass er ein schwächelndes institutionelles Christentum teilweise oder ganz beerben zu können glaubt, gewissermaßen als die bessere oder avanciertere Form der Religion.[238]

Musikgeschichtlich bildet Kunstreligion einen expliziten Gegensatz zu religiöser oder gar geistlicher Musik. Religiös in ihrem Sinn ist allein Kunst als autonomes Gebilde, kein konkretes, womöglich der Kirche dienendes Genre.[239] *Insofern bleibt Kunstreligion Kunst und wird gerade keine Religion.* Alle Rede vom »Göttlichen« der Werke, die Stilisierung des Künstlers zum »Heiland«, der gehobene Umgangston in ästhetischen Gegenkirchen (Bayreuth, Georgekreis) stoßen an ihre natürlichen Grenzen. Eine »Erlösung« durch Musik bleibt, auch wo sie mehr ist als »Erholung«, begrenzt, und noch der verblendetste Wagnerianer wusste genau, dass der angebetete Hausherr von Wahnfried kein Heiliger, geschweige denn ein Gott war – wie ja auch ein Kind immer weiß, dass sein Teddybär aus Stoff ist. Starkult unter Fans stiftet ohnehin keine religiöse Orientierung, die ihren Namen verdient.[240]

Wie aber soll sich eine so labile europäische Diskursformation auf Lieder aus der »Neuen Welt« übertragen lassen? In »god's own country« kann von Kunstreligion, so scheint es, keine Rede sein. Amerika kennt eine in sich vielfältige musikalische Popularkultur, gegenüber der Europa in gewisser Weise arm ist, aber diese Kultur hat sich nicht als autonomes Feld in Opposition zu den religiösen Formen des Landes entwickelt. Viel zu sehr ist sie mit lebensweltlichen Vorstellungen und Praktiken verklammert, als dass sie einen emphatisch solitären Kunstanspruch je hätte ausbilden können. Es gibt in den USA religiöse Kunst, aber keine Kunstreligion.

Neuerdings trifft man bei Religionssoziologen häufiger auf die These, die USA stünden für ein Paradigma von Modernisierung, das im Unterschied zu Europa Säkularisierung nicht kennt.[241] Das ist ein wenig eindimensional gedacht und auch nur nachvollziehbar vor dem Hintergrund einer *zu* schroffen Abkehr von der ihrerseits eindimensionalen Vorstellung der Säkularisierung als linearem Prozess, der Religion je schon als rückständiges Denken, als historisches Überbleibsel aus unmündiger Menschheitszeit festschreibt. Aber als Spitze gegen beschränkte Formen der Aufklärung taugt solche Retourkutsche allemal. So verständlich der Protest vieler Dylanfans gegen den Übertritt ihres Idols in eine christliche Sekte aus Kalifornien 1979/80 war, so widersinnig wurde er, als er vor Dylans Musik und ihrem Widerspiel mit den Lyrics die Ohren verschloss.

Die Frage ist zudem: Könnte sich Religion in den USA derart pluralisieren und sich mit einer solchen Vielfalt sozialer Ausdrucksformen – nicht zuletzt mit Musik – verbinden, wenn diese Gesellschaft nicht spezifisch säkularisiert wäre?[242] Die europäische Fixierung auf den religiösen Fundamentalismus in den Staaten und seinen verhängnisvollen Einfluss auf die Politik verstellt leicht den Sinn für die gut weltlichen Freiheitsräume dort. Hätte solche Säkularisierung »von unten«, die ja eine strikte Trennung von Kirche und Staat voraussetzt, keine tragfähige kollektive Basis, müsste eine religiöse Rezeption von Dylans Musik eher der Normalfall sein und die Vorstellung ein Sakrileg, das im Namen künstlerischer Autonomie infrage zu stellen. Aber die Dinge liegen anders. Der Protest der Fans gegen die Konversion betraf seinerzeit keine kleine Minderheit, sondern große Teile von Dylans liberaler Anhängerschaft. Sie wandten sich von ihrem Halbgott ab, weil sie glaubten, *er* wolle seine Musik ab sofort als unhinterfragbar religiös verstanden wissen.

Meine These ist: Bei Bob Dylan treffen beide Modelle zusammen: die religiöse Musik und die Kunstreligion qua Autonomie, eine liberale, selbstbestimmte Orientierung an »Gott« und künstlerischer Eigensinn im Zeichen von Blues, Folk, Rock und Gospel.[243] Damit hängt zusammen, dass Dylans Wendung zum christlichen Fundamentalismus religiös scheitert, aber ästhetisch triumphiert. Mit dem, was Kunstreligion im 19. Jahrhundert einmal war, hat das wenig zu tun. Gleichwohl kommt hier ein Freiheitsanspruch ins Spiel, der sich aus religiösen Glaubensvorstellungen nicht ableiten lässt, aber in manchen Momenten auch europäisch inspiriert sein dürfte. Dylan ist ein exemplarischer Gegenstand für den schwierigen Dialog zwischen Amerika und Europa.

Im Folgenden versuche ich anhand von zwei unterschiedlichen performativen Konzepten Dylans zu zeigen, wie sich das Verhältnis von religiöser Kunst und Kunstreligion bei ihm darstellt: erstens in den Gospelkonzerten 1979/80 (II.) und zweitens in der »Never Ending Tour« nach 2002 (III. und IV.). Es geht nicht darum, das biblische Vokabular der Songlyrik, den alttestamentarischen Code ihrer Figuren und ihr apokalyptisches Geschichtsbild erneut auszubreiten.[244] Die leitende Fragestellung entscheidet sich überhaupt weniger daran, wie weit eine bestimmte semantische Topografie künstlerisch trägt, als vielmehr dort, wo die Faszination Dylans ihren Ursprung hat: in der Musik, im Gesang, im performativen Akt. Textmotive wie Sünde, Gericht und Erlösung spielen in den Ereignischarakter der Songs vielfältig hinein, gleichwohl stellt dieser mehr und anderes dar als sie. Ausgerechnet das Erzählerkind von *Hard Rain* rührt an diese Stelle, wenn es sinngemäß sagt: Der schwere Regen mag kommen und die Welt vernichten, ich weiß, was ich singe.[245] Was ja letztlich bedeutet: die autonome Kunst *gegen* die Apokalypse und insofern gegen die Religion.

II.

Ähnlich wie bei dem berühmten Judasschrei von Manchester 1966[246] gilt auch für die Proteste gegen Dylans Gospelpassion und seinen Übertritt zu den Born Again Christians 1979/80: Fans wie Kritiker haben versagt. Sie nahmen das genuin Neue dieser Musik nicht wahr, sondern stürzten sich wie wild auf die Ideologie der Texte. Aber das Ganze ist komplizierter als Manchester: von Dylan her, weil er in den Gospelkonzerten sein Darstellungsspiel so sehr auf die Spitze trieb, dass die Zuhörer glaubten, er habe mit seinen »Masken« auch alle kulturelle Scham abgelegt und meine buchstäblich, was er sage, wenn er Feuer und Schwefel predige; vom Publikum her, weil es den damit einhergehenden intellektuellen und ästhetischen Verwirrungen noch weniger gewachsen war als die Folkies zur Zeit des Marsches in den elektrischen Rock.

Prima vista überlagert der religiöse Furor den künstlerischen Anspruch. So finden in den Konzerten Predigten statt, deren unvermittelt eschatologischer Ton auch die treuesten Anhänger schockiert und den Sänger als jemanden zeigt, der das Gefühl für die eigenen Grenzen verloren hat. Sodann wechselt Dylan von einer vergleichsweise komplexen poetischen Sprache zu simpler religiöser Gebrauchslyrik, einer *arte povera* im Zeichen des Glaubens über. Schließlich ist seine Distanz zur eigenen Vergangenheit in dieser Zeit so massiv, dass er ein ganzes Jahr lang keines seiner früheren Lieder ins Live-Programm nimmt.

Paradoxerweise kehrt die gewaltsame Einheit der Systeme in der Darbietung umso stärker ihren Unterschied hervor: Das religiöse System läuft in sich leer, bleibt bloßer ideologischer Kraftakt, während das künstlerische System einen Zenit erreicht unbeschadet dessen, dass ein Großteil der Fans ausbleibt. Von Bekehrungen dank oder durch Dylan hat man nie irgendetwas gehört. Sofern die wiedergeborenen Christen damals Anhänger gewannen, entsprach das einem Trend des »awakening« im Lande, der von den Auftritten des Stars nicht abhing. Ihn hat Dylan fraglos getroffen, sein Multiplikator aber war er nicht.

Musikalisch stellen die Gospelkonzerte fast alles in den Schatten, was seit 1966 von Dylan live zu hören war. Wie ein neues Koordinatensystem ist ihnen zu eigen, worum sich die Touren der 1970er Jahre bemühten, ohne ihr Ziel je zu erreichen: eine Balance zwischen Spannung und Geschlossenheit, stilistischer Vielfalt und formaler Konzentration, einem experimentellen Aktualismus des Musizierens, in dem alles aufs Spiel gesetzt wird, und einem durchdachten Konzept des Ganzen, aus dem auch die spontanste Improvisation nicht herausfällt. Der Kreuzzug mag noch so abstoßend sein, er führt eine Kunstexplosion mit sich.

Konflikte dieser Art waren bei Fans und Kritikern nicht vorgesehen. Von Beginn an war man auf den einen Pol fixiert und tat so, als ob es den anderen nicht gäbe. Man echauffierte sich über die Texte, über ihre Militanz und ihre (vermeintliche oder wirkliche) Nähe zur religiösen Rechten. Weder aber wurden, von ganz wenigen Ausnahmen abgesehen, musikalische und sängerische Sachverhalte beschrieben, noch fand irgend der Zusammenhang von poetischer und performativer Struktur zur Sprache. Dass es zur Regel wurde, aus der Konversion des Künstlers die Identität seiner Kunst abzuleiten, erwies sich als hermeneutisches Fiasko. Führte es doch mittelfristig dazu, die Gospelphase als solche zu isolieren und aus Dylans musikalischer Geschichte herauszunehmen. Bis in unsere Tage wird sie (zumal in Mitteleuropa) als Fehltritt außer der Reihe abgetan. Die Frage, wieso der Einbruch religiöser Emphase mit einer enormen Entfaltung musikalischer respektive stimmlicher Kreativität einhergehen konnte, wenn er im Kern so »reaktionär« war, wie man meinte, blieb nicht nur unbeantwortet, sondern überhaupt ungestellt. Selbst die, die sich positiv über die Konzerte äußerten, konnten und wollten ihre Erfahrung nicht mit Dylans religiösem Engagement in Verbindung bringen: »›Großartige Gospelmusik, aber armer Dylan‹«, gab einer vielsagend zu Protokoll: »›Seine religiösen Überzeugungen sind seine Sache und gehen mich nichts an, *aber warum muß er darüber singen?*‹«[247]

Mitten im religiösen Fundamentalismus indes haust ein Impuls der Verweigerung, der eine Dynamik in das Ganze hineinbringt, die das Ideologische der Texte verschiebt und korrigiert. Dylans Wendung zur Gospelmusik ist eben nicht nur religiös codiert und determiniert, sondern hat wesentlich künstlerische Gründe. Weniger sogar ist das Kunstmoment vom Religiösen abzuleiten als vielmehr das Religiöse vom Kunstmoment her zu verstehen.

Dylan brauchte den religiösen Furor als zentrale Inspirationsquelle für das, was ihm musikalisch vorschwebte und was wohl auch eine Zäsur zu gewissen Kompromissen der 1970er Jahre setzen sollte. Die Siebziger sind für ihn ein Höhepunkt an öffentlichem Erfolg und Ansehen. Noch mehr als in den Sixties ist er ein gefeierter Repräsentant der Massenkultur, ein Weltstar. Das hat auch den Effekt, dass seine Innovationen in dieser Zeit, so interessant sie sind, keinen Riss, keine »Identitätsprobleme« ins Publikum hineintragen. Entweder werden sie enthusiastisch begrüßt (die 74er Comeback-Tournee, die Alben *Blood On The Tracks* und *Desire*, die »Rolling Thunder Revue«) oder komplett ignoriert (der Film *Renaldo and Clara*) oder aber mit gemischten Gefühlen zur Kenntnis genommen (die 78er Tournee, das Album *Street Legal*). Nichts von alledem enthält ein Problempotenzial in sich, welches das Selbstgefühl der Fans bzw. den »Mythos Dylan« erschüttern könnte. Von der dramatischen Dynamik des Jahrzehnts zuvor ist nur wenig übrig geblieben. Die Spannung zwischen Folk- und Rockmusik, die die Tournee von 1966 bis zum Anschlag prägt, sinkt in der 74er Tournee, aber auch in der »Rolling Thunder Revue«, zu einem entspannten Nebeneinander von Unterschieden herab, die keinen mehr beunruhigen. Dass Dylan in den Konzerten nun häufig reale Masken trägt, sein Gesicht mit Schminke bestreicht usw., ließe sich auch als Kompensation deuten: Wenigstens vom Outfit her musste er sich ein wenig fremder machen, wenn er schon in der künstlerischen Substanz kein Fremder mehr zu sein vermochte und auch längst nicht mehr als solcher wahrgenommen wurde. Mit der Wendung zur Gospelmusik kommt dieser Riss jedoch unvermutet und in extremer Form neu zustande. Sie bringt das »Wir-Gefühl« der Dylanfans aus der Fassung und macht den Künstler wieder zu einem Fremden, der in die herrschenden Verhältnisse von außen einbricht, zum Idol, das urplötzlich verrückt spielt und an dem sich Parteien und Meinungen mit großem öffentlichen Getöse scheiden.

Auch wenn die Analogie der Gospelkonzerte zur Tour von 1966 für Dylanfans bis heute weitgehend Anathema ist, prägt diese deren ästhetisches Konzept doch nicht weniger nachhaltig als den Habitus des Künstlers, der sich da wie mit einem Flammenschwert bewaffnet gegen Tradition und Publikumsgeschmack stellt und unbeirrt auf die Zukunftsträchtigkeit der eigenen artistischen Entscheidungen setzt. Wie 1966 bleibt auch 1979/80 die Folge der Stücke in Erwartung der Proteste durchweg gleich, lediglich im Mittelfeld werden zuweilen kleinere Umstellungen vorgenommen. So entstehen zwischen den Songs Beziehungen, welche je nach Lage Kontrast, Komplement oder Konflikt signalisieren und zu einer Dichte des Verlaufs insgesamt beitragen, die während der vorangegangenen Tourneen bereits durchs bloße Repertoire ausgeschlossen war. Erwähnenswert ist nicht nur die feste Songfolge an sich, sondern fast mehr noch die Konsequenz ihrer Qualität: ein so fugenloses wie spannungsreiches Ineinandergreifen schwarzer und weißer Gospels.

Jedes der Konzerte beginnt mit *Gotta Serve Somebody*. Gegenüber dem Album *Slow Train Coming* hat sich das Stück charakteristisch verändert. Kein sezierender, auf fast aseptische Klarlegung von Einzelereignissen zielender Sound mehr, wo die Quartparallelen der Gitarre wie in einer Nahaufnahme beim Film im Vordergrund stehen, sondern ein Musizieren aus der Spannung des Ganzen heraus. Diese baut weniger auf Details auf, als dass sie diese in sich hineinreißt. Fred Tacketts Soli unterbrechen die musikalische Grundbewegung nicht, sondern tauchen aus ihr gleichsam auf. Schlagzeug und Bass erzeugen eine bohrende Kontinuität von Dichte und Unruhe. Kein Song zum »Einsingen«, sondern Ernstfall von Anfang an. So entschieden haben nicht einmal die 66er Konzerte begonnen. Hier gibt es nichts zum Unterhalten oder Ausspannen, signalisiert der Gestus der Musik, hier werden die wahren Dinge verhandelt.

Mehr als irgendwo anders tritt das an Dylans Stimme hervor. Von ihr geht eine Enge aus, die ihrerseits Schärfe freisetzt und fahle Farbe zugleich. Nicht auf den »high energy«-Sektor überzuwechseln ist das Gebot der Stunde, sondern im Reich der Enge selbst nach anderen Ausdrucksformen zu suchen. So mobilisiert dieses Organ Tongesten von Aggression, Kraft und Besessenheit, als wäre es das erste Mal.[248]

Dass auf den bluesigen Anfang mit *Gotta Serve Somebody* ein klassisch weißes Lied wie *I Believe In You* folgt, macht deutlich, wie hier auf engstem Raum größtmögliche Distanz gestiftet wird. Bereits der erste E-Dur-Akkord vollzieht gegenüber dem modalen *und* von Blue-Notes durchsetzten Material des Vorgängers einen echten Klangsprung. Anders aber als auf dem Album *Slow Train Coming*, wo dieses Stück nie eine gewisse Blässe loswird, ist *I Believe In You* in den Konzerten von 1979 ein Höhepunkt – immer, und das als zweites Stück. Die Stimme hat einen Ausdruck an sich, in dem sich lyrische und ekstatische Momente durchdringen, als gehörten sie seit je der gleichen Affektquelle an. Keines seiner früheren Liebeslieder hat Dylan mit solcher Zärtlichkeit dargeboten wie dieses sehr freie Gebet auf der ersten Gospeltournee. Zärtlichkeit meint Zartheit im Ton wie auch Vielfalt an Tonschattierungen. Überdies Unterschiede der Dynamik, aus denen architektonische Gliederungen resultieren: Dylan beginnt im Piano und kommt einem von Strophe zu Strophe dynamisch näher, um sich schließlich wieder zurückzuziehen. Der expressiv höchste Punkt ist dort, wo ein Zug schwarzer Ekstase in dieses weiße Stück eingeschmuggelt scheint: Dem Schreien, Kläffen, Sich-Überschlagen der Stimme auf »Oh, when the dawn is nearing / Oh, when the night is disappearing / Oh, This feeling is still here in my *heart*«[249] hört man die Arbeit an, die zu ihm geführt hat. Aber das ist eher als Vorzug denn als Manko zu werten. Entspricht es doch der Gospelmusik, sich sozusagen der Erdenschwere zu entringen, um ein Stück von dem Glanz zu erhaschen, der ihren mentalen Fluchtpunkt bildet.

Überhaupt gewinnt Dylans Stimme in manchen Aufnahmen einen Zug des Von-innen-her-Leuchtens, über den sie zuvor nicht verfügte, aber auch später nie mehr verfügt hat. In *When He Returns* vom 20. April 1980 in Toronto changiert der Sänger zwischen dem verengenden und dem visionären Element seiner Stimme auf eine Weise, die bis dato eingehaltene expressive Grenzen sprengt. Ausgerechnet bei diesem Urbild einer Baptistenhymne übernimmt er den ekstatischen Zug des Gesangs der frühen schwarzen Gettokirchen derart, als solle ein christologisches Motiv vokal nachvollzogen werden: der Aufschwung von etwas Geringem und Kümmerlichem in ein ganz und gar Strahlendes. In der Einspielung auf der Platte und auch noch in den Konzerten vom Herbst 79 ist von dieser Lichtbegierde der Stimme noch nichts zu spüren. Hier führt *When He Returns* vor allem Fragilität, Zartheit vor. Der Tonfall ist einer des Suchens und Sehnens, die Stimme schmächtig und sehr ausdrucksvoll, verwundbar in all ihrer Entschiedenheit. Aber mit solchen Mitteln werden krude Verse des Textes, die sich nicht scheuen, den Gott wie einen Zampano des Jüngsten Tags zu zeichnen (der mit eiserner Hand Ordnung bewirkt), ad absurdum geführt. Auf eindringliche Weise formen Musik und Gesang das Finstere, Fanatische der textuellen Elemente um.

An anderer Stelle habe ich gezeigt[250], wie sich Dylan in den 1970er Jahren gegenüber den Sixties verändert, wie die auratische Ferne und Fremdheit seiner Stimme zu einem Medium subjektiver Physis und Expresssion mutiert: in den High-Energy-Momenten mit Band ebenso wie im Ausdrucksreichtum der akustischen Songs insbesondere bei der »Rolling Thunder-Revue«. In dieser Entwicklung liegt einerseits ein großer Gewinn an Differenzierung, andererseits ein Verlust jener Aura, die das Enigma von Dylans früher Zeit ausgemacht hatte. Vielleicht stellt die Wendung zur Gospelmusik *auch* einen Versuch dar, jene Aura mit Gewalt auf einer anderen Ebene wiederherzustellen. Auf jeden Fall ist die darstellerische Leistung jener Konzerte von der Ideologie, der Dylan damals anhing, angestachelt gewesen. Ohne den Kreuzzug hätte es die Kunstexplosion nicht gegeben. Aber auf dem Weg vom einen zum anderen hat sich etwas ereignet, das das Ganze veränderte. Die fundamentalistische Geste, von der die Texte beherrscht sind, traf auf eine sängerische Expression der Gefühle, deren Differenziertheit auch für Dylan ungewöhnlich war. Weit davon entfernt, nur wiederzugeben oder rhetorisch zu verstärken, was die Verse eh schon sagen, erschloss sie vielmehr eine solche Fülle von Ausdrucksnuancen, dass der Geist des Fundamentalismus, mit dem die Songs anheben, sich zur leeren Schale aushöhlt, hinter der sich etwas anderes verbirgt. Das macht die Texte keinen Deut besser, aber es formuliert einen Kontrast zu der Ideologie, die sie zu transportieren glauben. Am Ende erscheint die Glaubensbegeisterung des Sängers so sehr als Motor seiner Produktion, dass ihr semantisches Programm weit hinter dieser zurückbleibt bzw. in eine ästhetische Kraft umschlägt. Religiöse Kunst wird von Kunstreligion überholt.

III.

Interviewäußerungen Dylans aus späterer Zeit scheinen zunächst in die genau entgegengesetzte Richtung zu gehen. Etwa der folgende Passus von 1997: »Those old songs are my lexicon and my prayer book. [...] All my beliefs come out of these old songs, literally, anything from *Let Me Rest on a Peaceful Mountain* to *Keep on the Sunny Side*. You can find all my philosophy in those old songs. I believe in a God of time and space, but if people ask me about that, my impulse is to point them back toward those old songs. I believe in Hank Williams singing *I Saw the Light*. I've seen the light, too.«[251] Oder ein anderes Statement vom selben Jahr: »Here's the thing with me and the religious thing. This is the flat-out truth: I find the religiosity and philosophy in the music. I don't find it anywhere else. Songs like *Let Me Rest On a Peaceful Mountain* or *I Saw the Light* – that's my religion. I don't adhere to rabbis, preachers, evangelists, all of that. I've learned more from the songs than I've learned from any of this kind of entity. The songs are my lexicon. I believe the songs.«[252]

Mit welchem Diskurs haben wir es hier zu tun? Geht es Dylan um eine gottgläubige Überhöhung amerikanischer Liedkultur (»religiöse Kunst«) oder um die säkulare Transformation von Transzendenz ins eigene musikalische Tun (»Kunstreligion«)? Eröffnet das *Great American Songbook* als solches einen

Zugang zu frommem Leben oder gilt es dem Künstler als das letzte Medium, in dem religiöser Sinn noch authentisch, nämlich ästhetisch, zum Ausdruck kommt? Oder ist diese Alternative falsch? Dylan selbst ist ja nicht so vermessen zu behaupten, die alten Lieder hätten Amerika »seine Götter gegeben« oder »gemacht«.[253] Er gesteht lediglich gut liberal ein, *er* habe an den Songs des Landes den Sensus des Glaubens gelernt.

Aus diesen Stellungnahmen hat Knut Wenzel zweierlei herausgehört[254]: erstens ein Modell religiöser Musik, in dem das zweipolige Schema religiös – säkular seine Bedeutung verliert, und zweitens die Identifizierung dieser Musik mit dem mythologischen Pluralismus des Folk. Dylan erscheint dabei als moderne Gestalt, die eine so autonome wie pragmatische Religiosität in Anspruch nimmt *und* die polyphone Ausdruckskultur der »Unterdrückten«, welche der Folk ist oder sein soll, in den Rang einer »Metasprache der Säkularität« erhebt. Zwar sei, heißt es, eine solche Sprache nicht darum schon real, nur weil Dylan sie setze. Gleichwohl habe die Utopie, die er als Gegenbild zu jeder Art religiöser Orthodoxie entwerfe, großes Gewicht.[255]

Der Gedanke passt gut zu Dylans Rede von einer »Tradition in Großbuchstaben«[256], die aus unendlich vielen Geschichten bestehe. Er trifft auch den für diesen Sänger typischen Konflikt zwischen einer Religiosität, die inhaltlich negativ und verborgen bleibt, und dem jähen Ausbruch von Fundamentalismus in einer bestimmten Lebensphase. Letzterer erscheint als einmaliger, eruptiver Beleg dafür, *dass* ein religiöser Impuls am Werk ist, aber eben auch als monistische Reduktion von etwas, das sich in Wahrheit nur in einer ungreifbaren Vielfalt von Bildern, Metaphern, Anspielungen und Aussagen zu erkennen gibt. Gegen den Versuch, in einer modernen Welt vorab religiöse Eindeutigkeit zu erzeugen, steht die Folkmusik, so scheint es, für eine Praxis kommunikativer Toleranz im weitesten Sinn.

Das klingt gut. Nur: In Wenzels »Metasprache der Säkularität« kommt der Widerspruch zwischen Tradition und ästhetischer Autonomie nicht vor. Die Autonomie der Kunst verschwindet in nicht näher erörterten Lebensbezügen, die immer schon in der Folktradition artikuliert seien. Die Religion soll modern und selbstbestimmt sein, aber nicht oder nicht ebenso die Musik. Sie erscheint als von jener subsumiert und verortet. Dylan ist aber keineswegs bloß der Barde, der seine Songs in den Horizont einer mythischen Liedermacht zurückstellt, sondern ebenso sehr ein selbstbewusster Künstler, dem Tradition vorzugsweise zum Material in den eigenen Händen gerät. Sicher, wer »I believe the songs« sagt und damit die Autorität der Überlieferung anzusprechen scheint, wirkt nicht gerade wie ein Verfechter europäischer Kunstreligion. Aber Dylan geht ebenso davon aus, dass diese Tradition gar nicht mehr existierte, wenn es *ihn* nicht gäbe, wenn er nicht sozusagen die letzte Instanz wäre, die sie – und mit ihr Religion im weitesten Sinne – zu erwecken und fortzusetzen vermag.[257] Die radikale Neuaneignung des Alten gehört zu seinem Glaubensbekenntnis wie ein siamesischer Zwilling. Dass Dylan immer wieder zwischen den Extremen schwankt, mal den souveränen Artisten hervorkehrt, der Religion hinter sich lässt, und mal den wahren Traditionalisten gibt, welcher demütig auf sie zugeht, ist nur folgerichtig. Die Spannung zwischen der frommen Selbstzurücknahme des »It's not me. It's the songs. I'm just the postman« und der genieästhetischen Pose »I wanted to do something that stood alongside Rembrandt's paintings«[258] setzt sich über den pluralistischen Reichtum des Folk hinweg, aus dem die säkulare Glaubenssprache entwickelt werden soll. Dylans spätes Werk geht im Entwurf einer religiösen Musik unter säkularen Vorzeichen nicht auf. Sein Anspruch auf Autonomie lässt das ebenso hinter sich wie seine Vorstellung vom Werk. Säkularität ernst zu nehmen heißt einzuräumen, dass ihre »Metasprache« auch genuin ästhetischer Natur sein kann. Wenn es bei dem Amerikaner Dylan eine (unbeabsichtigte, unbewusste) Nähe zu europäischem Kunstdenken gibt, dann hier.

IV.

Dass Bob Dylan seit je darin unentschieden scheint, ob er sich als Sänger und Musiker oder als Songwriter und Poet verstehen soll, hängt mit seinem Anspruch zusammen, als jener doch wie dieser ein »Werk« zu schaffen. Der Performer ist einer, der mit radikal vergänglichen Medien arbeitet, seine Lieder in den Wind schreibt, während der Poet hervorbringt, was – wie zerbrechlich auch immer – Dauer und Bestand hat. Damit ist keine Alternative, sondern eine Aporie formuliert. Als Poet steht Dylan gegen das Fastfood des Pop, als Performer gegen die leblose Ewigkeit des Pantheons.[259] Sein Anspruch ist es, beides miteinander zu verbinden: das einmalige Ereignis des Live-Konzerts und den Aufbau eines Werks, die mündlich-präsentische Aktion und das Gedächtnis der Schrift wie das der Reproduktionsmedien.[260] Die Dynamik zwischen beiden Polen ist der Kern von Dylans Künstlertum. Sein Werk hat Bestand, insoweit es in der Performance auf dem Spiel steht. Auf der anderen Seite erschöpft sich der Performing Artist nicht im reinen Vollzug seines Tuns, sondern er sagt: Meine Songs haben etwas »über alle Zeitalter hinaus zu sagen«, sie sollen »morgen so gut wie heute und so gut wie gestern sein«[261]. Gegenüber Allen Ginsberg drückt es Dylan so aus: »You wanna stop time. In order to stop time you have to exist in the moment, so strong as to stop time and prove your point.«[262]

Die Utopie, Zeit »aufzuheben«, ist für Dylan von Beginn an bestimmend gewesen, und zwar umso mehr, je nachdrücklicher er in seiner Songlyrik Leben als Zeit (Zeit als Freiheit, Verlust,

Leiden, Tod, Negativität, Entwicklung) artikuliert hat. Es geht nicht um abstraktes Anderswerden, um Kostümwechsel oder Unterwerfung unter den temporalen Ablauf als solchen. Dylans Anspruch ist vielmehr, Zeit zu gestalten, von ihr und ihren internen Spannungen zu singen, singend zu erzählen. Lag darin anfangs die Grundidee seiner Texte, deren auseinanderstrebende Dynamik er mit seiner Stimme zusammenzuspannen suchte, so greift Zeit später zunehmend auf die Praxis des Performers insgesamt über. Die betont historische Arbeit an der eigenen Musik definiert den Rang von Dylans Werk weit über die Inhalte der Lyrics hinaus.[263]

Aber erst die NET gibt dieser Mehrschichtigkeit eine stimmige Form. Versucht sie doch, Songs aus den unterschiedlichsten Phasen so zusammenzuführen und zusammenzufassen, dass die Frage nach ihrer Herkunft zurücktritt und der historische Ort als Aspekt, Moment oder Farbe im aktuellen Geschehen aufgehoben ist. Die Songs bearbeitet, umgeformt, entstaubt und verzerrt hat Dylan immer schon. Nicht darin liegt das Neue der NET, sondern im Thematisieren und Reflexivwerden solcher Veränderungen *und* in der Bildung einer Gleichzeitigkeit des Ungleichzeitigen, die sie integriert und von Geschichte befreit, soweit damit ein Entwicklungsmodell gemeint ist, in das sich datierbare Ereignisse eingeschrieben haben.

In der üblichen Rezeption wird der Akzent oft einseitig auf das »immer anders« und »immer weiter und weiter« gelegt, auf die Position des Ruhelosen, der sich kategorisch weigert, ein zweites Mal in denselben Fluss zu steigen. Aber solche Dynamik gründet in Wahrheit in der konträren Idee, die vielen Songs aus den verschiedenen Zeiten zu einem Gegenwartsraum zu versammeln, der die Ordnung des Nacheinander außer Kraft setzt. Zur permanenten Variation gehört die Verräumlichung der Zeit, der Versuch, Freiheit gerade auch gegenüber dem historischen

Gang der Dinge zu behaupten.[264] In den Konzerten des letzten Jahrzehnts vermag Dylan Songs aus den Sixties zu präsentieren, als seien sie originäre Bestandteile seiner jüngeren Alben, aber auch umgekehrt Lieder von *Love And Theft* oder *Modern Times* sehr viel älteren Mustern anzugleichen. Dabei geht es nicht bloß ums Auflösen und Neufassen einzelner Stücke, sondern stets auch um das Zusammenspiel von Erinnerungsarbeit und innovativ konstruierter Simultaneität im Ganzen.

Dylans Gefahr ist, zum Revenant des eigenen Werks zu werden, sich schlicht empirisch als den zu inszenieren, der immer schon da war. Vielleicht kommt das öfter vor, als ihm und uns lieb sein kann. Aber die Idee, die seine Musik antreibt, steht dem entgegen. Das Immer-schon-dagewesen-Sein spielt sich unter Bedingungen ab, die ständig neue Möglichkeiten der Abweichung, Variation und Umgestaltung eröffnen und insoweit auf der Autonomie des jeweiligen Konzerts gegenüber welchen historischen Vorgaben auch immer bestehen. Es geht um so etwas wie vitale Zeitlosigkeit, darum, der Übermacht der Zeit über den Menschen, die Dylan in zahllosen Varianten besingt, die Anerkennung zu zollen, die ihr gebührt, dies aber nur, um sich von ihr zu lösen, zu befreien.

Ein Aspekt tritt hinzu, ohne den die skizzierte Zeitkonstruktion so glatt bliebe, wie sie zunächst erscheint: Dylans Stimme. Von Beginn an ist sie spezifisch auf Zeit bezogen. Ihr Ausdruck ist nicht erfüllte oder auch nur manifeste Gegenwart. Sie reicht vielmehr in Vergangenheit und Zukunft hinein und sagt gleichwie von sich: »Der hier singt, ist nicht von hier. Was erklingt, kommt aus einer anderen Zeit.«[265]

Mit schlagender Prägnanz hat Israel Young, Anfang der 1960er Jahre Leiter des Folkcenters in Greenwich Village/New York, diese Erfahrung festgehalten. In *No Direction Home,* dem Dokumentarfilm von Martin Scorsese, sagt er über den jungen

Dylan: »Er sang nicht alte Lieder (wie Pete Seeger), sondern Lieder von heute, mit modernem Inhalt, aber er sang sie so, dass es klang, als ob sie zweihundert Jahre alt wären.« Nicht Lieder von früher, sondern solche von jetzt sollen es sein, aber auf eine Weise, dass die Stimme jenes Frühere jetztfähig macht, präsentiert. Statt überliefertes Liedgut demütig wiederzubeleben, bringt das Zeitgenössische von Dylans Gesang selbst einen Horizont des Vergangenen mit hervor. Nicht den Songs als solchen liegt er zugrunde, sondern der Stimme, d.h. ihrem Timbre, ihrer physischen Materialität und ihrer sprachlichen Artikulation.

Vor allem anderen lag das Besondere des jungen Dylan in der Verschränkung des mythischen Gestus vom Alten, der auf mehr als nur auf ein Leben zurückblickt, mit einer Aura zeitloser Frühe. In dieser Anfangsphase gab sich Dylan als jemand, der aus dem Nichts kommt, keine Geschichte hat, keine Erinnerungen und keine Eltern, aber seine Stimme aus einer Haltung heraus einsetzen lässt, als sei keine Weisheit der Väter und Ahnen an ihm vorübergegangen. Er erzählte – und weissagte –, wo er nicht bzw. bevor er überhaupt erfahren haben konnte. Dass dieser stoische Zugriff auf die Welt jenseits der Kunst ohne eine Spur von Altklugheit möglich war, ist das eigentliche Wunder jener Jahre und vielleicht auch eine Geheimformel für das Ferne, Fremde in dieser Stimme, das ihr so völlig anstrengungslos zuzugehören schien. Nicht das vielberedete Kratzen oder Nödeln als solches macht die Substanz dieses Gesangs aus, sondern die Unnahbarkeit, die hinzutritt und stilistisch wie atmosphärisch alles andere verwandelt. Nicht zuletzt kraft einer Verweigerung voller Körperresonanz: Statt Brust und Lunge geben Kehle, Nase und Gaumen den Ton an. Die fehlende Körperresonanz ist eine Grundbedingung des Narrativen von Dylans Stimme, sie zeichnet für das Abwesende und Abständige an ihr verantwortlich.

Noch etwas anderes lässt die Übertragung des Bildes einer kommunikativen Folkreligion auf Dylan ergänzungsbedürftig erscheinen: die Dekonstruktion sprachlicher Bedeutung durch die Stimme, die vokale Zersetzung von Sinn. Schon für die Anfangsjahre lässt sich sagen, Dylan stelle singend die Sprache dar. Die Sprache und nicht den Text, d.h. die Materialität und Rhythmik der Worte, weniger die Sinn- und Bedeutungskomplexe, welche sich aus ihnen zusammensetzen. Freilich, in jenen Jahren hat Dylans Gesang noch einen plastischen Mitteilungscharakter, eine Nähe zu den Inhalten seiner Songs, die von der Tendenz zur Sprachzerlegung je nachdem unterfüttert oder gebrochen wird, aber insgesamt doch eine eigenständige Darstellungsqualität beibehält. Bis heute hat diese Stimme nie völlig den Kontakt zur semantischen Ebene der Sprache verloren. Aber singend gestaltet Dylan längst nur noch gelegentlich größere Sinneinheiten oder Botschaften, zunehmend legt er die Axt an das an, was er gestaltet. Dass er die Sprache in ihre Bestandteile zerlegt, von den Strophen über die Verse und Worte bis hin zu den Vokalen und Konsonanten, ist bekannt. Letztere werden gedehnt oder verkürzt, verschluckt oder aufgebläht, ja sogar in Geräusche, in schiere Klangphysis verwandelt. Semantisierung wird mit der einen Hand durchgeführt und mit der anderen zurückgenommen oder aufgelöst. Wenn es sein muss, lässt der späte Bob Dylan den regulären Aufbau ganzer Strophen zerfallen, um deren Elemente unter rhythmischen und klanglichen Gesichtspunkten neu zu ordnen. Nicht selten mutiert der Text dabei zu einem anonymen Materialbestand, der eine neue Rhythmik und Syntax, eine noch nie gehörte Logik von Wortfolgen und Wortkomplexen herbeizitiert. In anderen Fällen verbindet sich der destruierende Zug des Singens aber wiederum mit einer Restituierung kommunikativer Strukturen und Sinnzusammenhänge.

Der Unterschied zwischen Dylans junger und alter Stimme ist im ersten Moment schockierend, weil sich in ihm kein Identisches, kein durch die Zeiten hindurch sich erhaltender expressiver Kern wahrnehmen lässt. *Man weiß, dass er es ist, aber man hört nicht, was man weiß.* Auch bei Johnny Cash ist die stimmliche Differenz zwischen den späten und den frühen Aufnahmen groß. Nie aber steht die Identität des Sängers ernsthaft in Zweifel. Anders bei Dylan. Vom Kindpropheten des Gaslight-Cafes 1962 ist seine zerstörte und doch so vitale Erzählerstimme unserer Tage durch einen Abgrund getrennt, den kein Ohr zu schließen vermag. Kaum mehr etwas erinnert an die rätselhafte Ferne, aus der heraus der Mann damals einsetzte und die seinem Organ anhaftete wie eine zweite Haut. In ihrem stoischen Ton schien diese Stimme unerschütterbar zu sein. Ob sie die Apokalypse, eine soziale Katastrophe, das Ende der Liebe oder surreale Bilderkaskaden besang, stets trat sie auf als der Bote, der von seiner Botschaft nicht selbst betroffen ist.

Verglichen damit tritt uns der Sänger Dylan heute als ein Wesen von komplexer Verletztlichkeit, ja Wundheit entgegen. Seltsam, dass darüber so wenig geschrieben wird, verhält sich diese Diagnose doch einigermaßen konträr zu dem, was man üblicherweise erwarten könnte: nach außen gerichtete Expression und Physis in jungen Jahren und um Ausgleich bemühte Gelassenheit und Zurücknahme starker Gesten im Alter. Bei Dylan aber ist die Entwicklung scheinbar umgekehrt verlaufen. Er startete als unantastbares Adoleszenzgenie, während seine Stimme in actu geradezu einen Mythos menschlicher Fragilität verkörpert. Ungleich physischer als früher gibt sie sich, aber dafür ist ihr Resonanzraum auf eine Weise zerklüftet und fragmentiert, dass man zuweilen denkt, das Organ stünde kurz vor dem endgültigen Riss. Aber aus solcher Brüchigkeit gewinnt Dylan einen Ausdrucksreichtum, der dem seiner frühen Jahre möglicherweise überlegen ist. Was damals eine Antizipation leistete, die noch im Überfliegen der Dinge paradox in sich selbst zu ruhen schien, muss der späte Performing Artist durch detaillierte und oft mühe-, manchmal qualvolle Erzählarbeit einholen. Das nimmt ihm einiges vom Nimbus des Genies, aber es versetzt ihn auch in die Lage, ein Spektrum kultureller Erinnerungsformen zu entfalten, für das es in der Welt des »U-Gesangs« und nicht bloß in diesem kein zweites Beispiel gibt.

Die Rede von einer »Kunstreligion auf Amerikanisch« ist kein postmodernes Bonmot. Zum einen bildet sie ein wichtiges Korrektiv gegenüber jedem einsinnig religiösen Verständnis von Dylans Musik, welches sich zugunsten semantischer Inhalte über musikalische Strukturen und Ausdruckscharaktere, Stimme und performative Situation überhaupt, hinwegsetzt, als wäre all dies Luft für den Sinn oder »einfach nur schön«. Kunstreligion erinnert daran, dass die Songs von Dylan eine eigenständige Form von Musik darstellen, die nicht vorgegebene Bedeutungen vertont, sondern mit ihrer Verarbeitung historischen Materials etwas Neues schafft. Zum anderen zeigt die NET, dass auch emphatisch praktische Kunstarbeit spekulative Ideen zu gestalten weiß. Dylan denkt sich ja keine hehren Abstraktionen aus, um diese dann on stage aufzumöbeln, sondern er arbeitet auf dem Podium so, dass die historischen und narrativen Kräfte seiner Songs eine Aufhebung, vielleicht auch Vernichtung der Zeit immer wieder neu als Fluchtpunkt artikulieren. Mit einer Verehrung von »those old songs« hat das weniger zu tun, als man uns suggeriert, umso mehr dafür mit der normativen Unbedingtheit der Idee des eigenen Werks. Wer das religiös nennt, sollte sich darüber klar sein, dass solche Religion mit einer Ästhetik performativer Praxis zusammenfällt, an die sich jedenfalls nicht im Sinne der Bibel »glauben« lässt. Insoweit gibt es Kunstreligion auch in Amerika. Sie steht religiöser Kunst längst nicht so schroff entgegen wie bei »uns«, sondern pflegt mit dieser vielfältigen Kontakt. Aber durchweg einen, der Distanz, einen genuinen Freiraum gegenüber jener anmeldet. Jedenfalls bei diesem Performer.

Anhang

Siglen

VMS	Eduard Hanslick: *Vom Musikalisch-Schönen. Ein Beitrag zur Revision in der Tonkunst.* Teil I: *Historisch-kritische Ausgabe,* hrsg. v. Dietmar Strauß, Mainz (u. a.) 1990.
Smith III	Adam Smith: »Of the Nature of that Imitation which takes place in what are called The Imitative Arts« / »Of the Affinity between Music, Dancing, and Poetry«, in: Adam Smith: *Essays on Philosophical Subjects. The Glasgow Edition of the Works and Correspondence of Adam Smith.* Vol. III. Ed. by W. P. D. Wightman and J. C. Bryce, Oxford 1980.
W I	Arthur Schopenhauer: *Die Welt als Wille und Vorstellung. Erster Band,* in: Ders.: *Werke in fünf Bänden*, hrsg. v. Ludger Lütkehaus, Zürich 1988.
W II	Arthur Schopenhauer: *Die Welt als Wille und Vorstellung. Zweiter Band,* in: Ders.: *Werke in fünf Bänden*, hrsg. v. Ludger Lütkehaus, Zürich 1988.
P II	Arthur Schopenhauer: *Zur Metaphysik des Schönen und Aesthetik. Parerga und Paralipomena. Zweiter Band,* in: Ders.: *Werke in fünf Bänden*, hrsg. v. Ludger Lütkehaus, Zürich 1988.
HN III	Arthur Schopenhauer: *Metaphysik des Schönen. Philosophische Vorlesungen, Teil III.* Aus dem handschriftlichen Nachlaß hrsg. v. Volker Spierling, München/Zürich 1985.
DHN I	Arthur Schopenhauer: *Der handschriftliche Nachlaß. Erster Band: Frühe Manuskripte (1804-1818),* hrsg. v. Arthur Hübscher, Frankfurt a. M. 1966.
KSA	Friedrich Nietzsche: *Sämtliche Werke. Kritische Studienausgabe in 15 Bänden,* hrsg. v. Giorgio Colli und Mazzino Montinari, München 1999.
GS	Theodor W. Adorno: *Gesammelte Schriften,* hrsg. v. Rolf Tiedemann unter Mitwirkung von Gretel Adorno, Susan Buck-Morss und Klaus Schultz, Frankfurt a. M. 1997 (1971 ff.).
HS	Georg Wilhelm Friedrich Hegel: *Werke in zwanzig Bänden.* Auf der Grundlage der Werke von 1832-1845 neu edierte

Ausgabe. Redaktion: Eva Moldenhauer und Karl Markus Michel, Frankfurt a. M. 1970.
DGS Carl Dahlhaus: *Gesammelte Schriften in 10 Bänden*, hrsg. v. Hermann Danuser, in Verbindung mit Hans-Joachim Hinrichsen und Tobias Plebuch, Laaber 2000 ff.
RI Roman Ingarden: *Untersuchungen zur Ontologie der Kunst. Musikwerk, Bild, Architektur, Film*, Tübingen 1962.

Anmerkungen

1. Vgl. Hermann Pfrogner (Hrsg.): *Musik. Geschichte ihrer Deutung*, Freiburg/München 1954; Carl Dahlhaus/Michael Zimmermann (Hrsg.): *Musik – zur Sprache gebracht. Musikästhetische Texte aus drei Jahrhunderten*, München/Kassel 1984; Werner Keil (Hrsg.): *Basistexte Musikästhetik und Musiktheorie*, Paderborn 2007.
2. Vgl. Gunnar Hindrichs: *Die Autonomie des Klangs. Eine Philosophie der Musik*, Berlin 2014: 8–35; Dietmar Koch/Irmgard Männlein-Robert/Niels Weidtmann (Hrsg.): *Platon und die Mousiké (Antike-Studien 2)*, Tübingen 2012; Christoph Ziermann: »Musik und Metaphysik in der griechischen Antike«, in: *Musikästhetik (Handbuch systematische Musikwissenschaft 1)*, hrsg. v. Helga de la Motte-Haber, Laaber 2004: 61–91.
3. Vgl. Enrico Fubini: *Geschichte der Musikästhetik. Von der Antike bis zur Gegenwart*, Stuttgart/Weimar 1997.
4. Rudolf Schäfke: *Geschichte der Musikästhetik in Umrissen*, Berlin 1933, 2. Auflage, Tutzing 1964: V. Dass sich geistesgeschichtliche Entgrenzung mit marxistischer Orthodoxie bestens mixen lässt, zeigt Dénes Zoltai: *Ethos und Affekt. Geschichte der philosophischen Musikästhetik von den Anfängen bis zu Hegel*, Berlin 1970.
5. Ein eigenes Thema wären die antiken Musikmythen samt ihren neuzeitlichen Varianten: der Orpheus-Mythos, der Gesang der Sirenen, der Wettstreit zwischen Apollo und Marsyas.
6. Vgl. René Descartes: *Compendium Musicae* (1618). Lateinisch/Deutsch, übers. v. Johannes Brockt, 3. Auflage, Darmstadt 2011.
7. Vgl. Herbert Schnädelbach: »Hegel«, in: *Musik in der deutschen Philosophie. Eine Einführung*, hrsg. v. Stefan Lorenz Sorgner u. Oliver Fürbeth, Stuttgart/Weimar 2003: 55–75.
8. Vgl. Ulrich Pothast: *Die eigentlich metaphysische Tätigkeit. Über Schopenhauers Ästhetik und ihre Anwendung durch Samuel Beckett*, Frankfurt a. M. 1982.

9   Ausnahme: Gunter Scholtz: *Schleiermachers Musikphilosophie*, Göttingen 1981. Gut bekannt ist freilich, dass Schleiermacher in den Reden *Über die Religion* diese selbst als etwas Musikalisches behandelt.
10 Auch wenn es nicht Kants Fazit zur Musik darstellt. Vgl. Pietro Giordanetti: »Musik bei Kant«, in: *Musikphilosophie* (Musik-Konzepte Sonderband), München 2007: 123–136.
11 Vgl. Barbara Boisits: »Historismus und Musikwissenschaft um 1900. Guido Adlers Begründung der Musikwissenschaft im Zeichen des Historismus«, in: *Archiv für Kulturgeschichte* 82 (2000): 377–389.
12 Theunissen hat das unter Berufung auf Marx so formuliert: »Seriös ist Philosophie heute nur noch im Modus ihrer Negation und das heißt auch: nur als eine solche, die *zunächst einmal Forschung ist.*« (Michael Theunissen: *Negative Theologie der Zeit*, Frankfurt a.M. 1991: 22; Herv. v. R.K.)
13 Zu Vladimir Jankélévitch, dessen »französische Musikästhetik« in gewissem Sinn eine Gegenposition zu Theodor W. Adorno bildet, vgl. Ders.: *Die Musik und das Unaussprechliche*, Frankfurt a.M. 2016. Vgl. auch Thomas Kabisch: »›Verschwindendes Erscheinen‹ als Prinzip einer Musik der Moderne. Vladimir Jankélévitch über Debussy, Fauré und Ravel«, in: *Musik & Ästhetik* 18 (2014), H. 72: 39–65.
14 Neben Hindrichs: *Die Autonomie des Klangs* (Anm. 2) vgl. Ferdinand Zehentreiter: *Musikästhetik. Ein Konstruktionsprozess*, Hofheim 2017; Christian Grüny: *Kunst des Übergangs. Philosophische Konstellationen zur Musik*, Weilerswist 2014; Harry Lehmann: *Die digitale Revolution der Musik. Eine Musikphilosophie*, Mainz 2013; Jürgen Stolzenberg: *»Seine Ichheit auch in der Musik heraustreiben«. Formen expressiver Subjektivität in der Musik in der Moderne*, München 2011; Peter Rinderle: *Die Expressivität von Musik*, Paderborn 2010; Alexander Becker/Matthias Vogel (Hrsg.): *Musikalischer Sinn. Beiträge zu einer Philosophie der Musik*, Frankfurt a.M. 2007; Albrecht von Massow: *Musikalisches Subjekt. Idee und Erscheinung*, Freiburg 2001.
15 Vgl. Richard Klein: »Finale ohne Finalität. Zeiterfahrung im dritten Akt der *Götterdämmerung*«, in: Stefan Börnchen (Hrsg. u.a.): *Jenseits von Bayreuth. Richard Wagner heute*, Paderborn 2014: 21–39; Ders.: »Die Gesellschaft im Werk und das Problem der Zeit. Nervenpunkte in Adornos Beethovenkritik« in: Ders. (Hrsg.): *Die Gesellschaft im Werk. Musikphilosophie nach Adorno*, Freiburg/München 2015: 29–57. Fer-

dinand Zehentreiter beschäftigt sich mit den soziologischen Problemen solcher Integration. Vgl. Ders: »Zur Kritik der musiksoziologischen Vernunft«, in: *Historische Musikwissenschaft. Grundlagen und Perspektiven*, hrsg. v. Michele Calella u. Nikolaus Urbanek, Stuttgart/Weimar 2013: 113–129.
16 Lehmann (Anm. 14) hat damit kein Problem, weswegen sich Diagnose und Prognose bei ihm miteinander vermischen.
17 Wie schon im Kapitel zu Hanslick hat mir die Korrespondenz mit Gustav Falke auch hier geholfen, die historische Stellung des Gegenstands besser zu verstehen.
18 Bei Wackenroder wird aus diesem scheinbar formalen Problem ein existenzielles Drama: Die Autonomie der Musik ist schuldbeladen, weil sie nicht weiß, wohin sie gehört und wofür sie da ist, und damit den, der ihr verfällt, luziferisch zur »Selbsterlösung« anstiftet. Vgl. Ulrich Tadday: »Musik im metaphysischen Vakuum: Wackenroders Kritik der Metaphysik der Instrumentalmusik«, in: *Musiktheorie. Zeitschrift für Musikwissenschaft* 23 (2008), H. 1.: 71–76. Nietzsches Idee des Dionysischen lässt sich als ein Versuch lesen, die Musik von diesem religiösen Hintergrund abzulösen und das Verhältnis von Klang und sichtbarer Dingwelt umzuwerten, d.h. die radikale Vergängnis des Akustischen als eine Macht zu begreifen, die der Gegenwart der visuellen Gegenstände vorausgeht. Auch wenn sich beide Bereiche nur durcheinander darstellen lassen – in der Kunst wie in der Natur.
19 Vgl. Theodor Lessing: *Schopenhauer, Wagner, Nietzsche. Einführung in moderne deutsche Philosophie*, München 1906.
20 Hindrichs: *Die Autonomie des Klangs* (Anm. 2): 14 ff., leitet diese Stellung des Werks gegenüber der Theorie unmittelbar aus dem neuzeitlichen Werk- bzw. Autonomiebegriff ab. Es ist aber keine Kleinigkeit, dass sie erst mit Nietzsches Kritik an Wagner explizit wurde. Sie hat nicht etwa »immer schon« bestanden. Dass sie im Werkbegriff als Denkmöglichkeit angelegt ist, macht ihren »Eigensinn« noch nicht von der philosophischen Theorie unabhängig. Die Autonomie des einzelnen Werks angesichts der Theorie muss als solche auch konkret verstanden und vollzogen, d.h. eine Erfahrung werden.
21 Philosophisch ist diese Sache insofern noch offen, als die Anhänger Strawinskys auch die legitime Möglichkeit eines modernen Klassizismus vertraten.

22 Das Thema des Raumes in der Musik lasse ich nicht nur aus Platzgründen unberücksichtigt. Die wenigen inhaltlich relevanten Texte hierzu sind »psychologisch« *oder* »ontologisch« orientiert, zeigen aber beide nicht eigentlich, ob und warum dieser Begriff ein der Zeit gleichrangiges oder gleichursprüngliches Prinzip sein soll. Vgl. Ernst Kurth: *Musikpsychologie*, Berlin 1931; Hindrichs: *Die Autonomie des Klangs* (Anm. 2), Kap. 4.

23 Neben Schopenhauer vgl. Ernst Bloch: »Überschreitung und intensitätsreichste Menschenwelt in der Musik«, in: Ders.: *Zur Philosophie der Musik*, hrsg. v. Karol Bloch, Frankfurt a. M. 1974: 280–333.

24 Die Bücher Peter Kivys, des wichtigsten Vertreters der analytischen »Philosophy of Music«, könnte man als den Versuch bezeichnen, Hanslicks Schrift noch einmal zu schreiben – unter Ausblendung ihres idealistischen und romantischen Erbteils. Vgl. z. B. Peter Kivy: *Music Alone. Philosophical Reflections on the Purely Musical Experience*, Cornell 1990; *Introduction to a Philosophy of Music*, Oxford 2002. Umgekehrt hat Carl Dahlhaus Hanslick auf die »deutsche Tradition« zurückbezogen, um den theoretischen Horizont der Fragestellung zu erweitern. Vgl. Carl Dahlhaus: *Die Idee der absoluten Musik* (1978), in: Ders.: *Gesammelte Schriften* 5, hrsg. v. Hermann Danuser, Laaber 2002: 11–126.

25 Indem Hanslick die Instrumentalmusik zur »reinen Tonkunst« erklärt, definiert er Texte, Bilder, Gesten, Bühnenaktionen usw. zu Aspekten einer »außermusikalischen« Welt. Bis heute ist diese Unterscheidung der Normalzustand (nicht nur) im akademischen Reden über Musik und insofern der empirische Background der »Idee der absoluten Musik«.

26 Vgl. Martin Geck: *Zwischen Romantik und Restauration. Musik im Realismus-Diskurs 1848-1871*, Stuttgart/Weimar 2001: 173–184.

27 Vgl. Barbara Boisits: »Ästhetik versus Historie? Eduard Hanslicks und Guido Adlers Auffassung von Musikwissenschaft im Lichte zeitgenössischer Theorienbildung«, in: *Das Ende der Eindeutigkeit. Zur Frage des Pluralismus in Moderne und Postmoderne*, hrsg. v. Barbara Boisits u. Peter Stachek, Wien 2000: 98–108.

28 Eduard Hanslick: *Aus dem Tagebuch eines Rezensenten. Gesammelte Musikkritiken*, hrsg. v. Peter Wapnewski, Kassel/Basel 1989.

29 Dass Hanslick später die Notwendigkeit geschichtlicher Differenzierung eingeräumt hat, ist von Vertretern des Fachs zuweilen als Beleg dafür aufgefasst worden, dass sich ästhetische Probleme allein im Rahmen historischer Musikwissenschaft lösen lassen. Aber diese Position ist das Problem und nicht die Lösung. Die unhistorischen Elemente in Hanslicks Denken sind der Preis dafür, dass er die Eigenständigkeit der Ästhetik gegenüber der Historie überhaupt zu formulieren wusste. Vgl. Christoph Landerer: »Aesthetica longa, ars brevis. Vergänglichkeit des Schönen und Zeitlosigkeit der Ästhetik bei Eduard Hanslick«, in: *Musik & Ästhetik* 14 (2010), H. 53: 10–19.

30 So bereits Rudolf Schäfke: *Geschichte der Musikästhetik in Umrissen*, Tutzing ²1964 (¹1934): 382.

31 Vgl. Klaus Christian Köhnke: *Entstehung und Aufstieg des Neukantianismus. Die deutsche Universitätsphilosophie zwischen Idealismus und Positivismus*, Frankfurt a. M. 1993.

32 Zu Bolzanos Einfluss auf Hanslick vgl. Kurt Blaukopf: *Die Ästhetik Bernard Bolzanos. Begriffskritik, Objektivismus, »echte« Spekulation und Ansätze zum Empirismus*, St. Augustin 1996; Christoph Landerer: *Eduard Hanslick und Bernard Bolzano. Ästhetisches Denken in Österreich um die Mitte des 19. Jahrhunderts*, St. Augustin 2004. Auch die Bedeutung von Johann Friedrich Herbart und Robert Zimmermann für Hanslick ist unterdessen gut erforscht – mit dem Resultat, dass Hanslick eine sehr eigene und deutlich weniger »formalistische« Position als jene beiden vertreten hat.

33 Dass Hanslick ein, zwei »romantische« Stellen der Erstauflage später auf Anraten Robert Zimmermanns aus dem Text getilgt hat, bleibt unterm Strich sekundär. Das Hin und Her der verschiedenen Auflagen seiner Schrift verschiebt da und dort Akzente, ändert aber nichts Prinzipielles an der Position des Autors. Der Topos, Hanslick habe seinen Traktat *anfangs* im Sinne des »Deutschen Idealismus« und *später* mit der »Naturwissenschaft« als Leitdisziplin begründet, geht an der Sache vorbei. Beide Tendenzen bleiben nach 1854 widersprüchlich präsent.

34 Robert Schumann: »Rezensenten. Aus Meister Raros, Florestans und Eusebius' Denk- und Dichtbüchlein«, in: *Gesammelte Schriften über Musik und Musiker von Robert Schumann*, hrsg. v. Martin Kreisig, Bd. 1, Leipzig 1914: 26.

35 Zu denken wäre z. B. an die Ästhetikvorlesungen von August Wilhelm Schlegel.
36 Hanslick registriert, dass die Kunstwissenschaft und Germanistik seiner Zeit zu beschreiben beginnt, wie Werke technisch gemacht sind und was sie konkret zu sehen und zu hören geben. Seine Frage lautet, warum das bei der Musik nicht so ist. An welche Autoren er dabei denkt (und ob z. B. Adolph Bernhard Marx, den Hanslick gut kannte, zu ihnen gehört), muss offenbleiben.
37 Vgl. z. B. Ferruccio Busoni: *Entwurf einer neuen Ästhetik der Tonkunst*, Leipzig ²1916: 13.
38 Vgl. Lothar Schmidt: »Arabeske. Zu einigen Voraussetzungen und Konsequenzen von Eduard Hanslicks musikalischem Formbegriff«, in: *Archiv für Musikwissenschaft* 46 (1989): 91–120.
39 Nicht zufällig ist Hanslicks Ansatz in den symboltheoretischen Musikdiskussionen des 20. Jahrhunderts z. T. aufmerksam rezipiert worden. Vgl. z. B. Susanne Langer: »Vom Sinngehalt der Musik«, in: Dies.: *Philosophie auf neuem Wege. Das Symbol im Denken, im Ritus und in der Kunst* (amerik. Original 1942), Frankfurt a. M. 1984: 204–240.
40 Typisch der folgende Passus »Das Componieren ist ein Arbeiten des Geistes in geistfähigem Material. [...] Diesen geistigen Gehalt werden wir in jedem musikalischen Kunstwerk fordern, doch darf er in kein anders Moment verlegt werden, als in die Tonbildungen selbst.« (*VMS*: 79 f.) Während die Formulierung des ersten Satzes hegelisch von einem »Geist« spricht, der in der Musik präsent ist *und* über sie hinausgeht, nimmt der zweite Satz diese Bewegung wieder ins musikalische Material »selbst« zurück. Die Rede von der Geistfähigkeit des Materials besagt indes, dass es kulturell und geschichtlich geformt ist, was eine defensive Vorstellung von musikalischer Autonomie ausschließt.
41 Teilweise beleglos in Büchern wie »Geschichte der Musikästhetik von den Uranfängen bis zur Gegenwart«. Im angelsächsischen Sprachraum sind dagegen anspruchsvolle Texte zu diesem Thema anzutreffen.
42 Eduard Hanslick: *Aus meinem Leben* (1894), hrsg. v. Peter Wapnewski, Kassel/Basel 1987.
43 Hanslick betont in der ersten Auflage programmatisch, es gehe nunmehr darum, »den Dingen selber an den Leib zu rücken« (*VMS*: 21).

Seine Rede von der Form des Kunstwerks hält sich von konstitutionstheoretischen Absichten fern.

44 Vgl. z.B. den Artikel »Censur und Kunst-Kritik« aus der *Wiener Zeitung* vom 24.3.1848 [!], wiederabgedruckt in: Hanslick: *Sämtliche Schriften*, Bd. I.1: *Aufsätze und Rezensionen 1844–1848*, hrsg. v. Dietmar Strauß, Wien/Köln/Weimar 1993: 156–158.

45 Hanslick besaß, wie jeder ästhetisch Gebildete seiner Zeit, Grundkenntnisse von Hegels Ästhetik, die ihn möglicherweise auch über Friedrich Theodor Vischer erreicht haben. Ein tieferes Verständnis der Voraussetzungen hegelschen Denkens sollte man ihm nicht unterstellen.

46 »Es gibt keine Kunst, welche so bald und so viele Formen verbraucht, wie die Musik. Modulationen, Cadenzen, Intervallenfortschreitungen, Harmonienfolgen nutzen sich in 50, ja 30 Jahren dergestalt ab, dass der geistvolle Componist sich deren nicht mehr bedienen kann und fortwährend zur Erfindung neuer, rein musikalischer Züge gedrängt wird. Man kann von einer Menge Compositionen, die hoch über dem Alltagsstand ihrer Zeit stehen, ohne Unrichtigkeit sagen, dass sie einmal schön *waren*.« (*VMS*: 86 f.) Vgl. ebd.: 95 f. Auf der anderen Seite betont Hanslick, »daß auch unser Tonsystem im Zeitverlauf neue Bereicherungen und Veränderungen erfahren wird. [...] Bestände z.B. diese Bereicherung in der ›Emancipation der Vierteltöne‹ [...], so würde Theorie, Compositionslehre und Aesthetik der Musik eine total andere.« (*VMS*: 149 f.) Vgl. ebd.: 18.

47 Ausgeklammert bleibt eine Kritik der historischen Zitatensammlung zur »Gefühlsästhetik« am Ende des ersten Kapitels, wo buchstäblich alles in einen Topf geworfen wird: barocke Affektenlehre, der Selbstausdruck des Sturm und Drang, die romantischen Ansätze und dann auch noch Theoretiker, die zwischen Nachahmung und Autonomie stehen wie z.B. Michaelis (*VMS*: 39 ff.). An mehreren Stellen des Buches bringt Hanslick historische Veränderungen des Gefühlsbegriffs als Argument gegen die ästhetische Relevanz des Affektiven überhaupt vor; vgl. *VMS*: 32 f. Historisch sind ihm das Material und, cum grano salis, die Werke, aber nicht, was die Leute sagen und fühlen.

48 Vgl. ebd.: »Das Schöne ist und bleibt schön, auch wenn es keine Gefühle erzeugt, ja wenn es weder geschaut noch betrachtet wird; also

zwar nur *für* das Wohlgefallen eines anschauenden Subjects, aber nicht *durch* dasselbe.«

49 *VMS*: 113: »Die Musik, durch ihr körperloses Material die geistigste, von Seite ihres gegenstandslosen Formspiels die sinnlichste Kunst, zeigt in dieser geheimnisvollen Vereinigung zweier Gegensätze ein lebhaftes Assimilationsbestreben mit den Nerven, diesen nicht minder rätselhaften Organen des unsichtbaren Telegraphendienstes zwischen Leib und Seele.«

50 Zu den Konsequenzen dieses Dualismus vgl. Bernd Sponheuer: *Musik als Kunst und Nicht-Kunst. Untersuchungen zur Dichotomie von »hoher« und »niederer« Musik im musikästhetischen Denken zwischen Kant und Hanslick*, Kassel 1987.

51 Es ist nützlich zu wissen, dass die Kapitel IV und V vor den Kapiteln I–III als Einzelbeitrag publiziert wurden, ohne dass dies die Aufspaltung der Argumentation erklärt. Vgl. die Hinweise von Dietmar Strauß in: Hanslick: *Vom Musikalisch-Schönen. Ein Beitrag zur Revision in der Tonkunst.* Teil 2: *Eduard Hanslicks Schrift in textkritischer Sicht,* hrsg. v. Dietmar Strauß, Mainz (u. a.) 1990: 66.

52 Vgl. Michael Huppertz: »Musik und Gefühl«, in: *Musik & Ästhetik* 7 (2003), H. 26: 5–41, bes. 23–27.

53 Die Auffassung, *Vom Musikalisch-Schönen* sei in erster Linie ein Buch gegen Richard Wagner und »die Neudeutschen«, war bis zur Mitte des 20. Jahrhunderts allgemein Konsens, obwohl sie am Text nicht verifizierbar ist.

54 Charles Batteux: *Einschränkung der schönen Künste auf einen einzigen Grundsatz,* aus dem Französischen übersetzt, Leipzig 1751: 231.

55 Er verkleinert diese Einsicht allerdings sofort wieder, indem er sagt, diese Disposition sei »ein Moment des Gefühls, nicht dieses *selbst*« (*VMS*: 47). Unbestimmtes als Bedingung oder gar Basis von Bestimmtheit zu denken ist Hanslick nicht möglich. Kriterium des Gefühls bleibt für ihn der beobachtbare lebensweltliche Kontext.

56 An einigen Stellen versucht er unter Rekurs auf »abstrakte Ideen« den Gefühlsaspekt auf das Werk als solches oder einen Satz von ihm zu übertragen. Ein Werk könne »die Idee des [...] Harmonischen *überhaupt*«, auch die eines »in sich versöhnten Gemüts« zur Erscheinung bringen«, und dies könne sich sogar zur »Ahnung eines ewigen jenseitigen Friedens« steigern (*VMS*: 46). »Gefühl« ist hier eindeutig

nicht Impuls oder Impression, sondern auf eine integrale Form bezogen.

57 Ein Buch wie *Die Idee der absoluten Musik* von Carl Dahlhaus (Anm. 24) hat das schwer zu überschätzende Verdienst, diesen Dingen auf den Grund zu gehen. Dahlhaus versucht, die Probleme, die uns Hanslick hinterlassen hat, durch Reflexion ihrer romantischen und idealistischen Vorgeschichte verständlich zu machen und konzeptionell zu erweitern. Das geschieht nicht ohne Widersprüche. Dahlhaus versteht sich als empirischer Historiker, operiert aber mit einem spekulativen Werkbegriff, der sich *nicht* historisch begründen lässt. Aber auch wenn seine Position selbst mit zum Problem gehört (zumal die systematische Verniedlichung von »Rezeption«) und von Hanslick manchmal nur schwer zu unterscheiden ist, hat Dahlhaus Entscheidendes auf den Punkt gebracht.

58 Vgl. Hanslick: *Aus meinem Leben* (Anm. 42): 155: »Andrerseits ist es, wie ich wohl einsehe, ein missverständlich Ding, schlechtweg von der ›Inhaltslosigkeit‹ der Instrumentalmusik zu sprechen.«

59 Vgl. Christian Friedrich Michaelis: *Ueber den Geist der Tonkunst und andere Schriften,* hrsg. v. Lothar Schmidt, Chemnitz 1997.

60 Streng genommen handelt es sich bei der Abhandlung von Smith um zwei Texte. Der erste wurde um 1777 geschrieben, später von Smith überarbeitet, aber nicht beendet. 1795 erschien er als Nachlassfragment. Beim zweiten Text handelt es sich um Materialien aus dem Umkreis der Produktion des ersten. 1803 erschien in Leipzig eine deutsche Übersetzung, an der möglicherweise Christian Friedrich Michaelis beteiligt war. Vgl. Adam Smith: »Ueber die Natur der Nachahmung in den nachbildenden Künsten«, in: *Pragmatische Darstellung des Geistes der neuesten Philosophie des In- und Auslandes,* Bd. 2, hrsg. v. Karl Adolf Caesar, Leipzig 1803: 182–228. Die Übersetzung ist z. T. sehr frei und weist Lücken auf. Zum Vergleich mit dem englischen Original wird sie in zwei Fällen in den Anmerkungen zitiert.

61 Vgl. Gustav Falke: *Mozart oder Über das Schöne,* Berlin 2006: 38–59; Wilhelm Seidel: »Zählt die Musik zu den imitativen Künsten? Zur Revision der Nachahmungsästhetik durch Adam Smith«, in: *Die Sprache der Musik. Festschrift Klaus Wolfgang Niemöller,* hrsg. v. Jobst Peter Fricke, Regensburg 1989: 495–511; Ders.: »Der Essay von Adam Smith über die Musik. Eine Einführung«, in: *Musiktheorie* 15

(2000): 195–204; Birgit Klose: *Die erste Ästhetik der absoluten Musik. Adam Smith und sein Essay über die »sogenannten imitativen Künste«*, Diss. phil. Marburg 1997: 178.

62 Warum die Idee, Kunst sei Nachahmung, von der Antike bis zur Mitte des 18. Jahrhunderts so beherrschend war, wäre ein eigenes Thema. Nur so viel: Nachahmung war in der Antike und später wohl insofern zwingend, als sie der Kunst zu einer relativen ontologischen Stabilität verhalf, indem sie deren flüchtiger, »scheinhafter« Erscheinung die Natur im weitesten Sinne als ordnendes Vorbild zuwies. Jin-Ah Kim geht diesem Problem und seinen Folgen u. a. aus dem Blickwinkel von Hans Blumenberg nach. Vgl. Dies.: »Mimesis und Autonomie, Zur Genese der Idee der autonomen Musik«, in: *Die Musikforschung* 64 (2011): 24–45.

63 Vgl. Walter Serauky: *Die musikalische Nachahmungsästhetik im Zeitraum von 1700 bis 1850*, Münster 1929: 7–42. Andererseits hat gerade Charles Batteux die Grenzen der Nachahmung in der Musik keineswegs nur negativ gesehen: »Es ist wahr, wird man sagen, daß es Leidenschaften giebt, die man in dem musikalischen Gesange erkennt, zum Exempel die Liebe, die Freude, die Traurigkeit. Aber gegen einige bestimmte Ausdrücke hat man tausend andre, deren Gegenstand sich nicht angeben läßt.« (Charles Batteux: *Einschränkung der schönen Künste* [Anm. 54]: 244)

64 »Aus dem Gesagten ergibt sich auch, daß es nicht Aufgabe des Dichters ist mitzuteilen, was wirklich geschehen ist, sondern vielmehr, was geschehen könnte, d. h. das nach den Regeln der Wahrscheinlichkeit oder Notwendigkeit Mögliche.« (Aristoteles: *Poetik*. Griechisch-Deutsch, übers. u. hrsg. v. Manfred Fuhrmann, Stuttgart 1982: 29) Diese poietische Auffassung des Mimesisbegriffs, der zufolge Kunst *nachahmend etwas Neues schafft*, verfolgt das berühmte Buch von Erich Auerbach: *Mimesis. Dargestellte Wirklichkeit in der abendländischen Literatur*, Bern 1946. Dass dieses Neue bei Aristoteles an grundlegende ontologische Voraussetzungen gebunden ist, steht auf einem anderen Blatt. Zu den Problemen einer Übersetzung von Mimesis als Nachahmung vgl. Hermann Koller: *Die Mimesis in der Antike. Nachahmung, Darstellung, Ausdruck*, Bern 1954. Die Musik spielt in dieser Diskussion keine Rolle. Vgl. die Beiträge von Kim (Anm. 62) und Serauky (Anm. 63).

65 Birgit Klose weist mit Recht darauf hin, dass Smith hier in einer englischen Tradition (bes. Charles Avison) steht, die »expression« nicht als Ziel der musikalischen Imitation von Affekten, sondern als Grund der Wirkung von Instrumental- *und* Vokalmusik begreift. Vgl. Dies.: *Die erste Ästhetik der absoluten Musik* (Anm. 61): Kap. 11. Sie verfehlt indes die Tragweite des Ausdrucksbegriffs bei Smith, wenn sie ihn »nur zum Begleitphänomen, nicht zum Prinzip instrumentaler Musik« rechnet; vgl. ebd.: 139.

66 Dieser Punkt findet sich weder bei Seidel noch bei Klose erwähnt. Eine relevante Frage wäre zudem, wann von Autonomie erstmals in Bezug auf Musik die Rede ist. Für die Dichtung gilt Karl Philipp Moritz als Urheber. In der Musikwissenschaft hat sich ein historisch vager und zugleich starr normativer Sprachgebrauch von »Autonomie« eingebürgert, der die Probleme mehr vernebelt als klärt.

67 Vgl. Smith: »Ueber die Natur der Nachahmung in den nachbildenden Künsten« (Anm. 60): 210: »Wenn wir die Schlangen-Windungen eines wohl angelegten Gartens verfolgen, so bietet sich uns eine Reihe von muntern, oder heitern und ruhigen, oder düstern Landschaften dar [...] Es wäre unrichtig zu sagen, daß diese Gartenszenen die lustige, – heitere, – düstere Stimmung der Seele nachbilden; hervorbringen, veranlassen können sie solche, aber nicht kopiren. So kann auch Instrumentalmusik jede Gemütsverfassung erregen, keine nachbilden. In der ganzen Natur giebt es nicht zwei so heterogene Dinge, als Schall und Gefühl, und keine menschliche Kraft vermag dem einen wirkliche Aehnlichkeit mit dem andern anzumodeln.«

68 Auf einen ähnlichen Zwiespalt bei Michaelis weist Georg Mohr hin. Vgl. Ders.: »Die Musik ist eine Kunst des ›innern Sinnes‹ und der ›Einbildungskraft‹«. Affekt, Form und Reflexion bei Christian Friedrich Michaelis, in: *Musikphilosophie (Musik-Konzepte Sonderband)*, München 2007: 137–151, hier 150 f.

69 Vgl. den Artikel *Sonate* aus dem *Dictionnaire de musique*: »Heutzutage, da die Instrumente das Wichtigste in der Musik sind, sind Sonaten sehr in Mode, wie gleicherweise jede Art von Orchesterstück. Das Vokale gilt nur noch als Beigabe, und also begleitet der Gesang die Begleitung. Wir danken diese Geschmacklosigkeit denen, die [...] uns gezwungen haben, mit Instrumenten zu tun, was mit unseren Singstimmen zu tun unmöglich war. Ich wage vorauszusagen, dass

eine so wenig natürliche Geschmacksrichtung nicht von langer Dauer sein wird. Eine ausschließlich auf den harmonischen Satz gegründete Musik wiegt gering; *um ständig zu fesseln und der Langeweile vorzubeugen, muß die Musik sich auf das Niveau der nachahmenden Künste erheben, wobei ihre Art der Nachahmung nicht immer unmittelbar ist wie diejenige der Dichtung und der Malerei.*« (Jean-Jacques Rousseau: Musik und Sprache. Ausgewählte Schriften, übers. v. Peter u. Dorothea Gülke, Wilhelmshaven ²2002: 318; Herv. v. R. K.)

70 Ebd.: 270 (Artikel *Imitation*).
71 Vgl. Adam Smith: *The Theory of Moral Sentiments* (1759), in: *The Glasgow Edition of the Works and Correspondence of Adam Smith,* Vol. I, ed. by W. P. D. Wightman and J. C. Bryce, Oxford 1976.
72 Vgl. Smith: »Ueber die Natur der Nachahmung in den nachbildenden Künsten« (Anm. 60): 200 f.: »[...] man erinnere sich, daß in allen nachbildenden Künsten das Verdienst der Nachahmung darin besteht, ein Ding einem anderen Dinge von ganz verschiedener Art ähnlich zu machen: wer aber Melodie und Tonmaaß so modelt, und gleichsam biegt, daß sie die Sprache des Raths, der Unterredung, den Stil der Leidenschaft und Rührung nachahmen, der hat fürwahr Aehnlichkeit zwischen zwei sehr heterogenen Dingen erzielt.«
73 Vgl. Anm. 67.
74 Seidel schreibt, Smith habe die Nachahmungsästhetik »glücklich verlassen«; vgl. Ders.: »Absolute Musik und Kunstreligion um 1800«, in: *Musik und Religion,* hrsg. v. Helga de la Motte-Haber, Darmstadt ²2003: 129–154, hier 137. M. E. hat er aber lediglich ihre Grenze im Hinblick auf Instrumentalmusik bezeichnet.
75 Vgl. Anm. 71.
76 »Without any imitation, instrumental Music can produce very considerable effects; though its powers over the heart and affections are, no doubt, much inferior to those of vocal Music [...]« (*Smith III:* 203 f.).
77 Ob mit dem »ancient philosopher and musician« Augustinus gemeint ist, wie verschiedentlich spekuliert wurde, wissen wir nicht.
78 Seidel: »Absolute Musik und Kunstreligion um 1800« (Anm. 74): 136.
79 Vgl. Hans Heinrich Eggebrecht: »Das Ausdrucks-Prinzip im musikalischen Sturm und Drang« (1955), in: Ders.: *Musikalisches Denken. Aufsätze zur Theorie und Ästhetik der Musik,* Wilhelmshaven 1977: 69–111.

80 John Oxenfords Essay *Iconoclasm in German Philosophy,* der 1853 im *Westminster and Foreign Quaterly Review* erschienen war und dann von Julius Frauenstädt einer deutschsprachigen Leserschaft zugänglich gemacht wurde, gilt heute als die Initialzündung für Schopenhauers öffentliche Anerkennung. Schopenhauer war damals 65 Jahre alt, nach den Kriterien der Zeit ein Greis.

81 Im 20. Jahrhundert gibt es keinen Philosophen von Gewicht, der mit Schopenhauer systematisch gearbeitet hätte. Für die wenigen Autoren, die sich positiv auf ihn beziehen (zu nennen wären etwa Georg Simmel, Ludwig Wittgenstein und Max Horkheimer), ist bezeichnend, dass sie das in inhaltlicher Hinsicht betont selektiv tun. Sie loben den Pragmatiker, den Ideologiekritiker und den materialistischen Psychologen, machen aber um den Willensmetaphysiker noch da einen großen Bogen, wo sie, wie Horkheimer, mit der Mitleidsethik sympathisieren.

82 Vgl. Ulrich Pothast: *Die eigentlich metaphysische Tätigkeit. Über Schopenhauers Ästhetik und ihre Anwendung durch Samuel Beckett,* Frankfurt a. M. 1982: 21. Dem Buch von Pothast verdanke ich wichtige Anregungen. Aufschlussreich sind ferner: *Schopenhauer und die Künste,* hrsg. v. Günther Baum u. Dieter Birnbacher, Göttingen 2005; *Musik als Wille und Welt. Schopenhauers Philosophie der Musik,* hrsg. v. Matthias Koßler, Würzburg 2011.

83 Unbeschadet dessen werde ich im Folgenden Ästhetik als Synonym für Metaphysik des Schönen verwenden. Schopenhauer sieht sich selbst zuweilen genötigt, gegen seine systematischen Interessen über technische Sachverhalte zu sprechen.

84 Hegel hat keine musikalischen Kunstwerke interpretiert, aber die technische Analyse von Werken als zentral für die philosophische Interpretation erachtet. Die Bedeutung von E. T. A. Hoffmann liegt darin, dass er den romantischen Musikdiskurs auf die Kritik individueller Werke überträgt. Bei ihm ist die Musik kein rein literarisches Ereignis mehr, sondern sie kommt – analytisch wie literarisch – in Gestalt realer Kompositionen zur Sprache.

85 Zu den biografischen Hintergründen von Schopenhauers Verhältnis zur Musik vgl. Raymund Weyers: *Arthur Schopenhauers Philosophie der Musik,* Regensburg 1976: 33–48.

86 Dass Wilhelm Heinrich Wackenroder und E.T.A. Hoffmann ihm zeitlich vorausgegangen sind, mindert Schopenhauers Bedeutung nicht. Ohnehin ist unklar, ob er Hoffmanns Schriften zur Musik überhaupt gekannt hat. Dagegen ist seine Vertrautheit mit Wackenroder und Tieck zweifelsfrei belegt.

87 Ein positiver Begriff von Glück kommt bei Schopenhauer nur selten vor. Meist bezeichnet der Terminus eine sekundäre Willensfunktion im Sinne von Leidens- oder Leidensbewusstseinsvermeidung (*W I*: 344, 409, 410, 415, 417f., 421). Zuweilen beschreibt Schopenhauer die Entrückung in der Erfahrung des Schönen als ein Jenseits von Glück und Unglück (*W I*: 267, 268). »Erlösung«, »Paradies« (*W I*: 269, 343), »Seeligkeit und Geistesruhe« (*W I*: 285) sind andere Ausdrücke dafür. Gegen Ende des vierten Buches spricht er von der »Meeresstille des Gemüths« und kontrastiert sie »der nie befriedigten und nie ersterbenden Hoffnung, daraus der Lebenstraum des wollenden Menschen besteht« (*W I*: 527)

88 Zur Musik vgl. weiter: *W II*: 520–532; *P II*: 362–397; *HN III*: 214–228; *DHN I*: 49, 210, 217, 322f., 352, 458, 461.

89 Vgl. Michael Hauskeller: *Vom Jammer des Lebens. Einführung in Schopenhauers Ethik*, München 1998.

90 Vgl. Pothast: *Die eigentlich metaphysische Tätigkeit* (Anm. 82): 21, 54f., 62ff.

91 Ebd.: 4.

92 Als dritten Ansatz, der von der systematischen Gleichrangigkeit der Teile ausgeht, vgl. Volker Spierling: *Arthur Schopenhauer. Philosophie als Kunst und Erkenntnis,* Frankfurt a.M. 1994: 63–72, 223–240.

93 In einer Notiz von 1814 heißt es: »Wie die Musik zu werden ist das Ziel jeder Kunst.« (*HN I*: 210) Die Bemerkung bleibt unerläutert. Pothast versteht sie so: »Da die Musik und die Gesamtheit der Ideen eigentlich Darstellung eines und desselben sind, geraten auch die anderen Künste in abgeleiteter Weise zu Musik«, schlicht weil sie die Ideen in einem je anderen Stoff der Erfahrungswelt wiederholen (Pothast: *Die eigentlich metaphysische Tätigkeit* [Anm. 82]: 102). Damit wäre die Sonderstellung der Musik rein vom Material her begründet. Dunkel bleibt dagegen ihre Differenz zur Idee. Pothast (98ff.) führt unter Berufung auf Wagner und Nietzsche die Unterscheidung bewusst und unbewusst ein (die Schopenhauer indes kennt). Die Ideen

sind die anschaulichen, dem Bewusstsein zugänglichen Prinzipien der sichtbaren Welt, die Tonkunst ist so unsichtbar wie unbewusst und liegt der Erfahrung der Ideen noch voraus.
94 Zu Schopenhauers eigenwilliger Platonrezeption vgl. Barbara Neymeyr: *Ästhetische Autonomie als Abnormität. Kritische Analysen zu Schopenhauers Ästhetik im Horizont seiner Willensmetaphysik*, Berlin/New York 1996: 252–263, 337–340.
95 Vgl. Serauky: *Die musikalische Nachahmungsästhetik im Zeitraum von 1700 bis 1850* (Anm. 63): 285–291.
96 Ludger Lütkehaus: »Die Wille als Welt und Musik. Arthur Schopenhauers Musikphilosophie«, in: *Musik als Wille und Welt* (Anm. 82): 105–116, hier 111. Einmal spricht Schopenhauer davon, dass »beim Eintritt einer ästhetischen Auffassung [...] der Wille ganz aus dem Bewußtseyn [verschwindet]« (*P II*: 362 f.). Kurz darauf ist von der »Wegnahme der ganzen Möglichkeit des Leidens« (*P II*: 363) in der Kunst die Rede.
97 Der folgende Passus hat den Quartvorhalt, nicht den *Tristan* im Ohr: »Er ist eine Dissonanz, welche die mit Gewissheit erwartete, finale Konsonanz verzögert; wodurch das Verlangen nach ihr verstärkt wird und ihr Eintritt desto mehr befriedigt: offenbar ein Analogon der durch Verzögerung erhöhten Befriedigung.« (*W II*: 531)
98 Der geläufige Einwand, diese Behauptung folge aus der These des Parallelismus von Musik und Ideen, dem zufolge die Musik den Willen in ihrem Tonmaterial so vergegenwärtige wie die Ideen die Kräfte und Energien der Natur, ist philologisch korrekt, aber sachlich belanglos. Dass ein rhythmisch gegenläufiger Bass unter geordneten Erscheinungen naturale Triebschwere verkörpern soll, kann man plausibel finden, schwerlich aber, es sei ihm verboten, den vierstimmigen Satz horizontal zu dominieren, weil dies das natürliche Vorrecht des Soprans sei und bleiben müsse (*P II*: 382 f.).
99 Vgl. Michael Theunissen: »Können wir in der Zeit glücklich sein?«, in: Ders.: *Negative Theologie der Zeit* (Anm. 12): 37–86.
100 Eine systematische Beschäftigung mit Schopenhauers Zeitdenken ist in diesem Rahmen nicht möglich. Generell kann man sagen, dass Musik bei Schopenhauer weniger als Zeitkunst denn als Zeittötungskunst auftritt. Zeit ist nicht das Medium der Darstellung temporaler Grundentwürfe, sondern der metaphysische Versuch, dem *Leiden* an

der Zeit, d.h. an »der Langenweile zu entgehen« (*W I*: 408). Erlösung ist mystische Vernichtung (nicht dialektische Aufhebung) der Zeit.

101 Vgl. Rafael Köhler: *Natur und Geist. Energetische Form in der Musiktheorie*, Stuttgart 1996; Jürgen Stolzenberg: »Musik als vorsprachliche symbolische Form des Gefühls – Johann Gottfried Herder«, in: Ders.: *»Seine Ichheit auch in der Musik heraustreiben«. Formen expressiver Subjektivität in der Musik in der Moderne*, München 2011: 40–59. In der Musiktheorie haben im 20. Jahrhundert vor allem Ernst Kurth und August Halm diese Mentalität befördert.

102 Vielleicht erklärt sich von diesem Defizit her auch Schopenhauers Neigung, Elemente der antiken Zahlenlehre beizubehalten, die das Zeitkontinuum und die in ihm erscheinenden Objekte gliedert. Vorübergehend taucht so hinter seinem formal-subjektiven Zeitbegriff ein Ordnungsbild des antiken Kosmos auf, an das er selbst nicht mehr glaubt (*W I*: 350). Vgl. Günter Schnitzler: »Die Musik in Schopenhauers Philosophie«, in: Ders. (Hrsg.): *Musik und Zahl. Interdisziplinäre Beiträge zum Grenzbereich zwischen Musik und Mathematik*, Bonn-Bad Godesberg 1976: 137–157.

103 Vgl. Pothast: *Die eigentlich metaphysische Tätigkeit* (Anm. 82): 86–91; Spierling: Arthur Schopenhauer (Anm. 92): 142 ff.

104 Zuletzt: Hartmut Grimm: »Affekt«, in: *Ästhetische Grundbegriffe* (AGB). *Historisches Wörterbuch in 7 Bänden*, hrsg. v. Karlheinz Barck (u.a.), Bd. 1, Stuttgart/Weimar 2010: 16–49, hier 44 ff.

105 Interessanterweise gemahnen manche Formulierungen Schopenhauers aber an die Tradition der Empfindsamkeit – z.B. wenn er als Zentrum der »Willensbewegung« das »Herz« nennt (*W II*: 523; *P II*: 377 f.; *W I*: 348).

106 Dieser Aspekt enthält Schwierigkeiten, die sich hier nicht diskutieren lassen.

107 Vgl. Pothast: *Die eigentlich metaphysische Tätigkeit* (Anm. 82): 95–98.

108 Vgl. ebd.: 106.

109 Vgl. Wolfram Ette: *Die Aufhebung der Zeit in das Schicksal. Zur »Poetik« des Aristoteles*, Berlin 2003.

110 Günter Zöller: »Die Musik als Wille und Vorstellung«, in: *Musik als Wille und Welt* (Anm. 82): 15–30, hier 28.

111 Zum Folgenden vgl. Johanna Dombois: *Die »complicirte Ruhe«. Richard Wagner und der Schlaf. Biographie – Musikästhetik – Festspiel-*

dramaturgie, Diss. phil. TU Berlin 2007: http://www.jhnndmbs.net/de/projekte/2007/03/pdf.php, Kap. II.
112 Vgl. Ludwig R. Krysl: *Musik und Schlaf. Ein experimenteller Beitrag zur Erforschung des Musikerlebens,* Diss. med. Salzburg 1972.
113 Die vermittelnde Beteiligung der Sprache bei der Erfahrung des Sprachlosen oder Sprachfernen ist ein wichtiges Motiv bei Albrecht Wellmer: *Versuch über Musik und Sprache,* München 2009.
114 Zum Folgenden vgl. Krzysztof Guczalski: »›Allerhöchste Allgemeinheit‹ und ›Genaueste Bestimmtheit‹ musikalischer Bedeutungen: Ein Versuch, die Paradoxa Felix Mendelssohn Bartholdys, Arthur Schopenhauers und Susanne Langers aufzulösen«, in: *International Review of the Aesthetics and Sociology of Music* 34 (2003), H. 2: 102–126.
115 Unabhängig davon betont Schopenhauer, dass der Wille an sich keine Ursache im Sinne des »Satzes vom Grund« sei, dessen Erscheinungen und Objektivationsformen dann als seine Wirkungen zu begreifen wären.
116 In diesem Sinne wäre auch die emphatische Bestimmung des Verhältnisses von Musik und Philosophie zu lesen, die Schopenhauer gegen Ende des § 52 gibt: »[...] gesetzt es gelänge eine vollkommen richtige, vollständige und in das Einzelne gehende Erklärung der Musik, also eine ausführliche Wiederholung dessen was sie ausdrückt in Begriffen zu geben, diese sofort auch eine genügende Wiederholung und Erklärung der Welt in Begriffen, oder einer solchen ganz gleichlautend, also die wahre Philosophie seyn würde« (*W I:* 349 f.). Dieses Paradox eines *Überschwangs im Konjunktiv* enthält, so mehrdeutig es ist, eine große offene Stelle, die sich so charakterisieren lässt: Was wir bisher gemacht haben, ist (vielleicht) noch gar nicht die wahre Philosophie, auch nicht die der Musik. Philosophische Deutung von Musik könnte noch etwas anderes sein als die bloße Übersetzung musikalischer in sprachliche Zeichen.
117 Bei diesem Kapitel handelt es sich um die z.T. eingreifend überarbeitete Fassung eines Beitrages, der unter dem Titel »Die Geburt der Musikphilosophie aus dem Geiste der Kulturkritik. Zu Friedrich Nietzsches Wagner« im Sonderband *Musikphilosophie* der *Musik-Konzepte,* München 2007: 19–33, erschienen ist. Mein Dank gilt der *edition text und kritik* im Richard Boorberg Verlag, München, und dem Herausgeber Ulrich Tadday für die Genehmigung zum Wiederabdruck.

118 Vgl. Dieter Borchmeyer/Jörg Salaquarda: »Legende und Wirklichkeit einer epochalen Begegnung«, in: Dies. (Hrsg.): *Nietzsche und Wagner. Stationen einer epochalen Begegnung*, 2 Bde., Frankfurt a. M./Leipzig 1994: 1273–1386.

119 Man unterstellt Nietzsche hier meist eine totale geistige Abhängigkeit von Wagner, um ihm auf dieser Basis dann »Missverständnisse« vorzurechnen. So wenig sich Wagner jedoch nur von Nietzsche her verstehen lässt, so absurd ist es zu meinen, Nietzsche habe keinen einzigen Gedanken zu denken vermocht, ohne sich mit Wagner auseinanderzusetzen.

120 Vgl. *»Der Fall Wagner«. Ursprünge und Folgen von Nietzsches Wagner-Kritik*, hrsg. v. Thomas Steiert, Laaber 1991; *Nietzsche und Wagner. Geschichte und Aktualität eines Kulturkonflikts*, hrsg. v. Armin Wildermuth, Zürich 2008; *Wagner und Nietzsche. Kultur – Werk – Wirkung. Ein Handbuch*, hrsg. v. Stefan Lorenz Sorgner (u. a.), Reinbek bei Hamburg 2008.

121 Vgl. Günter Figal: »Der moderne Künstler par excellence. Wagner in Nietzsches philosophischer Perspektive«, in: Richard Klein (Hrsg.): *Narben des Gesamtkunstwerks. Wagners »Ring des Nibelungen«*, München 2001: 53–63. Dass Wagner und Nietzsche sich dieses Hintergrunds bewusst waren, zeigt der Brief Wagners vom 12. Februar 1870: »Nun zeigen Sie denn, zu was die Philologie da ist, und helfen Sie mir, die grosse ›Renaissance‹ zu Stande bringen, in welcher Platon den Homer umarmt, und Homer, von Platons Ideen erfüllt, nun erst recht der allergrößte Homer wird.« Zit. n.: Borchmeyer/Salaquarda, *Nietzsche und Wagner* (Anm. 118): 58 f. Hintergrund ist das 10. Buch der *Politeia*, wo Platon »den Tragödiendichtern und all den übrigen Vertretern der nachahmenden Poesie« (595b) das Vermögen, die Wahrheit zu sagen, abspricht (600e) und sie defizitäre Kopisten defizitärer Kopien nennt, die »vom Seienden keine Kenntnis [haben], sondern nur vom Erscheinenden« (601b). Zur Kritik an Figal vgl. Anm. 143.

122 Thomas Mann und Theodor W. Adorno sind hier die beiden großen Ausnahmen, aber eben auch Außenseiter.

123 Das heißt nicht, die Wagnerkritik sei Nietzsches einzige musikphilosophische Tat. Seine (in sich variable) Idee des Dionysischen wie auch manche semiotischen Überlegungen zu Musik und Sprache

haben ihr je eigenes Gewicht. Umgekehrt wäre es wenig adäquat, solchen Überlegungen einen »philosophischen Ansatz« zuzutrauen, die Wagnerkritik hingegen auf »etwas Persönliches« zu reduzieren.
124 Vgl. *KSA 1*: 447: »[...] er bannt und schliesst zusammen, was vereinzelt, schwach und lässig war, er hat [...] eine *adstringirende* Kraft [...]. Er waltet über den Künsten, den Religionen, den verschiedenen Völkergeschichten und ist doch der Gegensatz eines Polyhistors, eines nur zusammentragenden und ordnenden Geistes: denn er ist ein Zusammenbildner und Beseeler des Zusammengebrachten, ein *Vereinfacher der Welt.*«
125 Vgl. Volker Gerhardt: »Leben und Geschichte. Menschliches Handeln und historischer Sinn in Nietzsches zweiter *Unzeitgemäßer Betrachtung*«, in: Ders.: *Pathos und Distanz. Studien zur Philosophie Nietzsches*, Stuttgart 1988: 133–162.
126 Die widersprüchliche Situation, in die Nietzsche hier hineingerät, hat er, soweit ich sehe, nicht selbst reflektiert. Der Konflikt zwischen dem Paradigma Leben und dem Paradigma Werk bleibt bei ihm unausgetragen.
127 Vgl. *KSA 7*: 767: »Das scheint aber das Loos der Kunst zu sein, in einer solchen Gegenwart, sie nimmt der absterbenden Religion ein Theil ihrer Kraft ab.«
128 Nietzsche betont, »dass Alles, was auf irgend einem Gebiete der Kunst vorgeht, sich unwillkürlich vor den Richterstuhl seiner Kunst und seines künstlerischen Charakters gestellt sieht« (*KSA 1*: 497).
129 Zur Kritik daran vgl. Mischa Meier: *Richard Wagners »Der Ring des Nibelungen« und die Griechische Antike. Zum Stand der Diskussion*, Göttingen 2005.
130 »Von Wagner, dem *Musiker*, wäre im allgemeinen zu sagen, dass er Allem in der Natur, was bis jetzt nicht reden wollte, eine Sprache gegeben hat; er glaubt nicht daran, dass es etwas Stummes geben müsse. Er taucht auch in Morgenröthe, Wald, Nebel, Kluft, Bergeshöhe, Nachtschauer, Mondesglanz hinein und merkt ihnen ein heimliches Begehren ab: sie wollen auch tönen. Wenn der Philosoph sagt, es ist Ein Wille, der in der belebten und unbelebten Natur nach Dasein dürstet, so fügt der Musiker hinzu: und dieser Wille will, auf allen Stufen, ein tönendes Dasein.« (*KSA 1*: 490 f.) Was bei Schopenhauer ohne Antwort bleibt, nämlich die Frage, wieso die Musik und nicht

der Tanz oder die Tragödie das primäre Ausdrucksorgan des Willens ist, findet bei Nietzsche zu einer wenigstens immanent stimmigen Lösung: Der Wille ist je schon auch als akustische Naturkraft konzipiert.

131 Zu denken wäre an den Musikteil in *Geist der Utopie*, dessen dunkel-enthusiastische Prosa von großen Welt- und Geschichtsdingen spricht, aber keinen Satz über Technik, Material und Form verliert.

132 »[...] auch die Künstler der grossen Kunst versprechen Erholung und Zerstreuung, auch sie wenden sich an den Ermüdeten, auch sie bitten ihn um die Abendstunden seines Arbeitstages, – ganz wie die unterhaltenden Künstler, welche zufrieden sind, gegen den schweren Ernst der Stirnen, das Versunkene der Augen einen Sieg errungen zu haben. Welches ist nun der Kunstgriff ihrer größeren Genossen? Diese haben in ihren Büchsen die gewaltsamsten Erregungsmittel, bei denen selbst der Halbtodte noch zusammenschrecken muss; sie haben Betäubungen, Berauschungen, Erschütterungen, Thränenkrämpfe: mit diesen überwältigen sie den Ermüdeten und bringen ihn in eine übernächtige Ueberlebendigkeit, in ein Ausser-sich-sein des Entzückens und des Schreckens.« (*KSA* 2: 624)

133 Richard Wagner: »Beethoven«, in: *Dichtungen und Schriften* 9, hrsg. v. Dieter Borchmeyer, Frankfurt a. M. 1983: 98.

134 Vgl. *KSA* 6: 24: »Die Farbe des Klangs entscheidet hier; was erklingt, ist beinahe gleichgültig.« Ebd. 31: »Das Elementarische *genügt* – Klang, Bewegung, Farbe, kurz: die Sinnlichkeit der Musik [...], die höhere Gesetzlichkeit, den *Stil* gar nicht nöthig zu haben.« Bei Nietzsche bleibt medienästhetisch ein Zwiespalt bestehen: Einerseits ist er explizit am performativen Akt orientiert, nicht am notierten Text. Andererseits ist er von Hanslick beeinflusst, dessen Werturteile auf der Gleichsetzung von Werk und Partitur beruhen.

135 Brief an Carl Fuchs vom April 1886, zit. n.: Borchmeyer/Salaquarda: *Nietzsche und Wagner* (Anm. 122): 845. Vgl. Anm. 138.

136 Vgl. Richard Klein: »Die Tragödie der Zeit und das Problem des Politischen im Ring«, in: Johanna Dombois/Richard Klein: *Richard Wagner und seine Medien. Für eine kritische Praxis des Musiktheaters*, Stuttgart 2012: 203 f. (Anm.).

137 Hinter diesen »Nerven« verbirgt sich ein musikhistorischer Aspekt, der hier undiskutiert bleibt. Wenn man sich bewusst macht, dass der

Neoklassizismus des 20. Jahrhunderts wesentlich aus dem Impuls gegen Wagner hervorgegangen ist, liest sich Nietzsches Polemik zeitweilig wie ein Manifest pro Cocteau und Strawinsky avant la lettre – angefangen vom unterschwelligen Votum für eine neue »Schauwelt« (*KSA 1*: 456) bis hin zur Feier von Körper, Rhythmus und Tanz als antiexpressiven Ordnungsträgern.

138 Besonders in den Notizen von 1878 kreist Nietzsche um das Thema Zeit und findet dabei zu Formulierungen, die Einsichten Adornos vorwegnehmen: »Wagner erinnert an die Lava, die ihren eigenen Lauf durch Erstarrung hindert und plötzlich sich durch Blöcke gehemmt fühlt, die sie selbst bildet.« (*KSA 8*: 495) Oder: »Nach einem Thema ist Wagner immer in Verlegenheit, wie weiter. Deshalb lange Vorbereitung – Spannung [...] das Improvisatorische.« (*KSA 8*: 492)

139 Theodor W. Adorno, *Versuch über Wagner*, in: Ders.: *Gesammelte Schriften* 13, Frankfurt a. M. 1997: 101.

140 Nietzsche schreibt hier z. B., dass Wagner »am liebsten still in den Winkeln zusammengestürzter Häuser sitzt: da, verborgen, sich selber verborgen, malt er seine eigentlichen Meisterstücke, welche alle sehr kurz sind, oft nur Einen Takt lang – da erst wird er ganz gut, gross und vollkommen, da vielleicht allein« (*KSA 6*: 418). Bei solchen Stellen möchte man sagen: Nietzsche ist kein Autor des 19., sondern des 20. Jahrhunderts.

141 Eine Nachlassnotiz zum Perspektivismus des Erkennens lautet: »die Welt [...] existirt *nicht* als Welt ›an sich‹ [...] sie ist essentiell Relations-Welt: sie hat, unter Umständen, von jedem Punkt aus ihr *verschiedenes Gesicht;* ihr Sein ist essentiell an jedem Punkte anders: sie drückt auf jeden Punkt, es widersteht ihr jeder Punkt – und diese Summirungen sind in jedem Fall gänzlich *incongruent.*« (*KSA 13*: 271) Vgl. damit den folgenden Eintrag von 1887/88 zum Perspektivismus bei Wagner: »ich habe die eigenthümliche Qual, welche mir das Anhören Wagn(erscher) Musik erregt, darauf zurückgeführt, dass diese Musik einem Gemälde gleicht, welches mir nicht erlaubt auf Einem Platz zu bleiben ... dass beständig das Auge, um zu verstehen, sich anders einstellen muss: bald myopisch, damit ihm die raffinirteste Mosaik-Ciseleurarbeit nicht entgeht, bald für verwegene und brutale Fresken, welche sehr aus der Ferne gesehen werden wollen. Das Nicht-festhalten-können einer bestimmten Optik macht den Stil

der Wagnerschen Musik aus: Stil hier im Sinne von Stil-Unfähigkeit gebraucht.« (*KSA 13*: 134 f.) Entsprechend wird Georges Bizet eine Befreiung der *Philosophie* attestiert, weil seine Musik »die Welt wie von einem Berg aus überblickt« (*KSA 6*: 14). Solche Befreiung liefe auf einen imaginären Ruhepol hinaus, der jede Auseinandersetzung mit der Perspektivität der modernen Welt vermeidet. Es handelt sich mit Fug und Recht um eine »ironische Antithese«.

142 Für Nietzsche hat Musik *als solche* den Charakter des »Schwanengesangs«. Allerdings ist der Gedanke oft so formuliert, als ob ihm das Gleichzeitigsein von Musik und Kultur als geheimes Maß zugrunde läge, z. B. wenn der retrospektive Bezug der Musik zur Historie als »Zu-spät-kommen« ausgelegt wird. Wagner gegenüber wird diese Reduktion noch einmal überbietungsdynamisch verschärft, als sei vergangen gleich überholt oder antiquiert. Vgl. bes. *KSA 6*: 423 f.

143 Das Problem des Beitrags von Günter Figal (Anm. 117) liegt in der Selbstverständlichkeit, mit der er voraussetzt, nicht nur Nietzsches Kritik an Wagner, sondern auch Wagner selbst von Platon her denken zu können. Was aber als philosophiegeschichtliche Analyse zu Nietzsche von großer Klarheit ist, bleibt ein Verständnis dessen schuldig, was Nietzsche an Wagner ästhetisch wie historisch verfehlt. Die Musik lässt sich philosophisch nicht ableiten.

144 Vgl. den Teil *Wirkung* in: Richard Klein/Johann Kreuzer/Stefan Müller-Doohm (Hrsg.): *Adorno-Handbuch. Leben – Werk – Wirkung*, Stuttgart/Weimar ²2019.

145 Es war, wenn ich recht sehe, Michael Theunissen, der in Lehrveranstaltungen der 1980er Jahre, als Erster die »interdisziplinäre« und »materialästhetische« Seite Adornos als das eigentlich Neue und Zukunftsträchtige seines Denkens herausgestellt hat.

146 Vgl. Theodor W. Adorno: *Probleme der Moralphilosophie* (1963), hrsg. v. Thomas Schröder, Frankfurt a. M. 1996: 255, wo die Rede ist von Nietzsche, »dem ich, wenn ich aufrichtig sein soll, am meisten von allen sogenannten großen Philosophen verdanke – in Wahrheit vielleicht noch mehr als Hegel«.

147 Vgl. *GS 16*: 192: »Die These, daß Beethovens Musik, weil in ihr die Idee der Menschheit als ganzer, der Freiheit, der Humanität laut wird, mehr tauge als die Wagners, in der, *gleichgültig mit welcher Tendenz*, eine Stunde widerhallt, der diese Kategorien verloren sind,

führt in die fatale Nachbarschaft von Kunstphilosophie im Stil des Verlusts der Mitte.« (Herv. v. R. K.)
148 Terry Eagleton: *Ästhetik. Die Geschichte ihrer Ideologie,* Stuttgart/Weimar 1994 (Original: Oxford 1990); Pierre Bourdieu: *Die feinen Unterschiede. Kritik der gesellschaftlichen Urteilskraft,* Frankfurt a. M. 1982 (Original: Paris 1979).
149 So 1990 in der Diskussion über seinen Vortrag »Publizitäre und private Botschaften in der Musik«, in: *Musikalische Hermeneutik im Entwurf. Thesen und Diskussionen (Schriften zur musikalischen Hermeneutik* 1), hrsg. v. Gernot Gruber u. Siegfried Mauser, Laaber 1994: 149: »Das ist der Standpunkt von Hanslick. [...] Das ist auch der Standpunkt von Adorno. Der Sinnzusammenhang der Musik enthüllt sich seiner Meinung nach in technischen Kategorien.«
150 Exemplarisch: »Eine gesellschaftliche Dechiffrierung Bachs müsste vermutlich jene Aufspaltung des thematisch Vorgegebenen durch die subjektive Reflexion der daran sich bewährenden motivischen Arbeit in Zusammenhang bringen mit den Veränderungen des Arbeitsprozesses, die in derselben Epoche durch die Manufaktur sich durchgesetzt hatten und wesentlich in der Zerlegung der alten handwerklichen Verrichtungen in kleine Teilakte bestanden.« (*GS 10/1:* 143)
151 Vgl. Richard Klein: »Noch einmal: Bewusstmachende oder rettende Kritik. Eine musikphilosophische Lektüre des Disputs zwischen Benjamin und Adorno«, in: *Musik & Ästhetik* 15 (2011), H. 60: 5–32.
152 Vgl. Georg Lukács: »Die Verdinglichung und das Bewußtsein des Proletariats« (1923), in: Ders.: *Geschichte und Klassenbewußtsein. Studien über marxistische Dialektik,* Darmstadt/Neuwied 1968: 170–355, hier 174.
153 Vgl. Ferdinand Zehentreiter: »Zur Kritik der musiksoziologischen Vernunft«, in: *Historische Musikwissenschaft. Grundlagen und Perspektiven,* hrsg. v. Michele Calella u. Nikolaus Urbanek, Stuttgart/Weimar 2013: 113–129.
154 Vgl. Günter Seubold: *Kreative Zerstörung. Theodor W. Adornos musikphilosophisches Vermächtnis,* Bonn 2003. Kenner neigen möglicherweise zu der Vermutung, dass Adorno hier den Anfang der hegelschen *Logik* im Blick hat. Selbst wenn das empirisch stimmen würde (Adorno hat sich nur selten, und wenn dann rein assoziativ, auf die

Logik bezogen), wäre die Frage, ob nicht eher eine unfreiwillige Nähe zu Heidegger vorliegt, wie sie bereits im Wagnerbuch beobachtet werden kann; vgl. *GS 13*: 140 ff.; *GS 17*: 47 f.

155 Theodor W. Adorno: *Beethoven. Philosophie der Musik. Fragmente und Texte*, hrsg. v. Rolf Tiedemann, Frankfurt a. M. 1993; *Zu einer Theorie der musikalischen Reproduktion. Aufzeichnungen, ein Entwurf und zwei Schemata*, hrsg. v. Henri Lonitz, Frankfurt a. M. 2001.

156 Adorno: *Zu einer Theorie der musikalischen Reproduktion*, ebd.: 148 f.

157 Vgl. Richard Klein: »Die Frage nach der musikalischen Zeit«, in: *Adorno-Handbuch* (Anm. 144): 59–73.

158 Vgl. Carl Dahlhaus: *Grundlagen der Musikgeschichte*, in: Ders.: *Gesammelte Schriften in zehn Bänden*, hrsg. v. Hermann Danuser, Bd. 1, Laaber 2000: 37.

159 Das bestreitet selbstverständlich nicht Tendenz und Gewicht der Rationalisierung in der Musik. Es stellt nur infrage, dass sich aus ihr ästhetische und kompositorische Normen deduzieren lassen.

160 Das gilt noch für die sonst großartige Vorlesung *Funktion der Farbe in der Musik* von 1966. Vgl. Theodor W. Adorno: *Kranichsteiner Vorlesungen*, hrsg. v. Klaus Reichert u. Michael Schwarz, Frankfurt a. M. 2014: 447–540. Adorno ignoriert Ligetis Mikropolyphonie, was umso mehr auffällt, als er sich auf dessen Texte zum Formproblem betont positiv bezieht. Für ihn scheint es aber undenkbar zu sein, dass polyphone Strukturen der internen Dynamik eines stationären Klangbilds *in toto* dienen, ohne damit ein »regressives« Geschäft zu betreiben. Wo selbständige Stimmen fehlen, glaubt Adorno offenbar, gibt es keine »richtige« Polyphonie, sondern eine »falsche« Verselbständigung des Klangs gegenüber den (motivischen) Ereignissen, die er verdeutlichen soll. Vgl. *GS 16*: 532 f., 630 f.

161 Vgl. *Bernd Alois Zimmermann (Musik-Konzepte, Sonderband)*, München 2005.

162 Vgl. bes. Karlheinz Stockhausen: »Arbeitsbericht 1952/53: Orientierung«, in: Ders.: *Texte zur Musik* 1, Köln 1963: 32: »Materialgerecht denken: Übereinstimmung der Formgesetze mit den Bedingungen des Materials. Die Idee der neuen Form läßt sich aber nicht mehr mit den Bedingungen des alten Materials vereinbaren. Also muß man ein neues Material suchen.« Stockhausens Schriften sind noch in den 1960er Jahren voll von Erklärungen wie der, dass es darauf ankom-

me, »eine Musik ex nihilo [zu] schaffen« und »alles zu vermeiden, was [...] an bereits komponierte Musik erinnert« (Ders.: *Texte zur Musik* 5, Köln 1989: 28).

163 Zur Reformulierung des Materialbegriffs im kritischen Anschluss an Adorno vgl. bes. Hindrichs: *Die Autonomie des Klangs. Eine Philosophie der Musik* (Anm. 2), Kap. 1. Die Frage ist, ob der geschichtsphilosophische Anspruch dieses Begriffs sich fortschreiben lässt, wenn die antagonistische Konstruktion Schönberg vs. Strawinsky, wie sie in der *Philosophie der neuen Musik* vorliegt, sich nicht bloß als historisch einseitig, sondern eben auch als systematisch falsch erwiesen hat.

164 Die Wirkungsgeschichte von Adornos Materialbegriff ist tief von seiner Reduktion auf eine evolutionistische Parole geprägt. Auch wenn das keineswegs Adornos Absicht war, hat er diesen Effekt doch mit herbeigeführt, z. B. mit der Rede vom »Entwicklungsgesetz, das über Bach, den Wiener Klassizismus, Wagner und Brahms hinaus zu der Wiener Schule treibt« (*GS 14*: 95).

165 »Jedes Kunstwerk ist ein Augenblick« (*GS 7*: 17). Dass Adorno hier an Platon denkt (*Parmenides*, 155e–157b), liegt nahe. Bei Platon gehört der Augenblick weder der Zeit noch der Ewigkeit an, sondern tritt so zwischen beide, dass sie ineinander umschlagen.

166 Vgl. Günter Figal: »Ästhetische Erfahrung der Zeit. Adornos Avantgardismus und Benjamins Korrektur«, in: Ders.: *Für eine Philosophie von Freiheit und Streit. Politik – Ästhetik – Metaphysik,* Stuttgart/Weimar 1994: 111–129.

167 Diese Behauptung bedürfte einer eingehenden Begründung, die ich hier nicht geben kann. Bislang gibt es nur sehr wenige Arbeiten, die den latenten Existenzialismus in Adornos Denken ansprechen. Vgl. Herbert Schnädelbach: »Sartre und die Frankfurter Schule«, in: *Sartre. Ein Kongreß,* hrsg. v. Traugott König, Reinbek 1988: 13–35. In musicis ist dies noch ein ganz und gar unbeackertes Feld.

168 Gustav Falke, E-Mail v. 28. 8. 2010.

169 Gunnar Hindrichs: *Die Autonomie des Klangs. Eine Philosophie der Musik* (Anm. 2): 112.

170 Zit. n. Wilhelm Seidel: *Werk und Werkbegriff in der Musikgeschichte,* Darmstadt 1987: 1. Sofern Musik »meditatio« ist, ist sie allerdings immer schon mehr als reines Vergehen.

171 Vgl. Georg Picht: »Grundlinien einer Philosophie der Musik«, in: Ders.: *Wahrheit – Vernunft – Verantwortung. Philosophische Studien*, Stuttgart 1969: 408–426. Deshalb ist es schon vom Ansatz her schief, den »cycle« Bachs einem »arrow« bei Mozart zu kontrastieren. Vgl. Karol Berger: *Bach's Cycle, Mozart's Arrow. An Essay on the Origins of Musical Modernity*, Berkeley 2008.
172 Vgl. Max Haas: *Musikalisches Denken im Mittelalter. Eine Einführung*, Frankfurt a. M. (u. a.) 2005.
173 Vgl. Andres Briner: *Der Wandel der Musik als Zeit-Kunst. Versuch über die musikalische Zeitgestalt und ihre Wandlung in der europäischen Musik seit der mensuralen Mehrstimmigkeit*, Diss. phil. Zürich 1955.
174 Zu den Problemen von Heinrich Gustav Hothos Edition der hegelschen Ästhetik vgl. Annemarie Gethmann-Siefert: *Ist die Kunst tot und zu Ende? Überlegungen zu Hegels Ästhetik*, Erlangen/Jena 1994.
175 Felix Mendelssohn Bartholdy, der die letzte Ästhetikvorlesung von Hegel 1828/29 in Berlin gehört haben will, schreibt an seine Schwester Fanny: »Aber toll ist es doch, […] daß H[egel] behauptet, die deutsche [!] Kunst sei mausetot.« (*Hegel in Berichten seiner Zeitgenossen*, hrsg. v. Günter Nicolin, Hamburg 1970, Nr. 669)
176 Wenn wir Kunst als »Befreiung der Seele, als ein Lossagen von Bedrängnis und Beschränktheit ansehen können […], so führt die Musik diese Freiheit zur letzten Spitze« (*HS 15*: 141).
177 Vgl. Herbert Schnädelbach: »Hegel«, in: *Musik in der deutschen Philosophie. Eine Einführung*, hrsg. v. Stefan Lorenz Sorgner u. Oliver Fürbeth, Stuttgart/Weimar 2003: 55–75; Jens Kulenkampff: »Musik bei Kant und Hegel«, in: *Hegel-Studien* 22 (1987): 143–163.
178 Nur darum kann sie auch die »Wahrheit des Raumes« (*HS 9*: 48) sein. Qua Klang hebt die Zeit die unmittelbare, quantitative Gleichzeitigkeit des Raumes in den präsenten Selbstbezug des Subjekts auf, dessen sinnliche Form sie darstellt. Was Gleichzeitigkeit in Wahrheit ist, wird nicht am Raum selbst einsichtig, sondern erst mit dessen Integration in die Gegenwart einer Zeit, die ihrerseits Vergangenheit und Zukunft in sich integriert, d. h. Einheit herstellt.
179 Die Nähe zu Schopenhauer ist nicht zu übersehen. Hegels objektloses Inneres liegt nahe am »Elementarischen«, der Negation alles Individuellen (*HS 15*: 154, 155; *HS 13*: 322). Entsprechend scharf gerät der Impuls der Abgrenzung. Die klangvergessene Deutung der Poe-

sie im III. Teil der Vorlesungen ist dem Zwang geschuldet, jene metaphysische Auszeichnung der Musik zu verhindern, die zuvor bei Schopenhauer, Hoffmann und Wackenroder durchgeschlagen war.
180 Dieser Beobachtung widerspricht nicht, dass Hegel die Verbindung von Musik und Poesie eingehend reflektiert und gegen ein »Übergewicht der einen Kunst« (*HS 15*: 147) oder der anderen votiert.
181 Friedrich Wilhelm Joseph Schelling: *Philosophie der Kunst*, Darmstadt 1976: 493/137.
182 Was Hegel mit »Melodie« meint, über die er viel spricht, bleibt unklar. Oft ist bloß die Oberstimme des vierstimmigen Satzes gemeint, zuweilen fungiert Melodie aber als symbolisches Kürzel für die erfüllte Gestaltung der Zeit überhaupt.
183 Es ist bemerkenswert, dass Hegel der »Wirkung der Musik« einen eigenen Abschnitt widmet, was er bei keiner anderen Kunst sonst tut (*HS 15*: 152–159).
184 Was durch die »Reproduktion« in Anspruch genommen wird, nennt Hegel »die letzte subjektive Innerlichkeit als solche; sie ist die Kunst des Gemüts, welche sich unmittelbar an das Gemüt selber wendet« (*HS 15*: 135). Die Rede von der letzten Innerlichkeit klingt, als befänden wir uns an einer Grenze, jenseits deren das »Innerste« von außen kommt, z.B. als Affektion. Hegels Bestimmung des Gehörs als »Sinn der reinen Innerlichkeit des Körperlichen« (*HS 10*: 104) läuft aber auf das Gegenteil hinaus.
185 So noch bei dem Schönberg-Schüler Erwin Ratz: *Einführung in die musikalische Formenlehre*, Wien 1951.
186 Vgl. Albert Jakobik: *Arnold Schönberg. Die verräumlichte Zeit*, Regensburg 1983. Zu denken wäre hier auch an Schönbergs Vorstellung, die Dodekaphonie vollziehe einen Raum ohne Oben und Unten, Hinten und Vorne; vgl. Arnold Schönberg: »Komposition mit 12 Tönen«, in: Ders.: *Stil und Gedanke. Aufsätze zur Musik*, hrsg. v. Ivan Vojtéch, Frankfurt a.M. 1976: 80–83, hier 80.
187 Zu denken wäre an Stockhausens *Kreuzspiel* (1951) und seine *Kontrapunkte* (1953). Dass die Erfahrung der Zeit in den »Gruppenkompositionen« anders ist als in der punktuellen Musik, versteht sich, soweit für jene die Erfahrung prägend ist, dass die totale Determination des Einzelklangs zu einer unkontrollierbaren Großform führt.

188 Vgl. Richard Klein: »Die Frage nach der musikalischen Zeit« (Anm. 157): 65f.
189 Theodor W. Adorno/György Ligeti (u.a.): »Internes Arbeitsgespräch (1966)«, in: *Darmstadt-Dokumente I* (Musik-Konzepte Sonderband), München 1999: 313–329, hier 318.
190 Zur Zeitproblematik in der seriellen Musik vgl. Mark Delaere: *Unfolding time. Studies in temporality in twentieth-century music*, hrsg. v. Darla Crispin, Leuwen 2009.
191 Karlheinz Stockhausen: »Momentform. Neue Zusammenhänge zwischen Aufführungsdauer, Werkdauer und Moment« (1960), in: Ders.: *Texte zur elektronischen und instrumentalen Musik* 1, Köln 1963: 189–210, hier 199.
192 Zum Folgenden vgl. Wolfgang Fuhrmann: »Die Dramatisierung der Zeit. Über die Zusammenhänge zwischen musikalischer und historischer Zeiterfahrung im späten 18. Jahrhundert – mit einer Studie zum Kopfsatz von Mozarts Symphonie KV 338«, in: *MusikTheorie. Zeitschrift für Musikwissenschaft* 28 (2013), H. 3: 209–231; Siegfried Oechsle: »Von Schönberg zu Mozart. Versuch über den Prozesscharakter Mozartscher Musik«, in: *Mozart und Schönberg. Wiener Klassik und Wiener Schule*, hrsg. v. Hartmut Krones u. Christian Meyer, Wien 2012: 159–175; Marie Agnes Dittrich/Martin Eybl/Reinhard Kapp (Hrsg.): *Zyklus und Prozess. Joseph Haydn und die Zeit*, Wien 2012.
193 Vgl. Thrasybulos G. Georgiades: »Aus der Musiksprache des Mozart-Theaters« (1950), in: Ders.: *Kleine Schriften*, Tutzing 1971: 9–32.
194 Charles Rosen: *Der klassische Stil. Haydn – Mozart – Beethoven*, München/Kassel ³1999: 81.
195 Meine Überblicksformulierungen simplifizieren notgedrungen die einschlägige soziologische und historische Literatur. Die vielstimmige Kritik an Wolf Lepenies und Reinhart Koselleck mag deren Überlegungen zum Bruch des Zeitbewusstseins im späten 18. Jahrhundert wohl modifizieren, kaum aber »widerlegen«. Dass die »Zeit der Revolution« nicht einfach die »Revolution der Zeit« bewirkt haben kann, versteht sich. Der Sturm auf die Bastille ist nicht der Sturm der Geschichte. Vgl. Reinhold Brinkmann: »Die Zeit der *Eroica*«, in: *Musik in der Zeit – Zeit in der Musik*, hrsg. v. Richard Klein, Eckehard Kiem, Wolfram Ette, Weilerswist 2000: 183–211.

196 Bergers These, an die Stelle des Eingedenkens ewiger Harmonie, das für Bach bestimmend gewesen sei, trete in der Wiener Klassik die säkularisierte lineare Zeit des Menschen, ist schon in Bezug auf Bach recht problematisch. Vgl. Berger: *Bachs Cycle, Mozart's Arrow* (Anm. 175): bes. 179.

197 Vgl. Theodor W. Adorno: *Beethoven. Philosophie der Musik. Fragmente und Texte*, hrsg. v. Rolf Tiedemann, Frankfurt a.M. 1993. Vgl. weiter: Nikolaus Urbanek: *Auf der Suche nach einer zeitgemäßen Musikästhetik. Adornos »Philosophie der Musik« und die Beethoven-Fragmente*, Bielefeld 2010; Klein: »Die Frage nach der musikalischen Zeit« (Anm. 157).

198 Adorno: *Beethoven* (Anm. 197): 139.

199 Ebd.: 62, 63.

200 Vielleicht könnte man entsprechend auch Boulez und Cage gegenüberstellen.

201 Vgl. Marion Saxer: *Between Categories. Studien zum Komponieren Morton Feldmans von 1951-1977*, Saarbrücken 1998; Sebastian Claren: *NEITHER. Die Musik Morton Feldmans*, Hofheim 2000.

202 Vgl. Pietro Cavalotti: *Differenzen. Poststrukturalistische Aspekte in der Musik der 1980er Jahre am Beispiel von Helmut Lachenmann, Brian Ferneyhough und Gérard Grisey*, Schliengen 2006.

203 Vgl. Stockhausen: »Momentform« (Anm. 191): 199.

204 Vgl. Cordula Pätzold: *Carceri d'Invenzione von Brian Ferneyhough. Analyse der Kompositiostechnik*, Hofheim 2010.

205 Vgl. Dieter Schnebel: »Werk-Stücke/Stück-Werk« (1968), in: Ders.: *Denkbare Musik*, hrsg. v. Hans Rudolf Zeller, Köln 1972: 349–353.

206 Es gibt relevante Auseinandersetzungen mit dem Werkdiskurs, philosophische wie musikwissenschaftliche. Gemessen am grundlegenden Charakter des Problems sind es erstaunlich wenige. Vgl. Carl Dahlhaus: *Grundlagen der Musikgeschichte* (1977), in: Ders.: *Gesammelte Schriften* 1, hrsg. v. Hermann Danuser, Laaber 2000; Wilhelm Seidel: *Werk und Werkbegriff in der Musikgeschichte*, Darmstadt 1987; Reinhard Strohm: »Der musikalische Werkbegriff. Dahlhaus und die Nachwelt (Versuch einer Historisierung in drei Phasen)«, in: *Carl Dahlhaus und die Musikwissenschaft. Werk Wirkung Aktualität*, hrsg. v. Hermann Danuser, Peter Gülke u. Norbert Miller, Schliengen 2011: 265–281; Ders.: »Werk – Performanz – Konsum. Der musikalische Werkdiskurs«, in: *Historische Musikwissenschaft. Grundlagen und Per-*

spektiven, hrsg. v. Michele Calella u. Nikolaus Urbanek, Stuttgart/ Weimar 2013: 341–355; Wolfgang Gratzer/Otto Neumaier (Hrsg.): *Arbeit am musikalischen Werk. Zur Dynamik künstlerischen Handelns*, Freiburg/Berlin/Wien 2013; Roman Ingarden: *Untersuchungen zur Ontologie der Kunst. Musikwerk, Bild, Architektur, Film*, Tübingen 1962; Lydia Goehr: *The Imaginary Museum of Musical Works. An Essay in the Philosophy of Music*, Oxford 1992; Albrecht Wellmer: *Versuch über Musik und Sprache*, München 2009; Hindrichs: *Die Autonomie des Klangs* (Anm. 2).

207 Vgl. aber Daniel Martin Feige: *Philosophie des Jazz*, Frankfurt a. M., 2014. Zu Rock, Folk und Werk vgl. das Kapitel über Dylan im vorliegenden Buch.

208 Gemeint ist damit liturgiegebundene Orgelimprovisation *in vorgegebenen Idiomen und Formen*.

209 Zu erwähnen ist die Schrift des Nationalökonomen Karl Bücher: *Arbeit und Rhythmus*, Leipzig 1899.

210 Vgl. Sabine Henze-Döhring: »Partitur und Aufführung. Exempel: Johann Christian Bachs *Catone in Utica*«, in: *Oper und Werktreue. Fünf Vorträge*, hrsg. v. Horst Weber, Stuttgart/Weimar 1994: 17–29.

211 Vgl. Sabine Sanio: *Alternativen zur Werkästhetik. John Cage und Helmut Heißenbüttel*, Saarbrücken 1998. Als Kontrast vgl. Gunnar Hindrichs, »Bedeutete John Cage einen Sprung in der Neuen Musik?«, in: *Archiv für Musikwissenschaft* 55 (1998), H. 1: 1–27; Claus-Steffen Mahnkopf (Hrsg.): *Mythos Cage*, Hofheim 1999.

212 Was Reinhard Strohm über die Werkästhetik gesagt hat, gilt ebenso für ihren Gegenpart. Sie ist »ein allgemein kultureller Diskurs, nicht ein fachspezifisches Design«. Vgl. Strohm: »Der musikalische Werkbegriff« (Anm. 206): 266. Das macht es nicht immer einfach, dezidierte akademische Belege für den »Anti-Werk-Affekt« aufzulisten. Lehrreich hierzu: Friedrich Geiger/Tobias Janz (Hrsg.): *Grundlagen der Musikgeschichte. Eine Re-Lektüre von Carl Dahlhaus' Musikhistorik*, erscheint München 2015.

213 Ähnlich Feige: *Philosophie des Jazz* (Anm. 207): 58 f.

214 Vgl. Frank Hentschel: *Bürgerliche Ideologie und Musik. Politik der Musikgeschichtsschreibung in Deutschland 1776-1871*, Frankfurt a. M./ New York 2006. Hans Rudolf Vaget hat einen bedeutsamen Beitrag zum Thema »Weltherrschaft der deutschen Musik« geleistet, dessen

mentalitätsgeschichtliche Pointe über Fragen der Thomas-Mann-Philologie hinausgeht. Vgl Hans Rudolf Vaget: *Seelenzauber. Thomas Mann und die Musik*, Frankfurt a. M. 2006.
215 Vgl. Strohm: »Der musikalische Werkbegriff« (Anm. 206): 271. Diese historische Diskussion kann hier nicht geführt werden.
216 Vgl. Carl Dahlhaus: »Plädoyer für eine romantische Kategorie. Der Begriff des Kunstwerkes in der neuesten Musik« (1969), in: Ders.: *Gesammelte Schriften* 8, hrsg. v. Hermann Danuser, Laaber 2005: 216–224.
217 Vgl. Hans-Heinrich Eggebrecht: »Opusmusik« (1975), in: Ders.: *Musikalisches Denken. Aufsätze zur Theorie und Ästhetik der Musik*, Wilhelmshaven 1977: 219–242.
218 Noch für Herder versteht sich die Orientierung am musikalischen Vollzug wie von selbst: »*Vorübergehend* ist jeder Augenblick dieser Kunst und muß es seyn: denn eben das *kürzer* und *länger, stärker* und *schwächer, höher* und *tiefer, mehr* und *minder* ist seine *Bedeutung*, sein *Eindruck*. Im Kommen und Fliehen, im Werden und Gewesenseyn liegt diese Siegskraft des Tons und der Empfindung.« (Johann Gottfried Herder: *Kalligone*, hrsg. v. Siegfried Heinz Begenau, Weimar 1955: 152)
219 Vgl. Aurelius Augustinus: *Confessiones*, Buch X, 33: 49–50.
220 In dieser Kritik meldet sich auch ein existenzielles Moment zu Wort: »Die Absage an das Kriterium des Überdauerns – dessen anthropologische Substanz die Hoffnung war, den eigenen Tod zu überleben – ist also eines der Zeichen der sich ausbreitenden Geschichtsfremdheit, an der die Gegenwart krankt.« (*DGS 8*: 242)
221 Zu »indeterministischen« Kompositionen vgl. Winrich Hopp: *Kurzwellen von Karlheinz Stockhausen. Konzeption und musikalische Poiesis*, Mainz 1998.
222 Vgl. *RI*: VII-VIII. Zu Kritik an Ingarden vgl. Zofia Lissa: »Einige kritische Bemerkungen zur Ingardenschen Theorie des musikalischen Werkes«, in: Dies.: *Neue Aufsätze zur Musikästhetik*, Wilhelmshaven 1975: 172–207; Jürgen Vogt: *Der schwankende Boden der Lebenswelt. Phänomenologische Musikpädagogik zwischen Handlungstheorie und Ästhetik*, Würzburg 2001: 174–186.
223 Ingarden vertritt eine Variante der Phänomenologie, in der Husserls transzendentaler Idealismus durch ontologische Überlegungen er-

setzt wird. Anders als bei Heidegger gelten diese aber nur zum Teil und indirekt der Zeit. Insofern heißt traditionell hier nur: anders als Heidegger.

224 Nicht zufällig ist diese Kategorie später in der literaturwissenschaftlichen Rezeptionsästhetik (Jauß, Iser) von Bedeutung geworden.
225 Vgl. Nelson Goodman: *Sprachen der Kunst. Entwurf einer Symboltheorie,* übers. v. Jürgen Schlaeger, Frankfurt a. M. 1973: 119 ff. Für Goodman bestimmt die Partitur *unmittelbar und definitiv* die Identität des musikalischen Werks. Die Beziehung zwischen notierten Tonhöhen bzw. messbaren Zeitdauern einerseits und dem interpretatorischen Vollzug andererseits ist so geregelt, dass sie falsche Töne *a priori* ausschließt. Notationszeichen lassen sich für Goodman so zweifelsfrei wie vollständig in Klangereignisse übersetzen. Nimmt man diese Position beim Wort, hätte z. B. Artur Schnabel niemals die *Hammerklaviersonate* gespielt, weil er sie nie ohne eine falsche Note gespielt hat.
226 Zum Zusammenspiel von (vermeintlich) Exaktem und (vermeintlich) Unexaktem im musikalischen Interpretieren vgl. Rainer Marten: »Ensemble der Freiheiten. Philosophische Bemerkungen zum musikalischen Werkbegriff«, in: *Musik & Ästhetik* 11 (2007), H. 43: 5–16, bes. 14 f.
227 Zum Teil bewegt sich Ingarden auf den scheinbar paradoxen »Vorrang des Objekts« zu, der durch ein »Mehr an Subjekt« zugänglich werden soll. Zum Teil scheint aber auch eine rein ästhetische Einstellung das ästhetische Objekt zu konstituieren. Vgl. z. B. *RI*: 36.
228 Vgl. Wellmer: *Versuch über Musik und Sprache* (Anm. 206): Kap. IV.
229 Ob der Werkbegriff letztlich als ontologische Struktur oder als hermeneutischer Diskurs zu verstehen ist, muss hier offenbleiben. Es scheint, dass man gleichzeitig zu beiden Modellen genötigt wird, weil man mit jeweils einem nicht durchkommt.
230 Seltsamerweise nimmt Ingarden die Identität des Werks dennoch als definitiv gegeben hin, weil der Notentext doch derselbe bleibe (*RI*: 118). Aber das reduziert die Partitur auf ein Ding. Ingarden vergisst, dass der Text, selbst wenn seine materiellen Zeichen »dieselben bleiben«, immer doch auch anders gelesen und verstanden wird.
231 Zum Folgenden vgl. Strohm: »Werk – Performanz – Konsum« (Anm. 206): 344 f. Zu Dahlhaus vgl. auch Richard Klein: »Carl Dahlhaus

und die Außenwelt der Werke«, in: *Carl Dahlhaus' Grundlagen der Musikgeschichte. Eine Re-Lektüre*, hrsg. v. Friedrich Geiger u. Tobias Janz, Paderborn 2016, S. 157–178.

232 Vgl. Johanna Dombois/Richard Klein: »Encore: Das Lied der unreinen Gattung. Zum Regietheater in der Oper«, in: Dies.: *Richard Wagner und seine Medien. Für eine kritische Praxis des Musiktheaters*, Stuttgart 2012: 3–46. Zu Dahlhaus vgl. ebd.: 14 f.

233 Bei diesem Kapitel handelt es sich um die gekürzte Version eines Beitrages aus einem Band zum Thema Kunstreligion, der 2015 erschienen ist. Den Herausgebern Siegfried Oechsle und Bernd Sponheuer sowie dem Bärenreiter-Verlag, Kassel, gilt mein Dank für die freundliche Zustimmung zum damaligen Vorabdruck.

234 Vgl. z. B. Bernd Auerochs: *Die Entstehung der Kunstreligion*, Göttingen 2006; Albert Meier/Alessandro Costazza/Gérard Laudin (Hrsg.): *Kunstreligion. Ein ästhetisches Konzept der Moderne in seiner historischen Entfaltung.* Bd. 1: *Der Ursprung des Konzepts um 1800*, Berlin 2011; Bd. 2: *Die Radikalisierung des Konzepts nach 1850*, Berlin 2012. Polemisch geistert der Begriff durch Wolfgang Ullrich: *An die Kunst glauben*, Berlin 2011. Die Artikelnotiz von Alois Halder im *Historischen Wörterbuch der Philosophie*, Bd. 4, Darmstadt 1976: 1458 f., taugt allenfalls für einen Grobüberblick.

235 Vgl. Heinrich Detering: »Was ist Kunstreligion? Systematische und historische Bemerkungen«, in: Meier/Costazza/Laudin: *Kunstreligion*, Bd. 1 (Anm. 234): 11–28.

236 Unter dem Namen »Never Ending Tour« (NET) werden üblicherweise Dylans Konzertauftritte seit dem 7. Juni 1988 zusammengespannt. Wie sinnvoll das ist, bleibt hier so unerörtert wie das Recht der Unterscheidung von früher und später NET.

237 Vgl. Friedrich Daniel Schleiermacher: *Über die Religion. Reden an die Gebildeten unter ihren Verächtern*, Stuttgart 1997.

238 »Man könnte sagen, dass da, wo die Religion künstlich wird, der Kunst es vorbehalten sei, den Kern der Religion zu retten, indem sie die mythischen Symbole, welche die erstere im eigentlichen Sinne als wahr geglaubt wissen will, ihrem sinnbildlichen Werte nach erfaßt, um durch ideale Darstellung derselben die in ihnen verborgene tiefe Wahrheit erkennen zu lassen.« (Richard Wagner: »Religion und Kunst«, in: Ders.: *Dichtungen und Schriften. Jubiläumsausgabe in zehn*

Bänden, hrsg. v. Dieter Borchmeyer, Frankfurt a.M. 1983, Bd. 10: 117–163, hier 117)
239 Vgl. Friedhelm Krummacher: »Kunstreligion und religiöse Musik. Zur ästhetischen Problematik geistlicher Musik im 19. Jahrhundert«, in: *Die Musikforschung* 32 (1979): 365–393.
240 In einem Gespräch mit der Schweizer SonntagsZeitung vom 9.9.2001 kommentiert Bob Dylan diesen Punkt sarkastisch: »Was sagen Sie zu Ihren Hardcorefans, die mit religiösem Eifer bei der Sache sind?« Dylan: »Oh, ich glaube nicht, dass ich Hardcorefans habe.« »Aber diese fast religiöse Bewunderung ...«. Dylan: »Opfern die Fans sich für mich auf? Wenn sie sich für mich aufopfern, dann bin ich bereit zuzugeben, dass ich religiöse Hardcorefans habe. Sagen Sie mir, wann und wo sie sich aufopfern, denn da will ich dabei sein.«
241 Vgl. bes. José Casanova: *Europas Angst vor der Religion*, Berlin 2009.
242 Vgl. Christine Matter: »*New World Horizon*«. *Religion, Moderne und amerikanische Individualität*, Bielefeld 2007; Michael Hochgeschwender: *Amerikanische Religion. Evangelikalismus, Pfingstlertum und Fundamentalismus*, Frankfurt a.M./Leipzig 2007. Hochgeschwender spricht von einer »Dialektik zwischen *awakening* und Säkularisierung« (248).
243 Dass die Rede von der »Autonomie« der Musik Dylans nicht etwa Woodstock mit Weimar verwechselt, zeigt der Abschnitt II dieses Kapitels. Vgl. Richard Klein: *My Name It Is Nothin'. Bob Dylan: Nicht Pop, Nicht Kunst*, Berlin 2006, Kap. II und VII.
244 Vgl. Heinrich Detering: »›I Believe in You‹. Dylan und die Religion«, in: Axel Honneth/Peter Kemper/Richard Klein (Hrsg.): *Bob Dylan. Ein Kongreß*, Frankfurt a.M. 2007: 92–119.
245 »Then I'll stand on the ocean until I start sinkin' / But I'll know my song well before I start singin' / It's a hard rain's a-gonna fall«. Vgl. Bob Dylan: *Lyrics 1962-2001*. Deutsch von Gisbert Haefs, Hamburg 2004: 126.
246 Vgl. Klein: *My Name It Is Nothin'* (Anm. 243), Kap. II.
247 Robert Shelton: *Bob Dylan. Sein Leben und seine Musik*, München 1988: 680; Herv. v. R.K.
248 Ich spreche hier vor allem von *Gotta Serve Somebody* und *I Believe In You* in der Fassung vom 16.11.1979, San Francisco.
249 Dylan: *Lyrics* (Anm. 245): 777.

250 Vgl. Richard Klein: »*Blood On The Tracks*. Bob Dylans Ort in der 1970er Zeit«, in: Johann Kreuzer/Georg Mohr (Hrsg.): *Der Sinn des Hörens. Zur Philosophie der Musik*, Würzburg 2013: 197–220.
251 So in einem Interview mit der *New York Times* v. 28.9.1997, zit. n.: Jonathan Cott (Hrsg.): *Dylan On Dylan. The Essential Interviews*, London 2007: 396.
252 In einem Interview mit *Newsweek* v. 6.10.1997.
253 »Homer und Hesiod haben den Griechen ihre Götter gemacht.« (*HS 17*: 119) Dieses berühmte, auf Herodot zurückgehende Wort bringt auf den Punkt, was Kunstreligion bei Hegel meint: die Geburt der Religion in menschlicher Form aus dem Geiste des antiken Epos. Kunstreligion ist für Hegel eine Kategorie der Antike, nicht der Moderne. Gleichwohl gehört der populärmetaphysische Topos von Dylan als »Stimme Amerikas« in diesen Kontext: Ein Einzelner verhilft mit seiner Kunst stellvertretend einem Kollektiv zu dessen Identität und Beheimatung in der Welt. Allerdings handelt es sich bei Dylan um eine Utopie, nicht um ein ontologisches Prinzip. Die Probleme, in die sich ein solches Konstrukt unter modernen Bedingungen verstricken muss, bleiben hier unanalysiert.
254 Vgl. zum Folgenden Knut Wenzel: *Hobo Pilgrim. Bob Dylans Reise durch die Nacht*, Mainz 2011.
255 »Songs bedeuteten für mich mehr als nur leichte Unterhaltung. Sie waren mein Leitstern und mein Reiseführer auf dem Weg zu einer anderen Wahrnehmung der Wirklichkeit, in ein anderes Land, ein befreites Land.« (Bob Dylan: *Chronicles. Volume One*. Deutsch von Kathrin Passig und Gerhard Henschel, Hamburg 2004: 36)
256 Ebd.: 234.
257 Greil Marcus erzählt die folgende, für den vorliegenden Kontext aufschlussreiche Story: »Dylan sagte etwas sehr Interessantes vor ein paar Jahren. Er sagte, als er anfing, Musik zu machen, gab es den berühmten Club der Folkmusik, das war ein Geheimclub, und man konnte in jeder Stadt des Landes jemanden fragen, wo der Club in der jeweiligen Stadt ist – das waren Cafés oder Privatwohnungen oder andere Orte und als Mitglied konnte man durchs ganze Land reisen und fand überall Verbündete, die einen auch gern für eine Nacht unterbrachten. Und dann sagte er: ›Weißt Du, ich glaube, dieser Club existiert noch immer, aber ich fürchte, ich bin das einzige

Mitglied.‹« (Zit. n.: Stefan Maelck: »Won't you come see me?«, in: *Kreuzer* (Magazin), Leipzig, 10.4.2002)

258 Zur ersten Stelle, die von 1978 stammt, vgl. Robert Shelton: *No Direction Home. The Life And Music Of Bob Dylan*, London 1986: 480; die zweite befindet sich im Interview mit der *Los Angeles Times* vom 4.4.2004, in: http://articles.latimes.com/2004/apr/04/entertainment/ca-dylan04 [letzter Zugriff am 9.2.2018].

259 Der Passus aus dem Interview mit der *Los Angeles Times* (Anm. 258) lautet vollständig: »Popular culture usually comes to an end very quickly. It gets thrown into the grave. I wanted to do something that stood alongside Rembrandt's paintings.«

260 Diese Doppelorientierung an einem »zeitlosen« Werk, das im Konzert »historisch« auf dem Spiel steht, unterscheidet Dylan grundlegend von so unterschiedlichen Sängern wie Tom Waits, Leonard Cohen, Frank Sinatra, Johnny Cash, Bruce Springsteen und eben auch von seinem vermeintlichen Bruder im Geiste: John Lennon.

261 Interview im *Rolling Stone* 2001, H. 12: 50–61, hier 61.

262 Zit. n. Stephen Scobie: »Time Out Of Mind. Eine Rezension«, in: *Parking Meter*, Oktober 1997: 2.

263 Der *Unterschied* des Werkbegriffs bei Dylan zur europäischen Tradition, seine Bindung an die Stimme des Sängers wäre ein eigenes Thema. Nur so viel: Stimme ist hier nicht allein Gegenbegriff zum traditionellen Werk, sie tritt auch *an die Stelle* der fehlenden Autorität der Partitur. Wenn Dylans Stimme nicht da ist, ist kein Dylan da. Andere mögen seine Lieder »covern«, aber um »Dylansongs« handelt es sich dabei allein in einem juristischen, nicht künstlerischen Sinn. Werk ist die von der Stimme dominierte Integration von Live-Ereignis, Konzertgeschichte und reproduktionstechnischen Datenträgern.

264 Vgl. Axel Honneth: »Verwicklungen von Freiheit. Bob Dylan und seine Zeit«, in: Honneth, Kemper, Klein: *Bob Dylan* (Anm. 244): 11–28.

265 Vgl. Richard Klein: »Das Narrative der Stimme Bob Dylans«, in: Christian Bielefeldt/Udo Dahmen/Rolf Großmann (Hrsg.): *PopMusicology. Perspektiven der Popmusikwissenschaft*, Bielefeld 2008: 220–240.

Literatur

Erstes Kapitel

Anders, Günther: *Musikphilosophische Schriften*, hrsg. v. Reinhard Ellensohn, München 2016.

Becker, Alexander/Vogel, Matthias: *Musikalischer Sinn. Beiträge zu einer Philosophie der Musik*, Frankfurt a. M. 2007.

Bloch, Ernst: *Zur Philosophie der Musik*, hrsg. v. Karola Bloch, Frankfurt a. M. 1974.

Blum, Arne: *Phänomenologie der Musik. Die Anfänge der musikalischen Phänomenologie im ersten Drittel des 20. Jahrhunderts*, Diss. phil. Witten/Herdecke 2006.

Falke, Gustav: *Johannes Brahms. Wiegenlieder meiner Schmerzen – Philosophie des musikalischen Realismus*, Berlin 1997.

Feige, Daniel Martin: *Philosophie des Jazz*, Frankfurt a. M. 2014.

Grüny, Christian: *Kunst des Übergangs. Philosophische Konstellationen zur Musik*, Weilerswist 2014.

Hindrichs, Gunnar: *Die Autonomie des Klangs. Philosopie der Musik*, Berlin 2014.

Huber, Kurt: *Musikästhetik*, Ettal 1954.

Jankélévitch, Vladimir: *La Musique et l'Ineffable*, Paris 1961.

Jankélévitch, Vladimir: *Fauré et l'inexprimable. De la musique au silence 1*, Paris 1974.

Jankélévitch, Vladimir: *Debussy et le mystère de l'instant. De la musique au silence 2*, Paris 1974.

Jankélévitch, Vladimir: *Die Musik und das Unaussprechliche*, Frankfurt a. M. 2016.

Kivy, Peter: *Osmin's Rage. Philosophical Reflections in Opera, Drama, and Text*, Princeton 1988.

Kivy, Peter: *Music Alone. Philosophical Reflections on the Purely Musical Experience*, Cornell 1990.

Kivy, Peter: *Introduction to a Philosophy of Music*, Oxford 2002.

Langer, Susanne K.: *Philosophy in a New Key. A Study in the Symbolism of Reason, Rite, and Art*, Cambridge 1942.

Lehmann, Harry: *Die digitale Revolution der Musik. Eine Musikphilosophie*, Mainz 2013.
Lukács, Georg: »Musik«, in: Ders.: *Ästhetik. In vier Teilen. Dritter Teil*, Neuwied (u. a.) 1963.
Rinderle, Peter: *Musik, Emotionen und Ethik*, Freiburg/München 2011.
Scruton, Roger: *The Aesthetics of Music*, Oxford 1997.

Zweites Kapitel

Antonicek, Theophil/Gruber, Gernot/Landerer, Christoph (Hrsg.): *Eduard Hanslick zum Gedenken. Bericht des Symposions zum Anlass seines 100. Todestages*, Tutzing 2010.
Appelqvist, Hanna: »Form and Freedom. The Kantian Ethos of Musical Formalism«, in: *The Nordic Journal of Aesthetics* 40/41 (2010/11).
Burford, Mark Jon: »Hanslick's Idealist Materialism«, in: *19th Century Music* 30 (2006), H. 2.
Grimes, Nicole/Donovan, Siobhán/Marx, Wolfgang: *Rethinking Hanslick. Music, Formalism, and Expression*, Woodbridge 2013.
Grimm, Hartmut: *Zwischen Klassik und Positivismus. Zum Formbegriff Eduard Hanslicks*, Berlin 1982.
Landerer, Christoph: »Ästhetik von oben? Ästhetik von unten? Objektivität und ›naturwissenschaftliche‹ Methode in Eduard Hanslicks Musikästhetik«, in: *Archiv für Musikwissenschaft* 61 (2004), H. 1.
Landerer, Christoph: »Aesthetica longa, ars brevis. Vergänglichkeit des Schönen und Zeitlosigkeit der Ästhetik bei Eduard Hanslick«, in: *Musik & Ästhetik* 14 (2010), H. 53.
Payzant, Geoffrey: *Hanslick on the Musically Beautiful. Sixteen Lectures on the Musical Aesthetics of Eduard Hanslick*, New Zealand 2002.
Sponheuer, Bernd: *Musik als Kunst und Nicht-Kunst. Untersuchungen zur Dichotomie von »hoher« und »niederer« Musik im musikästhetischen Denken zwischen Kant und Hanslick*, Kassel 1987.
Sponheuer, Bernd: »Postromantische Wandlungen der ›Idee der absoluten Musik‹. Eine Skizze«, in: *Archiv für Musikwissenschaft* 62 (2005), H. 2.
Wilfing, Alexander: »Musik und Gefühl bei Arthur Schopenhauer und Eduard Hanslick«, in: *Musik & Ästhetik* 17 (2013), H. 66.

Drittes Kapitel

Falke, Gustav: *Mozart oder Über das Schöne,* Berlin 2006.

Kim, Jin-Ah.: »Mimesis und Autonomie, Zur Genese der Idee der autonomen Musik«, in: *Die Musikforschung* 64 (2011), H. 1.

Mohr, Georg: »Die Musik ist eine Kunst des ›inneren Sinnes‹ und der ›Einbildungskraft‹«. Affekt, Form und Reflexion bei Christian Friedrich Michaelis, in: *Musikphilosophie* (Musik-Konzepte Sonderband), München 2007.

Rousseau, Jean-Jacques: *Musik und Sprache. Ausgewählte Schriften,* übers. v. Peter u. Dorothea Gülke, Wilhelmshaven ²2002.

Seidel, Wilhelm: »Zählt die Musik zu den imitativen Künsten? Zur Revision der Nachahmungsästhetik durch Adam Smith«, in: Jobst Peter Fricke (Hrsg.): *Die Sprache der Musik. Festschrift Klaus Wolfgang Niemöller,* Regensburg 1989.

Seidel, Wilhelm: »Absolute Musik und Kunstreligion um 1800«, in: *Musik und Religion,* hrsg. v. Helga de la Motte-Haber, Darmstadt ²2003.

Serauky, Walter: *Die musikalische Nachahmungsästhetik im Zeitraum von 1700 bis 1850,* Münster 1929.

Voigt, Boris: »Musikästhetik für den Homo oeconomicus. Adam Smith über Gefühle, Markt und Musik«, in: *Zeitschrift für Ästhetik und allgemeine Kunstwissenschaft* 58 (2013), H. 1.

Viertes Kapitel

Alperson, Philip: »Schopenhauer and Musical Revealation«, in: *The Journal of Aesthetics and Art Criticism* 40 (1982).

Baum, Günther/Birnbacher, Dieter (Hrsg.): *Schopenhauer und die Künste,* Göttingen 2005.

Eybl, Martin: »Schopenhauer, Freud, and the Concept of Deep Structure in Music«, in: Eybl, Martin/Fink-Mennel, Evelyn (Hrsg.): *Schenker-Traditionen. Eine Wiener Schule der Musiktheorie und ihre internationale Verbreitung,* Wien (u. a.) 2006.

Ferrara, Lawerence: »Schopenhauer on Music as the Embodiment of Will«, in: Jacquette, Dale (Hrsg.): *Schopenhauer, Philosophy, and the Arts,* Cambridge 1996.

Guczalski, Krzysztof: »›Allerhöchste Allgemeinheit‹ und ›Genaueste Bestimmtheit‹ musikalischer Bedeutungen: Ein Versuch, die Paradoxa Felix Mendelssohn Bartholdys, Arthur Schopenhauers und Susanne Langers aufzulösen«, in: *International Review of the Aesthetics and Sociology of Music*, 34 (2003), H. 2.

Hermand, Jost/Richter, Gerhard (Hrsg.): *Sound figures of modernity. German music and philosophy*, Madison 2006.

Lütkehaus, Ludger: »Der Wille als Welt und Musik. Arthur Schopenhauers Musikphilosophie«, in: *Musik als Wille und Welt. Schopenhauers Philosophie der Musik*, hrsg. v. Manfred Koßler, Würzburg 2011.

Pothast, Ulrich: *Die eigentlich metaphysische Tätigkeit. Über Schopenhauers Ästhetik und ihre Anwendung durch Samuel Beckett*, Frankfurt a. M. 1982.

Schnitzler, Günter: »Die Musik in Schopenhauers Philosophie«, in: Ders. (Hrsg.): *Musik und Zahl. Interdisziplinäre Beiträge zum Grenzbereich zwischen Musik und Mathematik*, Bonn-Bad Godesberg 1976.

Weyers, Raymund: *Arthur Schopenhauers Philosophie der Musik*, Regensburg 1976.

Zöller, Günter: »Schopenhauer«, in: *Musik in der deutschen Philosophie. Eine Einführung*, hrsg. v. Stefan Lorenz Sorgner u. Oliver Fürbeth, Stuttgart/Weimar 2003.

Zöller, Günter: »Die Musik als Wille und Vorstellung«, in: *Musik als Wille und Welt. Schopenhauers Philosophie der Musik*, hrsg. v. Manfred Koßler, Würzburg 2011.

Fünftes Kapitel

Bauer, Karin: *Adorno's Nietzschean Narratives. Critique Of Ideology, Readings Of Wagner*, Albany/NY 1999.

Baumeister, Thomas: »Stationen von Nietzsches Wagnerrezeption und Wagnerkritik«, in: *Nietzsche-Studien* 16 (1987).

Bolten-Kölbl, Ruth: *Das Pathos des Dionysischen. Zum Verhältnis von Philosophie und Musik bei Nietzsche*, Bonn 2001.

Borchmeyer, Dieter/Salaquarda, Jörg (Hrsg.): *Nietzsche und Wagner. Stationen einer epochalen Begegnung*, 2 Bde., Frankfurt a. M./Leipzig 1994.

Celestini, Federico: *Nietzsches Musikphilosophie. Zur Performativität des Denkens*, Paderborn 2016.

Fietz, Rudolf: *Medienphilosophie. Musik, Sprache und Schrift bei Friedrich Nietzsche*, Würzburg 1992.

Figal, Günter: »Der moderne Künstler par excellence. Wagner in Nietzsches philosophischer Perspektive«, in: Klein, Richard (Hrsg.), *Narben des Gesamtkunstwerks. Wagners »Ring des Nibelungen«*, München 2001.

Landerer, Christoph/Schuster, Marc-Olivier: »Nietzsches Vorstudien zur ›Geburt der Tragödie‹ in ihrer Beziehung zur Musikästhetik Eduard Hanslicks«, in: *Nietzsche-Studien 31* (2002).

Perrakis, Manos: *Nietzsches Musikästhetik der Affekte*, Freiburg/München 2011.

Reschke, Renate: »›Ohne Musik wäre das Leben ein Irrthum‹. Eine Skizze musikästhetischer Auffassungen Friedrich Nietzsches«, in: Dies.: *Denkumbrüche mit Nietzsche. Zur anspornenden Verachtung der Zeit*, Berlin 2000.

Schmidt, Bertram: *Der ethische Aspekt der Musik. Nietzsches »Geburt der Tragödie« und die Wiener klassische Musik*, Würzburg 1991.

Steiert, Thomas (Hrsg.): *»Der Fall Wagner«. Ursprünge und Folgen von Nietzsches Wagner-Kritik*, Laaber 1991.

Sechstes Kapitel

Boissière, Anne: *La pensée musicale de Theodor W. Adorno. L'épique et le temps*, Paris 2011.

Borio, Gianmario: *Musikalische Avantgarde um 1960. Entwurf einer Theorie der informellen Musik*, Laaber 1993.

Fahlbusch, Markus/Nowak, Adolf (Hrsg.): *Musikalische Analyse und kritische Theorie. Zu Adornos Philosophie der Musik*, Tutzing 2007.

Hoeckner, Berthold (Hrsg.): *Apparitions. Essays on Adorno and Twentieth-Century Music*, New York 2005.

Hufner, Martin: *Adorno und die Zwölftontechnik*, Regensburg 1996.

Klein, Richard/Mahnkopf, Claus-Steffen (Hrsg.): *Mit den Ohren denken. Adornos Philosophie der Musik*, Frankfurt a.M. 1998.

Klein, Richard/Ette, Wolfram/Figal, Günter/Peters, Günter (Hrsg.): *Adorno im Widerstreit. Zur Präsenz seines Denkens*, Freiburg/München 2004.

Klein, Richard/Kreuzer, Johann/Müller-Doohm, Stefan (Hrsg.): *Adorno-Handbuch. Leben – Werk – Wirkung*, Stuttgart/Weimar 2001. Zweite, erheblich überarbeitete Auflage 2019.

Klein Richard (Hrsg.): *Gesellschaft im Werk. Musikphilosophie nach Adorno*, München/Freiburg 2015.

Kogler, Susanne: *Adorno versus Lyotard. Moderne und postmoderne Ästhetik*, Freiburg/München 2014.

Linke, Cosima: *Konstellationen – Form in neuer Musik und ästhetische Erfahrung im Ausgang von Adorno*, Mainz 2018.

Mahnkopf, Claus-Steffen: *Kritische Theorie der Musik*, Weilerswist 2006.

Nanni, Matteo: *Auschwitz – Adorno und Nono. Philosophische und musikanalytische Untersuchungen*, Freiburg 2004.

Paddison, Max: *Adorno's Aesthetics of Music*, Cambridge 1993.

Subotnik, Rose Rosengard: *Developing Variations. Style and Ideology in Western Music*, Minneapolis 1991.

Urbanek, Nikolaus: *Auf der Suche nach einer zeitgemäßen Musikästhetik. Adornos »Philosophie der Musik« und die Beethoven-Fragmente*, Bielefeld 2010.

Zehentreiter, Ferdinand: *Ästhetische Praxis. Aspekte einer Musiksoziologie*, Frankfurt a. M. 2017.

Siebentes Kapitel

Becker, Alexander: »Die Zeit der Stimmung. Zur Zeitstruktur bei Claude Debussy«, in: *Stimmung. Ästhetische Kategorie und künstlerische Praxis*, hrsg. v. Kerstin Thomas, Berlin 2010: 159–178.

Berger, Karol: *Bach's Cycle, Mozart's Arrow. An Essay on the Origins of Musical Modernity*, Berkeley 2008.

Brelet, Gisèle: *Le temps musical. Essai d'une nouvelle esthétique de la musique*. Bd. 1: *La forme sonore et la forme rythmique*. Bd. 2: *La forme musicale*, Paris 1948.

Briner, Andres: *Der Wandel der Musik als Zeit-Kunst. Versuch über die musikalische Zeitgestalt und ihre Wandlung in der europäischen Musik seit der mensuralen Mehrstimmigkeit*, Diss. Zürich 1955.

Brinkmann, Reinhold: »Die Zeit der Eroica«, in: *Musik in der Zeit – Zeit in der Musik*, hrsg. v. Richard Klein/Eckehard Kiem/Wolfram Ette, Weilerswist 2000.

Delaere, Mark: *Unfolding time. Studies in temporality in twentieth-century music,* ed. by Darla Crispin, Leuwen 2009.

Dittrich, Marie Agnes/Eybl, Martin/Kapp, Reinhard (Hrsg.): *Zyklus und Prozess. Joseph Haydn und die Zeit,* Wien 2012.

Fuhrmann, Wolfgang: »Die Dramatisierung der Zeit. Über die Zusammenhänge zwischen musikalischer und historischer Zeiterfahrung im späten 18. Jahrhundert – mit einer Studie zum Kopfsatz von Mozarts Symphonie KV 338«, in: *MusikTheorie. Zeitschrift für Musikwissenschaft* 28 (2013), H. 3.

Georgiades, Thrasybulos G.: *Nennen und Erklingen. Die Zeit als Logos,* aus dem Nachlaß herausgegeben von Irmgard Bengen, Göttingen 1985.

Jakobik, Albert: *Arnold Schönberg. Die verräumlichte Zeit,* Regensburg 1983.

Klein, Richard/Kiem, Eckehard/Ette, Wolfram (Hrsg.): *Musik in der Zeit – Zeit in der Musik,* Weilerswist 2000.

Klein, Richard: »Die Frage nach der musikalischen Zeit«, in: *Adorno-Handbuch. Leben – Werk – Wirkung,* hrsg. v. Richard Klein, Johann Kreuzer und Stefan Müller-Doohm, Stuttgart 2011.

Klein, Richard: »Die Tragödie der Zeit und das Problem des Politischen im Ring«, in: Johanna Dombois/Richard Klein: *Richard Wagner und seine Medien. Für eine kritische Praxis des Musiktheaters,* Stuttgart 2012.

Kramer, Jonathan D.: *The Time of Music,* New York/London 1988.

Oechsle, Siegfried: »Von Schönberg zu Mozart. Versuch über den Prozesscharakter Mozartscher Musik«, in: *Mozart und Schönberg. Wiener Klassik und Wiener Schule,* hrsg. v. Hartmut Krones u. Christian Meyer, Wien 2012.

Picht, Johannes: »Beethoven und die Krise des Subjekts«, in: *Musik & Ästhetik* 11 (2007), H. 44; 12 (2008), H. 45.

Picht, Georg: »Grundlinien einer Philosophie der Musik«, in: Ders.: *Wahrheit – Vernunft – Verantwortung. Philosophische Studien,* Stuttgart 1969.

Stolzenberg, Jürgen: »Über das Hören von Melodien. Überlegungen zu einer Phänomenologie des musikalischen Zeitbewusstseins«, in: *Le-*

benswelt und Wissenschaft. Deutsches Jahrbuch Philosophie, Hamburg 2010.

Wald, Melanie: »Moment musical. Die Wahrnehmbarkeit der Zeit durch Musik«, in: *Das achtzehnte Jahrhundert. Zeitschrift der Deutschen Gesellschaft für die Erforschung des achtzehnten Jahrhunderts* 30 (2006), H. 2.

Achtes Kapitel

Ballstaedt, Andreas/Hinrichsen, Hans-Joachim (Hrsg.): *Werk-Welten. Perspektiven der Interpretationsgeschichte*, Düsseldorf 2002.

Brunner, Gerhard/Zalfen, Sarah (Hrsg.): *Werktreue. Was ist Werk, was Treue?*, Wien (u. a.) 2011.

Dahlhaus, Carl: *Grundlagen der Musikgeschichte* (1977), in: Ders.: *Gesammelte Schriften* 1, hrsg. v. Hermann Danuser, Laaber 2000.

Dahlhaus, Carl: »Plädoyer für eine romantische Kategorie. Der Begriff des Kunstwerkes in der neuesten Musik« (1969), in: Ders.: *Gesammelte Schriften* 8, hrsg. v. Hermann Danuser, Laaber 2005.

Dahlhaus, Carl: »Über den Zerfall des musikalischen Werkbegriffs« (1971), in: Ders.: *Gesammelte Schriften* 8, hrsg. v. Hermann Danuser, Laaber 2005.

Danuser, Hermann/Krummacher, Friedhelm (Hrsg.): *Rezeptionsästhetik und Rezeptionsgeschichte in der Musikwissenschaft*, Laaber 1991.

Eggebrecht, Hans-Heinrich: »Opusmusik« (1975), in: Ders.: *Musikalisches Denken. Aufsätze zur Theorie und Ästhetik der Musik*, Wilhelmshaven 1977.

Goehr, Lydia: *The Imaginary Museum of Musical Works. An Essay in the Philosophy of Music*, Oxford 1992.

Gratzer, Wolfgang/Neumaier, Otto (Hrsg.): *Arbeit am musikalischen Werk. Zur Dynamik künstlerischen Handelns*, Freiburg 2013.

Hinrichsen, Hans-Joachim: »Musikwissenschaft und musikalisches Kunstwerk. Zum schwierigen Gegenstand der Musikgeschichtsschreibung«, in: Laurenz Lütteken (Hrsg.): *Musikwissenschaft. Eine Positionsbestimmung*, Kassel 2007.

Ingarden, Roman: *Untersuchungen zur Ontologie der Kunst. Musikwerk, Bild, Architektur, Film*, Tübingen 1962.

Kapp, Reinhard: Werk und Geschichte (als eine Art Einleitung), in: *Werk und Geschichte: musikalische Analyse und historischer Entwurf. Rudolph Stephan zum 75. Geburtstag,* hrsg. v. Thomas Ertelt, Mainz: Schott, 2005.

Klein Richard: »Über die ›relative Autonomie‹ der Musikgeschichte. Carl Dahlhaus und die Außenwelt der Werke«, in: *Carl Dahlhaus' »Grundlagen der Musikgeschichte. Eine Re-Lektüre,* hrsg. v. Friedrich Geiger und Tobias Janz, Paderborn 2016.

Marten, Rainer: »Ensemble der Freiheiten. Philosophische Bemerkungen zum musikalischen Werkbegriff«, in: *Musik & Ästhetik* 11 (2007), H. 43: 5–16.

Seidel, Wilhelm: *Werk und Werkbegriff in der Musikgeschichte,* Darmstadt 1987.

Strohm, Reinhard: »Der musikalische Werkbegriff. Dahlhaus und die Nachwelt (Versuch einer Historisierung in drei Phasen«), in: *Carl Dahlhaus und die Musikwissenschaft. Werk Wirkung Aktualität,* hrsg. v. Hermann Danuser, Peter Gülke u. Norbert Miller, Schliengen 2011.

Strohm, Reinhard: »Werk – Performanz – Konsum. Der musikalische Werkdiskurs«, in: *Historische Musikwissenschaft. Grundlagen und Perspektiven,* hrsg. v. Michele Calelle u. Nikolaus Urbanek, Stuttgart/Weimar 2013.

Talbot, Michael (Hrsg.): *The Musical Work. Reality or Invention?,* Liverpool 2000.

Neuntes Kapitel

Detering, Heinrich: »›I Believe in You‹. Dylan und die Religion«, in: Axel Honneth/Peter Kemper/Richard Klein (Hrsg.): *Bob Dylan. Ein Kongreß,* Frankfurt a. M. 2007: 92–119.

Ette, Wolfram/Mössinger, Ingrid (Hrsg.): *Bob Dylan. 5 Songs,* Bielefeld 2009.

Klein, Richard: *My Name It Is Nothin'. Bob Dylan: Nicht Pop, Nicht Kunst,* Berlin 2006.

Klein, Richard: »Das Narrative der Stimme Bob Dylans«, in: *PopMusicology. Perspektiven der Popmusikwissenschaft,* hrsg. v. Christian Bielefeldt, Udo Dahmen u. Rolf Großmann, Bielefeld 2008.

Klein, Richard; »Ausdruck einer Stimme. Wie Bob Dylan singt«, in: Musik & Ästhetik 22 (2018), H. 89.
Musik & Ästhetik 13 (2009), H. 51: Die Stimme.

Kant, Hegel, Schleiermacher

Dahlhaus, Carl: »Zu Kants Musikästhetik«, in: *Archiv für Musikwissenschaft* 10 (1953).
Fricke, Christel: »Kant«, in: *Musik in der deutschen Philosophie. Eine Einführung*, hrsg. v. Stefan Lorenz Sorgner u. Oliver Fürbeth, Stuttgart/Weimar 2001.
Giordanetti, Pietro: »Musik bei Kant«, in: *Musikphilosophie (Musik-Konzepte Sonderband)*, München 2007: 123–136.
Heimsoeth, Heinz: »Hegels Philosophie der Musik«, in: *Hegel-Studien* 2 (1963).
Kulenkampff, Jens: »Musik bei Kant und Hegel«, in: *Hegel-Studien* 22 (1987).
Nachtsheim, Stephan (Hrsg.): *Zu Immanuel Kants Musikästhetik. Texte, Kommentare und Abhandlungen*, Chemnitz 1997.
Nowak, Adolf: *Hegels Musikästhetik*, Regensburg 1971.
Olivier, Alain Patrick: »La musique à la fin de l'histoire«, in: *Kulturpolitik und Kunstgeschichte. Perspektiven der Hegelschen Ästhetik*, hrsg. v. Ursula Franke u. Annemarie Gethmann-Siefert, Hamburg 2005.
Olivier, Alain Patrick: »Schweigen und Verwandtschaft. Hegels Stellung zu Beethoven«, in: *Die geschichtliche Bedeutung der Kunst und die Bestimmung der Künste*, hrsg. v. Annemarie Gethmann-Siefert, München 2005.
Schnädelbach, Herbert: »Hegel«, in: *Musik in der deutschen Philosophie. Eine Einführung*, hrsg. v. Stefan Lorenz Sorgner u. Oliver Fürbeth, Stuttgart/Weimar 2003.
Scholtz, Gunter: *Schleiermachers Musikphilosophie*, Göttingen 1981.

Mittelalter – Antike

Bayreuther, Rainer: *Das platonistische Paradigma. Untersuchungen zur Rationalität der Musik vom 12. bis zum 16. Jahrhundert*, Freiburg 2009.

Fuhrmann, Wolfgang: *Herz und Stimme. Innerlichkeit, Affekt und Gesang im Mittelalter*, Kassel (u. a.) 2004.

Georgiades, Thrasybulos G.: *Musik und Rhythmus bei den Griechen*, Hamburg 1958.

Giannarás, Anastasios: »Das Wachthaus im Bezirk der Musen. Zum Verhältnis von Musik und Politik bei Platon«, in: *Archiv für Musikwissenschaft* 32 (1975).

Haas, Max: *Musikalisches Denken im Mittelalter. Eine Einführung*, Frankfurt a. M. (u. a.) 2005.

Musik und Sprache

Bayerl, Sabine: *Von der Sprache der Musik zur Musik der Sprache. Konzepte der Spracherweiterung bei Adorno, Kristeva und Barthes*, Würzburg 2002.

Bierwisch, Manfred: »Musik und Sprache. Überlegungen zu ihrer Struktur und Funktionsweise«, in: *Jahrbuch Peters. Aufsätze zur Musik*, hrsg. v. Eberhardt Klemm, Leipzig 1979.

Birnbacher, Dieter: »Musik und Musikalisches bei Wittgenstein«, in: *Musik & Ästhetik* 12 (2008), H. 46.

Bowie, Andrew: *Music, Philosophy, and Modernity*, Cambridge 2007.

Eggers, Katrin: *Ludwig Wittgenstein als Musikphilosoph*, Freiburg/München 2011.

Gauger, Hans-Martin: »Musik und Sprache – was sie trennt und was ihnen gemeinsam ist«, in: *Dialektik des Denkens und Einheit des Handelns*, hrsg. v. Hanns-Peter Knaebel u. Friedemann Maurer, Berlin 2013.

Georgiades, Thrasybulos G.: *Musik und Sprache. Das Werden der abendländischen Musik dargestellt an der Vertonung der Messe*. Neuausgabe, mit einem Vorwort von Hans-Joachim Hinrichsen, Darmstadt 2008.

Grüny, Christian (Hrsg.): *Musik und Sprache. Dimensionen eines schwierigen Verhältnisses*, Weilerswist 2012.

Hamilton, John T.: *Musik, Wahnsinn und das Außerkraftsetzen der Sprache*, Göttingen 2011.

Mahrenholz, Simone: *Musik und Erkenntnis. Eine Studie im Ausgang von Nelson Goodmans Symboltheorie*, Stuttgart/Weimar 1998.
Naumann, Barbara: *Musikalisches Ideen-Instrument. Das Musikalische in Poetik und Sprachtheorie der Frühromantik*, Stuttgart 1990.
Riethmüller, Albrecht (Hrsg.): *Sprache und Musik. Perspektiven einer Beziehung*, Laaber 1999.
Wellmer, Albrecht: *Versuch über Musik und Sprache*, München 2009.

Subjektivität

Cumming, Naomi: *The Sonic Sel: Musical Subjectivity and Signifikation*, Bloomington 2000.
Massow, Albrecht von: *Musikalisches Subjekt. Idee und Erscheinung*, Freiburg 2001.
Stolzenberg, Jürgen: »*Seine Ichheit auch in der Musik heraustreiben*«. *Formen expressiver Subjektivität in der Musik der Moderne*, München 2011.
Stolzenberg, Jürgen: »Musik und Subjektivität, oder: Vom Reden über das Musikalisch-Schöne. Ein Versuch mit Blick auf Kant«, in: *Vom Sinn des Hörens. Beiträge zur Philosophie der Musik*, hrsg. v. Georg Mohr u. Johann Kreuzer, Würzburg 2012.
Wald-Fuhrmann, Melanie: »*Ein Mittel wider sich selbst*«. *Melancholie in der Instrumentalmusik um 1800*, Kassel 2010.
Wald-Fuhrmann, Melanie: »Musik und Subjektivität«, in: *Historische Musikwissenschaft. Grundlagen und Perspektiven*, hrsg. v. Michele Calelle u. Nikolaus Urbanek, Stuttgart/Weimar 2013.

Systemtheorie

Franzen, Brigitta: »Musikästhetische Modelle und die neuere Systemtheorie«, in: »*Was du nicht hören kannst, Musik«, Zum Verhältnis von Musik und Philosophie im 20. Jahrhundert*, hrsg. v. Werner Keil, Hildesheim/Zürich/New York 1999.
Fuchs, Peter: »Vom Zeitzauber der Musik – Eine Diskussionsanregung«, in: *Theorie als Passion. Niklas Luhmann zum 60. Geburtstag*, hrsg. v. Dirk Baecker (u. a.), Frankfurt a. M. 1987.

Fuhrmann, Wolfgang: »Toward a Theory of Socio-Musical Systems: Reflections on Niklas Luhmann's Challenge to Music Sociology«, in: *Acta Musicologica* 83 (2011).

Franzen, Brigitta: »Musikästhetische Modelle und die neuere Systemtheorie«, in: *»Was du nicht hören kannst, Musik«, Zum Verhältnis von Musik und Philosophie im 20. Jahrhundert*, hrsg. v. Werner Keil, Hildesheim/Zürich/New York 1999.

Fuchs, Peter: »Vom Zeitzauber der Musik – Eine Diskussionsanregung«, in: *Theorie als Passion. Niklas Luhmann zum 60. Geburtstag*, hrsg. v. Dirk Baecker (u. a.), Frankfurt a. M. 1987.

Janz, Tobias: *Zur Genealogie der musikalischen Moderne*, Paderborn 2014.

Mahrenholz, Simone: »Musik als Autopoiesis. Musikalische Zeitlichkeit und Bewußtsein bei Luhmann und Hegel«, in: *Musik & Ästhetik* 2 (1998) H. 5.

Seibert, Christoph: *Musik und Affektivität. Systemtheoretische Perspektiven für eine transdisziplinäre Musikforschung*, Weilerswist 2016.

Tadday, Ulrich: »Systemtheorie und Musik. Luhmanns Variante der Autonomieästhetik«, in: *Musik & Ästhetik* 1 (1997), H. 1/2.

Tadday, Ulrich: »Der schwere und der leichte Abschied. Vergangenheit und Zukunft in der Gegenwart von Luhmanns Systemtheorie«, in: *Abschied in die Gegenwart. Teleologie und Zuständlichkeit in der Musik*, hrsg. v. Otto Kolleritsch, Wien/Graz 1998.

Personenregister

Adler, Guido 22, 187, 189
Adorno, Theodor W. 9, 11 f. 18, 23, 30, 80, 87, 89, 96–116, 128 ff., 132, 137 f., 146, 148, 158, 184, 187, 203, 206–210, 213 f.
Aischylos 83
Aristoteles 38, 68, 90, 195, 201
Auerbach, Erich 195
Auerochs, Bernd 218
Augustinus, Aurelius 146, 197, 216
Avison, Charles 196

Bach, Carl Philipp Emanuel 131
Bach, Johann Christian 47, 215
Bach, Johann Sebastian 120, 145, 150, 208, 210 f., 214
Batteux, Charles 33, 38, 193, 195
Becker, Alexander 187
Beckett, Samuel 51, 56, 110, 139, 186, 198
Beckmann, Max 51
Beethoven, Ludwig van 52, 54, 59, 105 ff., 109, 117, 130–137, 139, 153, 205, 207, 209, 213 f.
Benjamin, Walter 103, 107, 208, 210
Berg, Alban 105
Berger, Karol 211, 214
Bergson, Henri 12
Bernhard, Thomas 51
Bie, Oscar 160
Bizet, Georges 207

Bloch, Ernst 84, 189
Blumenberg, Hans 195
Boisits, Barbara 187, 189,
Bolzano, Bernard 23 f., 190
Borchmeyer, Dieter 203, 205
Boulez, Pierre 110, 127, 130, 214
Bourdieu, Pierre 102, 208
Brahms, Johannes 210
Briner, Andres 211
Brinkmann, Reinhold 213
Bücher, Karl 215
Busoni, Ferrucio 191

Cage, John 110, 138, 143 f., 149, 214 f.
Casanova, José 219
Cash, Johnny 180, 221
Cavalotti, Pietro 214
Chéreau, Patrice 159
Claren, Sebastian 214
Cocteau, Jean 206
Cohen, Leonard 221
Comte, Auguste 23
Corelli, Arcangelo 47

Dahlhaus, Carl 19 f., 35, 147–150, 152, 155, 157–160, 185 f., 189, 194, 209, 214–218
Debussy, Claude 187
Delaere, Mark 213
Descartes, René 10
Dombois, Johanna 201, 205, 218

235

Dubos, Jean-Baptiste 38
Dylan, Bob 20, 162, 164–182, 216, 219–222

Eagleton, Terry 102, 209
Eggebrecht, Hans Heinrich 198, 217
Ette, Wolfram 202, 214

Falke, Gustav 188, 194, 210
Fauré, Gabriel 187
Feige, Daniel Martin 215
Feldman, Morton 137 ff., 214,
Ferneyhough, Brian 138 ff., 214
Figal, Günter 203, 207, 210
Floros, Constantin 103
Frauenstädt, Julius 198
Fubini, Enrico 186
Fuchs, Carl 205
Fuhrmann, Wolfgang 213
Fulda, Adam von 118, 146

Gadamer, Hans Georg 116
Geck, Martin 198
Georgiades, Thrasybulos G. 213
Gerhardt, Volker 204
Gethmann-Siefert, Annemarie 211
Gielen, Michael 106
Ginsberg, Allen 175
Giordanetti, Pietro 187
Goehr, Lydia 215
Goeyvaerts, Karel 127
Goodman, Nelson 153, 217
Grimm, Hartmut 201
Grisey, Gérard 214
Grüny, Christian 187
Guczalski, Krzysztof 202

Haas, Max 211
Halm, August 201
Händel, Georg Friedrich 39, 47
Hanslick, Eduard 14 f., 21–37, 57, 66, 103, 184, 188–194, 205, 208
Hauskeller, Michael 199
Haydn, Joseph 131, 136, 213
Hegel, Georg Wilhelm Friedrich 10, 14, 17, 24, 28, 34, 41, 51, 67, 76, 78, 90, 94, 99 f., 104, 120–125, 184 186, 192, 198, 207, 211 f., 220
Heidegger, Martin 146, 209, 217
Hentschel, Frank 215
Henze-Döhring, Sabine 215
Herbart, Johann Friedrich 190
Herder, Johann Gottfried 62, 201, 216
Herodot 220
Hesiod 220
Hesse, Hermann 16
Hindrichs, Gunnar 118, 186 ff., 210, 215
Hochgeschwender, Michael 219
Hoffmann, E.T.A. 14, 23, 51, 198 f., 212
Hölderlin, Friedrich 42
Homer 203, 220
Honneth, Axel 221
Hopp, Winrich 216
Horkheimer, Max 190
Hotho, Heinrich Gustav 211
Huppertz, Michael 193
Husserl, Edmund 216

Ingarden, Roman 19 f., 151 ff., 154–157, 160, 185, 215 ff.

Jakobik, Albert 212
Jankélévitch, Vladimir 12, 187

Kabisch, Thomas 187
Kant, Immanuel 10, 14, 27 ff., 68, 90, 110, 114, 126, 139, 187, 193, 211
Kierkegaard, Sören 52
Kim, Jin Ah 195
Kivy, Peter 189
Klein, Richard 203, 205, 207 ff., 213 f., 217 ff.
Klose, Birgit 195 f.
Köhler, Rafael 201
Köhnke, Klaus Christian 190
Koller, Herrmann 195
Koselleck, Reinhart 213
Krummacher, Friedrich 219
Krysl, Ludwig R. 202
Kulenkampff, Jens 211
Kurth, Ernst 189, 201

Lachenmann, Helmut 214
Landerer, Christoph 190
Lehmann, Harry 187 f.
Lennon, John 221
Lepenies, Wolf 213
Lessing, Theodor 17, 188
Levin, Walter 106
Lissa, Zofia 216
Lütkehaus, Ludger 59, 184, 200
Lukács, Georg 104, 208
Lully, Jean-Baptiste 47

Mahler, Gustav 69, 99, 105, 109
Mahnkopf, Claus-Steffen 215
Mann, Thomas 107, 203, 216

Marcus, Greil 220
Marten, Rainer 217
Marx, Adolph Bernhard 191
Marx, Karl 99 ff., 187
Massow, Albrecht von 187
Matter, Christine 219
Meier, Mischa 204
Mendelssohn Bartholdy, Felix 120, 202, 211
Messiaen, Olivier 109, 127
Michaelis, Christian Friedrich 12, 14 ff., 37, 43, 192, 194, 196
Mohr, Georg 196
Mozart, Wolfgang Amadeus 54, 59, 62, 97, 120, 131, 136, 194, 211, 213 f.

Newman, Barnett 138
Neymeyr, Barbara 200
Nietzsche, Friedrich 9–12, 17, 50, 56, 68, 76–95, 99 ff., 105, 125, 148, 184, 188, 199, 202–207

Oechsle, Siegfried 213, 218
Oxenford, John 198

Pätzold, Cordula 214
Pergolesi, Giovanni Battista 47
Picht, Georg 211
Platon 9, 29, 38, 59, 79, 92, 112, 119, 152, 186, 200, 203, 207, 210
Pothast, Ulrich 55, 186, 198–199, 201
Proust, Marcel 51

Ratz, Erwin 212
Ravel, Maurice 187

Ricardo, David 101
Rinderle, Peter 187
Rosen, Charles 213
Rossini, Gioachino 54, 59, 62
Rothko, Mark 138
Rousseau, Jean-Jacques 43–46, 197

Salaquarda, Jörg 203, 205
Sanio, Sabine 215
Saxer, Marion 214
Schäfke, Rudolf 186, 190
Schelling, Friedrich Wilhelm Joseph 77, 123, 212
Schlegel, August Wilhelm 191
Schlegel, Friedrich 65
Schleiermacher, Friedrich Daniel 10, 161, 187, 218
Schmidt, Lothar 191
Schnabel, Artur 217
Schnädelbach, Herbert 186, 210 f.
Schnebel, Dieter 214
Schnitzler, Günter 201
Schönberg, Arnold 17 f., 51, 99, 107–110, 126 f., 130, 210, 212 f.
Schopenhauer, Arthur 10, 12, 14, 16 f., 25, 37, 50–75, 77 f., 100, 184, 186, 188 f., 198–202, 204, 211 f.
Schumann, Robert 25, 190
Scobie, Stephen 221
Scorsese, Martin 177
Seeger, Pete 178
Seidel, Wilhelm 194, 196 f., 210, 214
Serauky, Walter 195, 200
Seubold, Günter 208
Shelton, Robert 219, 221.
Simmel, Georg 198

Sinatra, Frank 221
Smith, Adam 14 f., 37–49, 101, 184, 194–197
Spierling, Volker 199, 201
Sponheuer, Bernd 193, 218
Springsteen, Bruce 221
Stockhausen, Karlheinz 110, 126 ff., 130, 140, 150, 209, 212 ff., 216
Stolzenberg, Jürgen 187, 201
Strauß, Dietmar 184, 192 f.
Strawinsky, Igor 18, 107, 126, 188, 206, 210
Strohm, Reinhard 214–217

Tackett, Fred 169
Tadday, Ulrich 188, 202
Tallis, Thomas 145
Theunissen, Michael 187, 200, 207
Tieck, Ludwig 23, 199

Ullrich, Wolfgang 218
Urbanek, Nikolaus 214

Vaget, Hans Rudolf 215
Varèse, Edgard 109
Verdi, Giuseppe 68
Vischer, Friedrich Theodor 192
Vogel, Matthias 187
Vogt, Jürgen 216

Wackenroder, Wilhelm Heinrich 14, 23, 37, 188, 199, 212
Wagner, Cosima 93
Wagner, Richard 10, 13, 16 f., 33, 50 f., 62, 70, 76–95, 100 f., 104 f., 108, 126, 150, 187 f., 193, 199, 201–207, 209 f., 218

Wagner, Wieland 159
Waits, Tom 221
Weber, Carl Maria von 50
Webern, Anton 127
Wellmer, Albrecht 202, 215, 217
Wenzel, Knut 173, 220
Weyers, Raymund 198
Wittgenstein, Ludwig 198

Young, Israel 177

Zehentreiter, Ferdinand 187, 208
Ziermann, Christoph 186
Zimmermann, Bernd Alois 109, 209
Zimmermann, Robert 190
Zöller, Günter 69, 201
Zoltai, Dénes 186

Richard Klein, Konzertexamen in Orgel. Philosophie, Musikwissenschaft, Neuere Literatur. Dr. phil. mit einer Arbeit über Adorno. Gastdozenturen im In- und Ausland. Seit 1997 Hrsg. v. Musik & Ästhetik. Seit 2014 Honorarprofessor an der Hochschule für Musik Freiburg. Wichtige Veröffentlichungen (Auswahl): Antinomien der Sterblichkeit. Reflexionen zu Heidegger und Adorno (1999). Musik in der Zeit – Zeit in der Musik (2000, Mithrsg.). Narben des Gesamtkunstwerks (2001, Hrsg.). My Name it is Nothin'. Bob Dylan: nicht Pop, nicht Kunst (2006). Adorno-Handbuch: Leben – Werk – Wirkung (2011, Mithrsg; 2. Auflage, 2019). Richard Wagner und seine Medien. Für eine kritische Praxis des Musiktheaters (2012, mit Johanna Dombois). Arbeit an einem DFG-finanzierten Projekt zur Musikphilosophie post Adorno.